HEYNE‹

AF203578

Kai Psotta, geboren 1981, absolvierte die Axel-Springer-Journalisten-schule. Als Redakteur berichtete er sieben Jahre für Sport Bild u.a. von den Olympischen Spielen in Peking und der Fußball-Weltmeisterschaft in Südafrika. Von 2010 bis 2016 war er für die Bild-Zeitung in München tätig, anschließend für den Fernsehsender Sky. Für das Lifestyle-Magazin GQ schrieb er die Kolumne Bundesliga Backstage. Psotta ist mehrfacher Bestseller-Autor, verfasste zahlreiche Sportler-Autobiografien.

Seit 2018 ist er Spielerberater, arbeitet an der Seite von Volker Struth, Sascha Breese und Martin Vontra, die unter anderem Toni Kroos, Niklas Süle, Julian Nagelsmann, Marco Richter und Dayot Upamecano betreuen.

KAI PSOTTA

KICKEN WIE DIE PROFIS

Alles, was du auf dem Weg
zum Bundesligastar wirklich wissen musst.

Mit den wichtigsten Tipps und Tricks
von den besten Profimachern

WILHELM HEYNE VERLAG
MÜNCHEN

Penguin Random House Verlagsgruppe FSC® N001967

Originalausgabe 04/2021

Copyright © 2021 by Wilhelm Heyne Verlag, München,
in der Penguin Random House Verlagsgruppe GmbH,
Neumarkter Straße 28, 81673 München
Redaktion: Ulrike Strerath-Bolz
Umschlaggestaltung und Motiv:
Hauptmann & Kompanie Werbeagentur, Zürich

Satz: Satzwerk Huber, Germering
Druck:GGP Media GmbH, Pößneck
Printed in Germany
ISBN: 978-3-453-60554-1

www.heyne.de

Für Killi und Sosa.
Und für die wunderbare Christina.

Inhalt

Vorwort

von Oliver Bierhoff

Im Alter von fünf Jahren habe ich bei einem kleinen Verein bei uns vor der Haustür mit dem Fußballspielen angefangen. Auf das Fußballtraining habe ich mich immer ganz besonders gefreut. Nach der Schule hatte ich stets nur ein Ziel: schnell den Ranzen nach Hause bringen, Hausaufgaben erledigen und ab auf den Fußballplatz. Wir kickten damals noch auf Ascheplätzen, aufgeschürfte Knie gehörten quasi fest zur Ausstattung. Über die ESG 99/06 bin ich irgendwann zu Schwarz-Weiß Essen gewechselt. 1985 habe ich bei Bayer 05 Uerdingen meinen ersten Profivertrag unterschrieben. Mein Werdegang ist für die damalige Zeit als »sehr klassisch« zu bezeichnen.

Heute funktioniert es anders. Kinder landen deutlich früher in Nachwuchsleistungszentren. Für ihren großen Traum, Profifußballerin oder Profifußballer zu werden, müssen viele von ihnen ihr familiäres Zuhause verlassen und in ein Internat umziehen. Dort finden sie top Bedingungen vor, um die uns noch immer die ganze Welt beneidet: Eine moderne Infrastruktur, ein hochprofessionelles Umfeld, eine enge Verzahnung von Schule, Training und Wettkampf am

Wochenende – all das zeichnet die Nachwuchsförderung im deutschen Fußball aus.

Die Kinder und Jugendlichen werden rund um die Uhr betreut – von sportlichen Leitern, Trainern, Athletikcoaches, Videoanalysten, Pädagogen, Psychologen, Ernährungsberatern und so weiter. Ihr Alltag ist durchgetaktet, vorgegeben, zum Teil minutiös verplant. Ihnen wird viel abverlangt, aber an anderer Stelle auch sehr viel abgenommen. Genau deswegen hat unser System – neben all seinen Stärken – über die Jahre auch seine Schwächen aufgezeigt. Und das wird mittlerweile auch auf dem Platz deutlich. Wir benötigen wieder das richtige Maß zwischen notwendiger Professionalität und größtmöglicher Persönlichkeitsentfaltung.

Ab dem Jahr 2000 waren wir mit diesem System sehr erfolgreich, für mehr als zehn Jahre auf einem richtig guten Weg. Mit der daraus entwickelten U17 sind wir im Jahr 2009 Europameister geworden, mit der U19 wurden wir 2008 und 2014 Europameister. Mit der U21 gelang der gleiche Erfolg in den Jahren 2009 und 2017. Und die A-Nationalmannschaft krönte all dies mit dem WM-Titel 2014 in Brasilien. Doch anstatt im Nachwuchsbereich immer weiter den Mut für notwendige Anpassungen zu haben, ruhten wir uns auf dieser Erfolgsserie aus. Wir räumten den kontinuierlichen Feinjustierungen am System nicht die notwendige Priorität ein. So haben wir über Jahre nach den immer gleichen Mustern sehr »gleichförmige« Spieler produziert, die nun im Überfluss auf unseren Fußballplätzen aktiv sind.

Wir haben heute viele Spieler, die den Ball in Perfektion zirkulieren lassen können, also diese Tiki-Taka-Typen. Aber uns fehlt es an echten Führungsspielern, die Verantwortung übernehmen und Entscheidungen treffen können. Uns fehlen die Kreativspieler und Individualisten. Wir haben zu wenige dynamische Außenverteidiger und klassische Mittelstürmer, und unsere Spieler weisen ein Manko in Sachen Torabschluss auf. Wenn man immer nur mit stark auf die Technik fokussierten Trainern trainiert und spielt, lernt man zum Beispiel nie, wie man sich gegen einen sogenannten »Holzfäller« – also einen knallharten Verteidiger – durchsetzt.

Wir haben uns in den vergangenen Jahren zu sehr in dieses Mannschaftstaktische verliebt – und irgendwann vergessen, die rosarote Brille abzunehmen. Jeder Jugendtrainer kann heute – bewusst überspitzt gesagt – sechsundsechzig Varianten der Viererkette diskutieren. Und nach den Spielen wird analysiert, dass ein Fünfzehnjähriger einen halben Meter zu weit rechts gestanden hat, also nicht exakt auf der Position, wo er in der Theorie hingehört hätte. Wir alle haben es zugelassen – so selbstkritisch müssen wir in der Jugendarbeit sein –, dass dort teilweise junge Menschen wie Computer programmiert worden sind, ihnen taktische Systeme eingeimpft wurden, anstatt sie viel stärker mit Spaß und Freude zu besseren Fußballern zu entwickeln.

Daher habe ich beim DFB mit meiner Direktion *Nationalmannschaften und Akademie* einen neuen Weg eingeschlagen. Wir möchten mit unseren Maßnahmen zurück an die Weltspitze. Es bedarf in unserer Ausbildung keiner Revolution, aber einer Evolution. In der deutschen Nachwuchsarbeit müssen wir gemeinsam in den nächsten Jahren kräftig die Ärmel hochkrempeln und mutiger und flexibler arbeiten.

Noch haben wir außergewöhnliche Fußballer, mit denen es in der A-Nationalmannschaft Erfolge geben kann. Die nächsten vier bis sechs Jahre sollten wir unter anderem mit Joshua Kimmich, Leon Goretzka, Leroy Sane, Serge Gnabry, Julian Brandt, Luca Waldschmidt und Co. gut aufgestellt sein. Aber nach Kai Havertz, der Jahrgang 1999 und einer der letzten Ausnahmeschüler dieser Generation ist, finden sich in den jüngeren Jahrgängen schon deutlich weniger derartige Ausnahmetalente. Die Zahlen sind ernüchternd und lassen darauf hindeuten, dass nach 2026 große Erfolge schwieriger zu erreichen sein werden. Das Gute ist aber, dass wir verstanden haben, unsere Herangehensweisen zu ändern. Und wir werden, wenn wir heute die entsprechenden Weichen stellen, zurück an die Weltspitze kommen.

Im Dezember 2019 sind wir, um nur ein winziges Beispiel aufzuzeigen, von der DFB-Akademie zusammen mit vierzehn Entscheidern aus der Bundesliga für vier Tage ins Silicon Valley gereist. Wir waren bei Facebook, an der Stanford University, bei den San José Sharks und bei den San Francisco 49ers. Für uns war diese Reise inspirierend, um die Denkweise von erfolgreichen Unternehmern, Machern und Vorzeige-Klubs zu adaptieren und neue Impulse für die eigene Arbeit zu gewinnen.

Solche Reisen werden wir künftig vermehrt und regelmäßig unternehmen, um immer wieder über den Tellerrand hinauszuschauen. Eine innovative Haltung, ein Lernen von anderen Bereichen und das Nutzen von Technologie und Wissenschaft – all das hilft dabei, den deutschen Fußball weiterzuentwickeln.

Entscheidend ist darüber hinaus, wie in der Schule auch, der richtige Lehrer. Was nützt die schönste Tafel, das heißeste Whiteboard, wenn der Lehrer den Stoff nicht vermitteln kann? Dementsprechend kommt es ganz entscheidend auf die Trainerinnen und Trainer an, die sich der jungen Menschen annehmen. Sie sind der Schlüssel. Sie möchten wir noch besser ausbilden, weiterbilden und stärken.

Lange Zeit haben wir in Deutschland unseren Trainern in wahnsinnig kurzer Zeit extrem viel Input in der Ausbildung weitergegeben. Wir haben sie in kürzester Zeit mit Wissen vollgepumpt – um sie anschließend, also nach dem Lizenzerwerb, in der Praxis zu sehr allein zu lassen. Wir haben sie nicht gut genug bei ihrer bedeutenden Aufgabe begleitet. Dem wirken wir jetzt entgegen und haben all das in unserem Ausbildungssystem angepasst und verfeinern es noch weiter. Wir haben unter anderem den Fußball-Lehrer-Lehrgang, die höchste Lizenzstufe im deutschen Fußball, reformiert. Wir schulen unsere Trainer nun viel individueller und praxisnaher – denn ein guter Nachwuchscoach braucht andere Kompetenzen als ein guter Profitrainer. Auch bieten wir ein Mentoring- und Weiterbildungsprogramm an, um unsere Trainer auch nach dem Lizenzerwerb zu begleiten und zu unterstützen. Für die Trainer an der Basis haben wir etwa mit digitalen Angeboten reagiert, als wegen der Corona-Pandemie zahlreiche Fortbildungsveranstaltungen ausfielen. Der DFB ist der einzige große Fußballverband, der es auf diese Weise geschafft hat, dass kein Trainer in dieser Zeit um seine Lizenz bangen musste.

In Zukunft wird es unsere Aufgabe sein, das Wissen, das wir an der DFB-Akademie sammeln, noch gezielter und individueller an Jugend- und Nachwuchscoaches weiterzugeben. Denn sie sind diejenigen, die den Kindern die Spielfreude und das Fußball-ABC beibringen – und ihnen somit bei den ersten Schritten zum möglichen Nationalspieler helfen.

Wir haben unseren Blick geöffnet und verstanden, wie wichtig es ist, flexibel und offen zu sein. Wichtig ist jetzt, dass wir dieses Verständnis auch umsetzen. Die Entwicklung der Spielerinnen und Spieler hat im Nachwuchsfußball künftig Vorrang vor dem Ergebnis. Wir müssen den Egoismus ablegen, der in einigen Fällen zwischen Verbands- und Vereinsebene geherrscht hat. Was nicht sein kann und darf, ist, dass wir beim DFB eine Absagenflut nach Nominierungen für U-Nationalmannschaften erleben, weil die Spielerinnen und Spieler aus unterschiedlichsten, teils fadenscheinigen Gründen lieber bei ihren Vereinen bleiben sollen. Wie soll eine Besten-Förderung ohne die Besten stattfinden?

Wenn man mich nach grundsätzlichen Ratschlägen fragt, was ich auf dem Weg nach oben empfehlen würde, dann sage ich:

- Verliert bloß nicht zu viel Zeit eurer Jugend auf der Rücksitzbank im Auto eurer Eltern. Es kann einem/einer Zehnjährigen nicht guttun, drei Stunden durch die Gegend zu fahren, nur um in einem NLZ eine Stunde zu trainieren.
- Es kann durchaus sinnvoll sein, sich zunächst in Ruhe bei einem kleineren Verein vor der eigenen Haustür zu einem Führungsspieler bzw. einer Führungsspielerin zu entwickeln. Wer Woche für Woche ständig 8:0 gewinnt, in einer

Ansammlung von Top-Talenten, beraubt sich womöglich der Chance einer vernünftigen Sozialisierung.

- Traut euch wieder mehr raus auf den Bolzplatz, wo Taktik in den Hintergrund gerät und ein freier, dynamischer Fußball im Vordergrund steht. Das freie Spiel und der Zweikampf fördern jene Mentalität, die unsere Führungsspielerinnen und -spieler von morgen brauchen.
- Habt Spaß! Fußball muss für Jugendliche ein Spiel aus Leidenschaft und Freude sein und keine billige Kopie des Profibereichs.

Wir vom DFB werden uns bei dieser Mission einbringen, mehr Kümmerer sein – und alles versuchen, um den Nachwuchs behutsam und Stück für Stück wieder zurück an die Weltspitze zu führen.

Oliver Bierhoff

Prolog

Frank Kramer

Vor den Pissoirs hängen Zettel, auf denen es heißt: »Flüssigkeitsstatus – Eigenüberprüfung«. Links sind acht verschiedene Gelbtöne abgedruckt. Von ganz hell, beinahe durchsichtig, bis ganz dunkel, schon fast goldbraun. Wessen Urin den ersten drei Gelbstufen gleicht, der bekommt ein indirektes Lob: ausreichend getrunken. Je dunkler es wird, desto schlechter. Entsprechend heißt es neben einem knallroten Emoji mit hängenden Mundwinkeln: »Du hast viel zu wenig getrunken, trinke jetzt sofort mindestens 0,7 Liter Mineralwasser und informiere deinen Athletiktrainer/Physio.«

Auch am Kühlschrank im Speiseraum hängen eingeschweißte Zettel. Hier lautet die Überschrift: »Dein Körper ist ein Rennwagen: Vollgas durch richtige Ernährung.« Für jede Mahlzeit und jede Zwischenmahlzeit gibt es entsprechende Anregungen, wie man auf »die Pole Position« kommt, wie man »Energie nachtankt«, aber auch, welche Nahrungsmittel »schlecht für den Motor« sind.

Willkommen in der Welt der Nachwuchsleistungszentren. In einer höchst komplexen Welt, in der junge Fußballtalente in sämtlichen Lebenslagen optimiert werden sollen, damit sie zu den Stars von morgen werden.

Hier wird von großen Weltkarrieren geträumt. Aber hier enden auch ganz oft eingeschlagene Wege, obgleich sie lange als verheißungsvoll galten.

Sechsundfünfzig Nachwuchsleistungszentren gibt es derzeit in Deutschland. Sie alle versprechen eine Top-Ausbildung und kämpfen um die besten Nachwuchsspieler des Landes. Einige ähneln Luxushotels, andere sind deutlich einfacher. In vielen werden die Spieler bis ins kleinste Detail vermessen; Screening nennen sie das. Beim VfB Stuttgart wird mit Hilfe von Zetteln versucht, den Spielern eigenverantwortlich einen bewussten Umgang mit ihrem Körper zu vermitteln.

177,1 Millionen Euro sind in der Saison 2017/2018 in Deutschland in die Leistungszentren der Vereine investiert worden; so geht es aus dem Wirtschaftsreport 2019 der Deutschen Fußball Liga hervor. 2002/2003 waren es 47,9 Millionen Euro Investitionsvolumen.

Trotz des extremen finanziellen Anstiegs schreibt das Fachmagazin *Kicker* im November vergangenen Jahres einen Krisenreport unter der Überschrift »Fehlentwicklung«. Im dick gedruckten Motto heißt es: »Der Blick auf andere Nationen zeigt: Die Deutschen Talente sind unter vielerlei Aspekten ins Hintertreffen geraten. DFB und Klubs müssen gegensteuern. Aber wie?«

Die Wochenzeitung *Die Zeit* hat einen ähnlichen Tenor. Autor Ralf Lorenzen attestiert der Bundesliga »viele deutsche Talente, aber wenig Fantasie, was sie mit ihnen anfangen soll«.

Das Nadelöhr zum Profibereich sei für junge Spieler auch durch die Corona-Krise nicht größer geworden. »Kamen in der Saison 2019/2020 am ersten Spieltag nach Transferschluss noch einunddreißig Spieler bis zum Alter von einundzwanzig Jahren zum Einsatz, waren es in dieser Saison neunundzwanzig. Beschränkt man die Zählung auf deutsche Spieler, lautet der Vergleich elf zu sieben. Liegt das daran, dass diese Jahrgänge schwächer sind als ihre Vorgänger, wie der U21-Bundestrainer Stefan Kuntz sagt? Oder liegt das an einem System, das zu viele Toptalente zu lange in den Warteschleifen unterer Klassen, anderer Ligen oder gar auf der Ersatzbank an der Entfaltung hindert?« Der letzte Satz des Berichts lautet: »Talentförderung scheint da am besten möglich, wo Geld fehlt.«

Es gibt Hunderte Ansätze, über die man beim Thema Nachwuchsförderung diskutieren kann. Mitte Oktober letzten Jahres platzte Leipzigs Trainer Julian Nagelsmann der Kragen, weil ihm während einer Länderspielunterbrechung, bei der vierzehn Nationalspieler unterwegs waren, der Einsatz der hochgezogenen Talente im Training nicht passte. »Ein Nachwuchsspieler aus der U19 muss erkennen: Da ist ein junger Trainer, der setzt auch auf junge Talente. Der hat in Hoffenheim schon einigen jungen Spielern ihr Profi-Debüt ermöglicht, die jetzt Richtung Top-Top-Karriere gehen, um mal Dennis Geiger zu nennen. Der Nachwuchsspieler muss auch erkennen: Die haben extrem viele Spiele bis Weihnachten, haben keine Winterpause, haben dann wieder sehr viele Spiele bis zum Ende der Saison, dann keine Sommerpause. Sprich: Da ist eigentlich eine Chance da zu spielen. Da muss ich in die Profi-Kabine gehen, mich umziehen. Und dann muss da draußen der Rasen brennen, da muss nicht alles richtig sein, da muss nicht alles technisch, taktisch perfekt sein, aber die Mentalität muss ich immer sehen. Und die sehe ich nicht immer bei allen. Und deswegen ist es auch schwierig, da reinzurutschen für manche.«

Selbst während einer Länderspiel-Unterbrechung seien Spieler wie Angeliño da oder Christopher Nkunku, an denen sich Nachwuchsspieler wunderbar orientieren könnten. »Es ist nicht so, dass hier nur Pfeifen sind, weil alle anderen bei der Nationalmannschaft sind. Es sind sehr viele gute Spieler hier, an denen man sich ein sehr gutes Beispiel nehmen kann. An die Grenzen gehen, dadurch auch mal Dinge kompensieren, wenn sie keinen guten Tag haben, das würde ich mir wünschen. Du schmeißt als Trainer einen Nachwuchsspieler sehr viel schneller rein, wenn er eine top Mentalität hat, als wenn er eine super Qualität hat, du aber nicht genau weißt, ob er an seine Grenzen geht. Dann fressen die den auf. Wenn der aber an seine Grenzen geht, marschiert wie ein Irrer, der ein oder andere Pass nicht ankommt, dann sagst du als Trainer: Den werfe ich jetzt mal rein, der macht nichts kaputt. Der zerreißt sich, um zu gewinnen. Dieses unbedingte Gewinnen-Wollen, jedes Trainingsspiel gewinnen wollen, das fehlt mir von einigen. Da rege ich mich manchmal auf, da fehlt mir diese absolute Gier. Jedes Spiel auf der Welt ist dafür da, um es zu gewinnen. Das muss ich auch bei jedem Spieler sehen, dann kriegen die auch sicher mal mehr Chancen als mal sieben Minuten gegen Schalke …«

Die fehlende Leidenschaft und Bereitschaft, sich zu quälen, ist aktuell ein großes Thema. Oft wird diese Kritik damit gleichgesetzt, dass die Bedingungen in den Akademien zu gut seien. Frank Kramer, der ehemalige DFB-Übungsleiter, der unter anderem schon die deutsche U18, U19 und U20 trainiert hat und dann die U19 von Red Bull Salzburg, wehrt sich gegen eine solche Pauschalisierung. »Die Rahmenbedingungen im Fußball haben sich verändert. Ein Nicolai Müller hat 2005 in der Jugend bei Greuther Fürth auf einem Schotterplatz trainiert, der am Wochenende als Parkplatz genutzt wurde. Da lagen Scherben drauf und spitze Steine. Der war uneben. Wenn es gefroren war, dann war es spiegelglatt. Es war natürlich nicht immer angenehm, darauf zu spielen. Umziehen musste sich dieser Junge, auch ein Johannes Geis, in einer Kabine unterhalb der hundert Jahre alten Tribüne! Wo nichts isoliert war. Da waren fünfzig Jahre alte Türen drinnen, Bänke, wo du dir Spreißel gezogen hast, wenn du dich hingehockt hast. Und da waren zwei Duschen für alle zusammen drin. Wenn du eine Dusche ein bisschen wärmer oder kälter gemacht hast, dann hat die andere darauf reagiert und du konntest da nicht mehr rein. Jetzt könnte man behaupten, man muss so Rocky-like sein, in so einem Umfeld trainieren, um richtig hart zu werden und um schätzen zu lernen, wenn man es dann schafft. So ist aber die Lebenswirklichkeit nicht mehr in unserer Gesellschaft. Wenn du heutzutage jemandem ein heruntergekommenes Trainingsgelände zeigst und sagst, hier wirst du was, dann wird derjenige schnell das Weite suchen. Es geht heutzutage ja auch sehr viel um Bieten. Unsere Gesellschaft ist so geworden, und zwar nicht nur bei den Jugendlichen. Leute, die mit Studieren fertig sind und zum Vorstellungsgespräch kommen, die fragen nicht: ›Was muss ich denn tun, um hier Karriere zu machen?‹ Die fragen: ›Was kannst du mir bieten, damit ich überhaupt zu dir komme?‹ Unsere Gesellschaft hat sich verändert. Die Haltung hat sich gedreht. Und jetzt können wir nicht den Jungs den Vorwurf machen, dass sie verweichlicht sind und auf diese Infrastruktur Wert legen. Es ist mir zu billig zu behaupten: Der Kraftraum ist so elegant, da wird nicht richtig trainiert. Diese Denke ist auch ein bisschen unserer Gesellschaft geschuldet: Wir sehen nur den vordergründigen Glanz und interpretieren hinein, dass die, die das benutzen dürfen, bequem seien. Ohne sie jemals trainieren gesehen zu haben. Glauben Sie wirklich, dass irgendein Spieler sagt: ›Wie ich morgen trainiere, ist mir egal, Hauptsache die Duschen sind schön.‹ Das macht doch keiner! Oder, dass einer denkt: ›Der Kraftraum ist mir zu schön und zu schick, um mich richtig zu quälen.‹«

Es stimme natürlich, dass »bei uns das Leben auch funktioniert, wenn man nicht Fußballer wird. Man kann an die Uni gehen oder einen guten Beruf lernen. Eine der beiden Optionen steht ja auch den allermeisten offen – zusätzlich zum Fußball. Für afrikanische Läufer etwa ist es die einzige Chance, rauszukommen und vielleicht noch ein ganzes Dorf mitzuversorgen, wenn die Olympiasieger werden. Diesen Druck haben wir nicht.« Gleichzeitig erinnert Krämer aber auch an einen Joshua Kimmich, der »so weit ich weiß, auch aus einem guten Haus kommt. Ich glaube, dem kann man es nicht absprechen hungrig zu sein. Oder behaupten, dass afrikanische Fußballspieler hungriger sind auf dem Platz als er.«

Dieses Buch urteilt nicht über richtig oder falsch, es drängt keine Sichtweisen auf. Es lässt verschiedene Meinungen, Ansätze und Theorien zu und gelten. Es möchte helfen, Fußball-Talenten, deren Eltern und auch sämtlichen Menschen, die mit diesen Spielern arbeiten dürfen, die Augen zu öffnen und Denkanstöße zu liefern.

Es soll zeigen, wie der Nachwuchsfußball hinter verschlossenen Türen wirklich funktioniert und wie unterschiedlichste Protagonisten arbeiten.

Mehr als ein Jahr lang wurden unterschiedliche Menschen begleitet. Dazu gehörten Trainer, die sich seit Jahren im Nachwuchsbereich verdient gemacht haben, wie Hoffenheims Danny Galm, Kölns Martin Heck und Levent Sürme, der sowohl in Leipzig als auch in Augsburg arbeitete.

Amsterdams Trainer Erik ten Hag gewährte an Hand des Beispiels Matthijs de Ligt tiefe Einblicke, wie er aus Talenten Stars macht, und beschreibt sehr detailliert, worauf er achtet, ehe er den Nachwuchs bei den Profis reinschmeißt. Ex-Stuttgart-Trainer Tim Walter fand sehr klare Worte, ebenso wie die absoluten Nachwuchsexperten Ernst Tanner, Bernhard Peters und Peter Knäbel. Am Bayern-Campus diskutierten Jochen Sauer, Holger Seitz und Miroslav Klose über Chancen beim FC Bayern und ihre große Verantwortung gegenüber den Jugendlichen.

Gürkan Karahan verdeutlichte die Arbeit aus Sicht von Scouts; Toni Kroos und Marco Richter erzählen von ihren Anfängen in der Jugend. Und Dayot Upamecano verriet seinen wohl heftigsten Anschiss während seiner Zeit in der Salzburger Akademie.

Dieses Buch blickt hinter die Kulissen vieler Nachwuchsleistungszentren. Immer aus unterschiedlichen Blickwinkeln. Und vor allem ohne einen erhobenen Zeigefinger. Deshalb kann es sein, dass sich Thesen in unterschiedlichen Kapiteln wiederholen oder auch widersprechen. Denn es gibt keine Gebrauchsanweisung, die man einfach nur befolgen muss, damit aus einem talentierten Nachwuchsspieler ein Bundesliga-Profi wird. Was auf dem Campus des FC Bayern München funktioniert, muss noch lange nicht eins zu eins zum gleichen Erfolg bei Augsburg führen.

Dieses Buch soll grundsätzlich ermutigen, aber auch nicht verschweigen, wie gering die Chance ist, es zu schaffen.

Dr. Arne Güllich, ein deutscher Sportwissenschaftler von der TU Kaiserslautern, berichtet etwa, dass das System der Nachwuchsförderung ziemlich ineffizient sei. Das zeige beispielsweise die »relativ hohe jährliche Auffrischungsrate. Durchgängig haben wir pro Jahrgang eine Fluktuation von etwa fünfundzwanzig Prozent. Das bedeutet, dass die Chance, nach drei Jahren überhaupt noch dabei zu sein, im Schnitt unter fünfzig Prozent liegt. Die Chance, dass ein Zehnjähriger in der U19 noch dabei ist, liegt unter acht Prozent.«

Zudem stellt er heraus, dass den Nachwuchsleistungszentren zwar eine erfolgreiche Entwicklung von Profis zugeschrieben werde, dass die erfolgreichen Talente und die weniger erfolgreichen aber weitgehend »gleich behandelt werden. Alle bekommen das identische Treatment. Dabei schafft es weniger als einer von tausend in die Bundesliga. Die 999 anderen, bei denen es nicht geklappt hat, haben ja aber dasselbe

Fördersystem durchlaufen. Man kann also sagen, dasselbe NLZ-System ist bei einem von tausend erfolgreich und bei neunhundertneunundneunzig nicht.«

Güllich hat mit seinem Team die Entwicklung von 1059 U-Nationalspielern, 385 Spielern der ersten Bundesliga und 239 der zweiten Bundesliga untersucht. Zudem nahmen fünfzig Erstligaspieler an einer Befragung zu ihrer Sportbiografie teil, davon achtzehn A-Nationalspieler. Die Forscher haben festgestellt, dass die A-Nationalspieler überwiegend »keinesfalls Frühentwickler waren. Je früher jemand sein Debüt in einer U-Nationalmannschaft hatte, desto geringer war die Wahrscheinlichkeit, dass er später erste Bundesliga spielt. Je später jemand sein Debüt in einer U-Nationalmannschaft hatte, desto höher war die Wahrscheinlichkeit, dass er später erste Bundesliga spielt. Wir haben also eine negative Korrelation zwischen Debüt U-Mannschaft und späterem Spielniveau im Erwachsenenalter herausgefunden.«

Die zweite wichtige Erkenntnis war: »Rund sechzig Prozent der untersuchten A-Nationalspieler waren nicht ausschließlich Fußballer, sondern die haben in ihrer Jugend noch andere Sportarten betrieben, besonders häufig Tennis, auch Tischtennis, Handball oder Leichtathletik.«

Güllich wurde vom DFB eingeladen, hat vor NLZ-Leitern und Stützpunktkoordinatoren referiert. Einige bezeichneten ihn hinterher als weltfremden Theoretiker, andere fühlten sich in ihrer eigenen Wahrnehmung bestätigt. Nachwuchsleistungszentren wie Freiburg und Mainz luden ihn ein, um von seinen Erkenntnissen zu profitieren. Güllichs wichtigste

Bitte an alle verantwortlichen Ausbilder: »Die Erfolgswahrscheinlichkeit, dass es jemand aus einem Nachwuchsleistungszentrum heraus in die erste Bundesliga schafft, liegt bei eins zu tausend. Trotzdem wird den meisten Eltern und deren Kindern erzählt: ›Bei uns wirst du Bundesliga-Spieler. Du bist die Perle, der Rohdiamant. Wir machen dich zum Bundesliga-Spieler.‹ Das ist unverantwortlich. Besser wäre es, ihnen reinen Wein einzuschenken und zu sagen: ›Das Wahrscheinlichste ist, dass du in drei Jahren nicht mehr hier bist.‹ Stattdessen ziehen Eltern durch die halbe Republik um, kündigen ihre Jobs, verkaufen ihr Haus, damit sie schließlich ein paar Jahre später hören: ›Euer Junge hat sich doch nicht so entwickelt, wie wir es vorhergesagt haben.‹ Das ist das Elend der Nachwuchsleistungszentren. Niemand übernimmt wirklich Verantwortung für diesen kleinen Kerl.«

Auf der anderen Seite gibt es aber eben diese Mutmacher. Wie Niklas Süle, der mit vierzehn Jahren von zu Hause auszog und in Hoffenheim den Sprung zum Profi schaffte. Sein Bild hängt groß in der Galerie. Inzwischen ist er Champions-League-Sieger mit Bayern München und Deutscher Nationalspieler.

Beim VfB Stuttgart gibt es auch eine Galerie. Spieler-Porträts von Timo Hildebrand hängen dort, von Timo Werner oder Mario Gómez. Insgesamt dreiundvierzig mit Bildern gefüllte Rahmen. Dann, am Ende des Ganges, hängen noch drei leere. »Jeder Spieler, der hier in der Jugend gespielt hat und dann mindestens vierzig Spiele für die erste Mannschaft vom VfB Stuttgart absolviert hat, bekommt hier seinen Platz«, sagt Nachwuchschefscout Michael Gentner. »Die Messlatte sind vierzig Spiele in der ersten oder zweiten Liga. Die leeren Rahmen sollen Anreiz für diejenigen sein, die bei uns in der Akademie sind, sich auch ihren Rahmen zu erarbeiten. Als Ansporn für die nächste Generation sozusagen.«

Bis dahin ist es ein langer Weg. Und man muss sich an Spielregeln halten. Man muss hart trainieren und viel trinken. Sich gut ernähren. Und sich auch gegenüber den Mitspielern vernünftig verhalten. Die Nachwuchsspieler vom VfB Stuttgart haben sich gegenseitig versprochen, wie sie miteinander leben wollen, und auch das schriftlich festgehalten und im Gemeinschaftsraum des Internats aufgehängt. Die selbst auferlegten Umgangsregeln lauten:

- Wir gehen freundlich und respektvoll miteinander um.
- Wir nehmen den Rat und die Erfahrung der Älteren an und sind offen für die Impulse der Jüngeren.
- Wir hören einander zu, vertrauen einander und nehmen uns gegenseitig ernst.
- Wir wollen Spaß miteinander haben, erkennen aber auch, wo der Spaß seine Grenzen hat.
- Wir sind ordentlich, diszipliniert und halten unsere Regeln ein.
- Wir achten unsere Privatsphäre und das Ruhebedürfnis des Einzelnen.
- Wir verarschen und hänseln uns nicht und hetzen nicht gegeneinander.
- Wir begrüßen und verabschieden uns.
- Wir trinken unsere Flaschen leer oder teilen sie uns.

- Wir benutzen unser Handy beim gemeinsamen Essen nicht.
- Wir sind als Team füreinander da.

Der letzte Satz ist wahrscheinlich der wichtigste. Für alle.

Kapitel 1

Danny Galm

Die Netzabdeckung im nordbadischen Odenwald lässt zu wünschen übrig. Immer wieder hat Danny Galm auf seiner einstündigen Heimfahrt vom Trainingszentrum der TSG 1899 Hoffenheim mit Empfangsproblemen zu kämpfen. Bei Aglasterhausen, Neckarkatzenbach und Scheidental bricht die Verbindung regelmäßig ab. An längere Telefonate ist auf seinem Hin- und Rückweg zur Arbeit also nicht zu denken, sodass Galm die Zeit meist mit Hörbüchern verbringt.

Er hat *The Great Nowitzki: Das außergewöhnliche Leben des großen deutschen Sportlers* auf sein iPhone runtergeladen und gerade beendet. Davor hatte er *Der Neurochirurg, der sein Herz vergessen hatte* von James R. Doty gehört, eine Empfehlung von Hoffenheims Sportpsychologen Prof. Dr. Jan Mayer.

Doch heute entscheidet sich Galm, kein klassisches Hörbuch anzufangen, sondern öffnet einen Ordner, in dem er seine eigenen Kabinenansprachen an seine Mannschaft abgelegt hat: an die U17 der TSG.

Er will kontrollieren, ob es ihm gelungen ist, die wichtigen Botschaften jeweils in klaren, deutlichen und ansteckenden

Worten zu vermitteln. Was, so fragt er sich, hätte er wohl als Spieler gedacht, wenn er diese Ansprachen in der Kabine zu hören bekommen hätte?

Galm gehört zu den talentiertesten Jugendtrainern Deutschlands. Er ist einer, der sich ständig und immer hinterfragt. Er wird von der TSG gefördert, unter anderem im Programm »Coach the Coach« und in der Highperformer-Fortbildung. Zusammen mit zwei weiteren Nachwuchstrainern bekommt Galm so immer wieder die Chance, Spitzenkräfte des deutschen Sports zu treffen und von ihnen aus erster Hand zu erfahren, wie sie zu Führungspersönlichkeiten geworden sind.

Der langjährige Skisprung-Bundestrainer Werner Schuster hat stundenlang Rede und Antwort gestanden. Markus Hörwick, über Jahrzehnte hin Mediendirektor bei Bayern München, hat über die Pressearbeit und die öffentliche Wirkung von Trainern referiert. Auch Julian Nagelsmann, selbst lange bei Hoffenheim, hat drei Stunden von seinen Erfahrungen berichtet.

Galm hat die Gunst der Stunde genutzt, um Fragen zu stellen und Wissen aufzusaugen. Gerade weil Nagelsmann selbst den Sprung aus der Jugend ins Profigeschäft geschafft hat. Vor allem interessierte ihn, wie er seine erste Kabinenansprache bei den Profis gehalten und worauf er dabei besonders geachtet habe.

Nagelsmann sei, so notierte sich Galm, an seinem ersten Arbeitstag als Cheftrainer der Erste in der Kabine gewesen, um zu verhindern, dass er gezwungen wäre, auf die Spieler zugehen und ihnen die Hand schütteln zu müssen. Denn dabei hätte er zwangsläufig eine Reihenfolge festgelegt, obwohl er das gar nicht wollte. »Natürlich wäre darauf geachtet worden, wem ich als erstes und wem als letztes die Hand gebe«, sagt Nagelsmann, und Galm schreibt es nieder. »Ob ich sie jemandem länger oder intensiver schüttle. Diesen Interpretationsspielraum wollte ich nicht. So sind alle Spieler auf mich zugekommen, sobald sie die Kabine betreten haben.«

Galm weiß genau, auf was Spieler alles achten. Wie Fehler in der Kabine einen Trainer beschädigen können.

Er war selbst eines der größten Talente des deutschen Fußballs. Spielte Seite und Seite mit Mario Gómez, Ádám Szalai, Sven Ulreich, Andreas Beck, Serdar Tasci und Sami Khedira. 2005 gewann er als A-Jugendlicher die deutsche U19-Meisterschaft mit dem VfB Stuttgart.

Bei einer späteren Station, bei den Stuttgarter Kickers, schrieb sein Trainer vor einem Spiel gegen Unterhaching die Aufstellung auf die Tafel. Im defensiven Mittelfeld stellte er Manfred auf. Daneben Axel. Und vorne drin den Dennis. Der Trainer meinte eigentlich Marcus (Mann), Alexander (Rosen) und Danny Galm.

»Wenn ein Trainer nach ein paar Monaten meinen Namen immer noch nicht kennt, dann macht das natürlich was mit mir. In diesem Fall betraf es ja sogar drei von elf Spielern. Wir haben dem Trainer anschließend nichts mehr geglaubt. Als Trainer geht es doch darum, dass dir die Mannschaft folgt und vertraut. Dass sie an deine Taktik glaubt. Aber wenn ein Trainer nicht einmal die Namen der Spieler kennt, sie also den Eindruck bekommen müssen, nur *irgendwer* für ihn zu sein, dann ist der Zug eigentlich abgefahren. Ein größerer Vertrauensverlust geht gar nicht.«

Auch vor dem Hintergrund solcher eigenen Erfahrungen ist es Galm heute so wichtig, wie er auf seine Spieler wirkt und mit ihnen umgeht. Und auch deshalb investiert er die Zeit, um seine Worte noch einmal auf sich wirken zu lassen.

In der ersten Datei, die nun über sein Autoradio wiedergegeben wird, hört er sich eine Frage stellen: »*Was ist Erfolg? Wie bin ich erfolgreich? Was muss ich tun dafür?*«

Und er selbst antwortet darauf: »*Alle, die erfolgreich sein wollen, müssen zuvor leiden. Leiden, wenn ich vor dem Training und nach dem Training noch zusätzlich arbeite, um besser zu werden. Nur die, die leiden, werden besser. Nur die, die leiden, sind erfolgreich. Wenn ich hinfalle, stehe ich wieder auf. Wenn ich stolpere, fange ich mich ab. Wenn ich aufgeben will, ist irgendein Teamkollege da, der sagt: ›Nein!‹ Erfolg ist Besessenheit. Wollt ihr erfolgreich sein? Dann geht raus und leidet. Leidet fürs Team.*«

Galm hatte Anfang Januar 2018 die U17 übernommen, weil Pellegrino Matarazzo als Co-Trainer zu den Profis hochgezogen worden war. Die Mannschaft war Vierter, hatte gegen Frankfurt, Heidenheim, Mainz und Stuttgart verloren und gegen Bayern und Elversberg nur unentschieden gespielt. Der Rückstand auf die Tabellenspitze betrug zehn Zähler. Bei einer Liga mit dreizehn Mannschaften eigentlich zu viel, um sich noch eine Chance für die Teilnahme an der Endrunde um die Deutsche Meisterschaft (für die man Erster werden müsste) zu erspielen.

Galms neue Mannschaft war durch ein paar Disziplinlosigkeiten aufgefallen. Bei einigen passte das Verhalten in der Schule nicht. Andere meinten, Mitarbeiter des Vereins nicht mehr grüßen zu müssen. Die Wäsche wurde nach

Trainingseinheiten nicht wie eigentlich vorgesehen in die entsprechenden Körbe geworfen, sondern flog wild in der Kabine umher. Und es fehlten dreizehn der fünfundzwanzig vom Verein gestellten Bälle.

»Bälle sind für mich ein Heiligtum«, sagt Galm. »Ein Fußballer braucht für seinen Job Bälle, Schuhe und einen Rasen. Ich erwarte, dass damit pfleglich und verantwortungsvoll umgegangen wird.«

Er bestellte neue Bälle und sammelte Geld von den Spielern ein. Fünf Euro pro Person pro Ball. Das Geld landete in der Mannschaftskasse, deren Inhalt nach jeder Saison für einen guten Zweck gespendet wird.

Einige murrten. Teils auch die Eltern. Ein Vorgang, der sich fortan Sommer für Sommer in ähnlicher Form wiederholt, wenn Galm beim ersten Elternabend auf seinen Maßnahmenkatalog zu sprechen kommt.

Eine Gelbe Karte wegen Meckerns oder Unsportlichkeit kostet zum Beispiel zehn Euro. Eine Rote Karte für gleiches Vergehen fünfzig Euro. Werden Trainingsklamotten in der Kabine, im Bus oder am Platz vergessen, werden für jedes Teil drei Euro fällig. Wer es vergisst, sich einmal im Monat zu wiegen oder zu messen, zahlt fünf Euro.

»Es gibt jedes Mal mindestens ein Elternteil pro Jahrgang, das die Strafen für zu hoch hält. Diese Leute sagen dann zu mir: ›Das kann mein Sohn nicht bezahlen. Er spart doch gerade auf den Führerschein. Dann wird der nie einen Führerschein machen können.‹«

Es müsse ja keiner wegen Meckerns vom Platz fliegen, entgegnet Galm dann. Und erklärt, dass es auch nicht zu viel verlangt sei, seine Klamotten wieder in die Kabine zu tragen. »Wenn er das nicht versteht, dann macht er halt seinen Führerschein ein paar Monate später.«

Galm schafft es, zu überzeugen. Auch seine neue Mannschaft akzeptierte die konsequentere Gangart, die seit seinem Antritt herrschte.

In seiner ersten Ansprache an die Jungs sagte er: »Aktuell reden die Leute nur über Fehlverhalten in der Schule. Über eure Unfreundlichkeit. Über Unverschämtheiten, Undiszipliniertheiten. Das sind doch nicht die Attribute, die ihr über euch hören wollt. Es wird Zeit, dass die Leute wieder über uns als Fußballer reden. Es wird Zeit, dass über Tore und Spielzüge gesprochen wird.«

Galm ließ den Greenkeeper eine zusätzliche weiße Linie am Eingang an der Querseite zum Trainingsplatz zeichnen. Noch lieber wäre es ihm gewesen, sie wäre rot. Aber das ging – warum auch immer – nicht so einfach.

»Wenn meine Jungs sich entscheiden, über diese Linie zu treten, bedeutet das, dass nur noch Fußball zählt. Dass mir ab diesem Moment ein Problem mit der Freundin egal ist. Wenn es Probleme gibt, privater oder schulischer Natur, wenn sich die Eltern getrennt haben oder was auch immer, dann können sie vorher mit mir darüber reden, oder danach. Aber in der Zeit, in der wir auf dem Platz stehen, holen wir das Maximum raus und genießen den Fußball. Hinter der Linie zählt nur noch das eine.«

Amadou Onana, zu der Zeit bereits belgischer Junioren-Nationalspieler, hatte ein paarmal die Schule geschwänzt. Galm reagierte rigoros. »Wer morgens nicht in die Schule geht, darf abends nicht trainieren«, verkündete er und schickte sein Top-Talent, als der abends ankam, alleine laufen.

Die Schulausbildung ist ihm wichtig. Als er selbst im Jahr 2002 für 80.000 Euro von 1860 München nach Stuttgart wechselte, riet Felix Magath, damals Trainer der Schwaben, Galms Vater, dass der Sohn nicht auf die Karte Schule setzen solle. »Ihr Sohn braucht keine Ausbildung, der wird Profi.«

Ihm sei, erinnert sich Galm, »sehr viel versprochen worden. Alle versuchen sich mit dir gut zu stellen. Jeder möchte in deinem Umfeld sein. All diese warmen Worte, die am Ende nichts bringen. Mein Umfeld war zum Glück ziemlich klar und hat sich von dem Wahnsinn nicht verrückt machen lassen. Mein Vater hat daher auch eingefordert, dass ich in Stuttgart eine Ausbildung absolviere. Magath meinte es gar nicht böse. Er wollte auch seine Wertschätzung für uns ausdrücken. Aber Plan B ist wichtig. Das vermittle ich heute auch meinen Spielern. Ich habe als Trainer schließlich eine sehr hohe Verantwortung. Weil ich sehr genau weiß, dass von meinen dreiundzwanzig Spielern nicht alle Profi werden. Und für die, die es nicht schaffen, muss es trotzdem weitergehen. Ich habe die Verantwortung, meine Spieler in ihrem Traum zu fördern. Aber die schulische Seite darf nicht vernachlässigt werden.«

Einmal ließ Galm seine Mannschaft anstelle einer gewöhnlichen Trainingseinheit nach Heidelberg-Rohrbach fahren, an den Fuß der Bergbahnstation. Es wurden zwei Teams gebildet, deren Mitglieder jeweils an ein Seil gebunden wurden. Dann ging es die 567,80 Meter hoch zum Königstuhl, dem höchsten Berg des Kleinen Odenwalds.

Unten, am Schloss, nieselte es leicht, bei drei Grad, die sich kälter anfühlten. Das dicke Hanfseil, an dem man eigentlich in Turnhallen gen Decke hochklettert, saugte sich mehr und mehr mit Wasser voll und wurde schwerer und schwerer. Anfangs joggten die Spieler noch leichtfüßig. Doch mit jedem zurückgelegten Höhenmeter wurden die Beine schwerer. Als Galms Jungs in den Wald einbogen, um die letzten Meter zu machen, hatte sich der Regen in dichtes Schneetreiben verwandelt. Die Wege waren komplett bedeckt und stellenweise glatt. Die nächste Kurve war kaum zu erkennen. Der Atem schien zu gefrieren. Aber niemand gab auf. Wenn einer wegrutschte, wurde ihm wieder aufgeholfen. Wer nicht mehr konnte, wurde lautstark angefeuert.

Galm kennt diese extremen Einheiten, sogar noch sehr viel heftigere als diese am Königstuhl, aus seiner eigenen Zeit als Aktiver. Bei Cottbus trainierte er unter Bojan Prašnikar, einem Trainer aus dem früheren Jugoslawien, der von BILD mit dem Prädikat »Super-Schleifer« versehen worden ist.

Prašnikar scheuchte seine Spieler in der Sommervorbereitung eine schwarze Skipiste bergauf. Der Hang hatte über vierzig Prozent Gefälle. 30 Meter mussten immer und immer wieder im Vollsprint, teils sogar mit einem Mitspieler auf dem Rücken, zurückgelegt werden.

»Ich war damals zweiundzwanzig Jahre alt, ganz neu im Verein. Ich habe das alles mitgemacht. War bei jedem Lauf vorne. Egal, ob ich noch konnte oder nicht. Ich habe das damals einfach nur mitgemacht, in der Hoffnung, dass irgendein Sinn dahintersteckt. Ich habe es einfach ausgeführt. Aber im Nachhinein muss ich sagen, dass es nur ein Kaputtmachen war. Unter Prašnikar habe ich das Laufen gelernt. Und ich habe immerhin kapiert: ›Wenn du denkst, der Körper kann nicht mehr, dann hast du trotzdem noch zwanzig Prozent Reserve.‹ Ich habe unter diesem Trainer erfahren, was ein Körper zu leisten im Stande ist.«

Bei Galm geht es nicht darum, die Spieler kaputt zu machen. Ihm ging es am Königstuhl um eine kleine Lektion aus der Willensschule. Und darum, den Zusammenhalt im Team zu verbessern.

Die Maßnahmen zeigten Wirkung. Hoffenheim siegte gegen Augsburg, Frankfurt, Karlsruhe und Unterhaching. Nun, vor dem Spiel gegen Heidenheim, hielt Galm die Ansprache übers Leiden. Auch weil er bereits im Vorhinein wusste, dass das Spiel seinen Jungs wehtun würde.

Aus meteorologischer Sicht war der April 2018 der wärmste seit Beginn der Wetteraufzeichnung im Jahr 1881. In dieser ersten Woche des Monats brannte die Sonne nur so vom Himmel.

Noch dazu fand das Spiel auf einem Kunstrasenplatz statt, der mit einer dicken Schicht Granulat überzogen war und sich ebenfalls extrem erhitzt hatte. Beide Mannschaften wurden also von oben und unten »gekocht«.

Hoffenheim war bereit zu leiden. Und erkämpfte sich den fünften Sieg in Folge.

Gleichzeitig hatte Tabellenführer Bayern schon vier Punkte liegen lassen. Nach weiteren Siegen gegen Kaiserslautern und Mainz kletterte Hoffenheim auf den zweiten Platz, sodass das anschließende Duell zwischen Bayern und der TSG zum absoluten Spitzenspiel wurde.

Die Mannschaft schlief im Alten Wirt in Hallbergmoos, vor den Toren Münchens. Dörflicher Charakter trotz Flughafennähe, weit und breit kein Großstadtflair.

Direkt nach der Ankunft am Campus versammelte Galm die Mannschaft zum ersten Mal, noch ehe die Jungs sich warm gemacht hatten:

»Wir kommen hier nicht als Tourist hin. Wir waren in den letzten Monaten ein No-Name. Ein Außenseiter. Plötzlich aber gewinnen wir Spiele, starten Serien. Plötzlich sind wir Bayern auf den Fersen. Plötzlich sind wir eine Mannschaft, die dieses Jahr ungeschlagen ist. Wisst ihr, was sie bei Bayern auf der Homepage über das Spiel geschrieben haben? Dass die eine ›positive Anspannung‹ haben. Und wisst ihr, was das heißt? Dass die Angst haben. Positive Anspannung heißt übersetzt: Angst. Das ist der Vorteil, den wir heute haben. Vor jedem Einzelnen, der hier in der Kabine sitzt, haben die Angst. Letzte Woche haben wir über achtzig Minuten in Perfektion Fußball gespielt. Nicht nur die erste Elf. Sondern alle die beteiligt waren. Das zeichnet ein Team aus.«

Galm spricht fast dreizehn Minuten. Verrät die Aufstellung, die gegenüber der Vorwoche unverändert bleibt. *»Das ist eine Wertschätzung für den ganzen Kader. Das Niveau diese Woche war sehr hoch. Keiner hat nachgelassen. Jeder hat versucht, an seinem Limit zu bleiben. Das Wichtigste heute und ab jetzt: Pusht euch gegenseitig. Pusht euch von der Bank. Pusht euch jetzt schon. Wir kommen hierher als Team. Wir machen einen Spaziergang als Team. Wir gehen auf den Platz als Team. Wenn wir jetzt rausgehen, dann sehen die eine Truppe, die unbesiegbar ist. Wir zeigen unseren Gegenspielern, dass heute nichts zu holen ist. Nichts. Sobald sie in unsere Kampfzone reinkommen, gibt es Feuer. Erste Zweikämpfe entscheiden über Spiele. Die müssen wissen: Der frisst mich gleich auf, wenn der Ball kommt. Aber* nicht dumm. Nicht sinnlos zerstören. Seid mutig und habt Geduld. Legt sie euch zurecht. Und das Wichtigste: Genießt dieses Spiel. Habt Spaß. Macht das, was uns stark macht. Mit Mut. Mit Selbstvertrauen. Und mit Dominanz. Fallt durch Leistung auf. Giftig. Willig und brutal aggressiv. Und dann kriegen wir sie. In jeder verdammten Situation. Viel Spaß. Krönt diesen April.«

Bei Bayern spielte unter anderem ein gewisser Joshua Zirkzee, der ein Jahr und sieben Monate später sein erstes Bundesliga-Tor machen sollte. Er erzielte auch prompt in diesem U17-Spiel sein elftes Saisontor. Aber das war zu wenig gegen Galms Truppe, die den April mit ihrem neunten Sieg in Serie krönte.

Dann unterbrach die U17-Europameisterschaft ein wenig den Rhythmus. Vier Wochen lagen zwischen dem Bayern-Erfolg und dem nächsten Match gegen Nürnberg, das Galms Mannschaft die erste Niederlage 2018 bescherte. Auch Bayern gelang nur ein Unentschieden gegen die Stuttgarter Kickers, sodass es am letzten Spieltag der Rückrunde zum Dreikampf um die Staffelmeisterschaft kam.

Die Münchner hatten ebenso wie die Stuttgarter 58 Punkte. Hoffenheim 56 Zähler. Der VfB empfing die TSG, Bayern spielte zu Hause gegen Augsburg.

Auch diese Ansprache hat Galm für sich aufgenommen und spielt sie nun noch einmal ab. Er hört sich mit klarer, siegessicherer Stimme sagen: »Als ich im Januar entschieden habe, das Angebot anzunehmen, diese Mannschaft zu übernehmen, hatte ich zunächst über die Tabellensituation keine Ahnung, wusste nicht, wie viel Rückstand wir hatten. Man verlangte von mir nur, es ordentlich zu Ende zu bringen.

Daraufhin habe ich entgegnet: ›Wenn ich es mache, will ich es richtig machen. Ich will, dass wir am Ende ein Spiel haben, in dem es noch um was geht. Auf Hobbyfußball habe ich keine Lust.‹

In den darauffolgenden Wochen wurde aus den kleinen Grüppchen, die ihr wart, plötzlich eine Gruppe. Eine Gemeinschaft, die gemeinsam Siege feierte. Die sich gegenseitig anstiftete, mehr zu machen. Wir haben uns von Spiel zu Spiel gesteigert. Haben durch Klarheit, Einfachheit und mit brutaler Disziplin dieses Unmögliche möglich gemacht. Wir waren meilenweit weg. Jetzt sind wir da, sodass wir am letzten Spieltag hier stehen und es um was geht. Deswegen vorab ein ganz großes Lob.

Wir kommen als die beste Auswärtsmannschaft der Liga her. Als die beste Rückrundenmannschaft. Zehn Spiele in der Rückrunde, neun Siege. Wir haben von 30 möglichen Punkten 27 geholt. Daran hätte keiner geglaubt.

Stuttgart spielt heute gegen die beste Defensive. Daniel (Klein, Anm. d. Autors) musste in diesem Jahr bisher fünf Mal den Ball aus dem Tor holen. Das reicht. Kein Team war auf fremden Plätzen so erfolgreich wie die TSG.

Gleich spielen wir gegen eine Mannschaft, die seit sechzehn Spiele ungeschlagen ist. Die daheim eine Macht ist. Die die beste Heimbilanz der Liga hat. Zwölf Heimspiele, elf Siege. Es wird Zeit, Bilanzen zu brechen. Der FC Bayern war ungeschlagen, bis wir kamen. Die sind ungeschlagen. Bis heute.

Gleich kommt ein echtes Top-Spiel. Es geht darum, eine starke Saison positiv zu Ende zu bringen. Es geht darum, den ersten Meistertitel nach zehn Jahren zu holen. Die Chance ist klein, aber sie ist da.«

Dann rollte Galm ein Plakat aus, auf dem das Motto des Spieltags stand: »All in.«

»*Ich möchte*«, fuhr er fort, »*dass ihr alles in dieses Spiel reinhaut,
was ihr könnt: All eure Freude, all eure Power, alle Energie. Geht all in.
Ich brauche heute Leader. Seid Anführer!*

*Und entweder es klappt oder es klappt nicht. Aber ich will, dass wir
alles reinlegen. All unsere Gier, unsere ganze Mentalität, einfach alles.
Und nach dem Spiel kontrollieren wir, ob wir all die hier aufgelisteten
Punkte auch eingehalten haben, und haken sie mit einem Stift ab.*

Sind wir als Team aufgetreten?

*Haben wir die Mentalität bewiesen, mit einer Führung seriös umzu-
gehen?*

*Haben wir die Mentalität gezeigt, auch mit Rückschlägen umzu-
gehen?*

Haben wir Vertrauen in unsere Stärke bewiesen?

Haben wir Vertrauen in unsere Mitspieler bewiesen?

*Haben wir über achtzig Minuten geglaubt, dass das Unmögliche
möglich ist?*

*Wir sind gemacht für Top-Spiele. Macht nichts Besonderes. Beweist
enorme Geduld. Selbst wenn sie noch so anrennen. Egal. Glaubt an eure
Qualität. Glaubt an das System.*

*Wir halten unsere Kampfzone ein. Unser Konstrukt bleibt eng.
Denkt an unsere Box-Belegung. An unsere Rest-Verteidigung. Wir
schieben nach wie immer.*

*Heute ist nun der letzte reguläre Spieltag der U17-Bundesliga. Der
letzte Spieltag eurer ersten Bundesliga-Saison. Im Jugendbereich gehen
maximal noch zwei. Mal gucken, was dann kommt.*«

Bayern müsste, damit Hoffenheims kleine Chance auf die
Meisterschaft noch wahr würde, im zeitgleich laufenden Spiel
gegen Augsburg verlieren. Doch bereits nach zehn Minuten
führt die Mannschaft nach einem Treffer von Joshua Zirkzee

mit 1:0. Nach vierzehn Minuten steht es 2:0. Und nach fünfunddreißig Minuten 6:0. Es kann passieren was wollte, Hoffenheim hat keine Chance mehr. Sodass es auch unerheblich ist, dass Daniel Klein die Gegentreffer sechs und sieben kassierte und Stuttgart letztlich mit 2:1 siegt – beim gleichzeitigen 12:1 der Bayern.

Nach dem Spiel holte Galm die Mannschaft zusammen. Versammelte sie vor dem All-in-Plakat. Im Schnelldurchlauf ging er die Check-Liste durch, um seinen Spieler dann zu sagen: »*Seid jetzt traurig. Ich bin es auch. Lasst euren Gefühlen freien Lauf. In ein paar Tagen werdet ihr langsam spüren, dass ihr stolz sein könnt auf euch. Ihr habt eine großartige Rückrunde gespielt. Und ich möchte, dass ihr aus dieser Rückrunde ganz viel für eure Karriere mitnehmt. Ihr habt gesehen, was möglich ist, wenn man wirklich an etwas glaubt. Keiner von euch hätte es für möglich gehalten, dass wir neun Spiele in Serie gewinnen. Aber wir haben es. Ihr habt erlebt, was möglich ist, wenn man diszipliniert, konzentriert und vor allem als Team arbeitet. Nehmt das mit auf eurem weiteren Weg. Auffallen durch Leistung – jetzt und in Zukunft erst recht.*«

Der überwiegende Teil der Mannschaft ging in die U19 hoch. Nur ganz wenige Spieler, wie Marco John, Kaan Özkaya und Kerim Calhanoglu, blieben der U17 erhalten und somit noch ein Jahr bei Galm.

Der TSG fehlte für die bevorstehende Spielzeit noch ein Stürmer. Galm fuhr mit dem damaligen Hoffenheimer Scout Jan Heidermann zum DFB-Lehrgang nach Duisburg.

Ab der U14 beginnt der Deutsche Fußball-Bund mit seiner Talentauswahl. Einmal im Jahr spielen, aufgeteilt auf Bad

Blankenburg (Thüringen) und Kaiserau (Nordrhein-West-falen), die talentierten Jungs aus zweiundzwanzig Länder-verbänden vor. Ca. dreihundertfünfzig Jugendliche, die sich bisher auf Landesebene hervorgetan haben. Ein Spiel dauert sechzig Minuten. Jeder Teilnehmer muss, so ist die Vorgabe, auf mindestens zwanzig Einsatzminuten pro Spiel kommen. Minimal kommt jeder so auf achtzig Minuten, um die DFB-Scouts auf sich aufmerksam zu machen. Rund sechzig Spie-ler werden letztlich ausgewählt und übers Jahr verteilt bei zehn Lehrgängen getestet. Dreißig Spieler kristallisieren sich im Laufe dieses Jahres als die Top-Talente heraus, die restli-chen dreißig gehören zum erweiterten Kreis. Am Ende stehen immer zwei Länderspiele gegen die Niederlande an.

Nach einem sehr ähnlichen Prinzip läuft die Talentsichtung in der U15 und U16 ab. Nur dass die Talente nicht auf zwei Orte aufgeteilt sind, sondern alle an vier Tagen in Duisburg vorspielen.

Und genau dort war Galm, um Heidermann bei der Suche nach einem geeigneten Kandidaten zu unterstützen.

Bei der Mannschaft von Brandenburg wurden sie fündig. Die Länderauswahl verlor gegen Schleswig-Holstein und Süd-west. Spielte unentschieden gegen Baden. Beim Sieg gegen Berlin traf einer doppelt, der dem DFB auf der U14- und U15-Ebene nicht aufgefallen war: Maximilian Beier.

Galm, der vor seiner Trainertätigkeit für den Sportartikel-hersteller Nike Talente gescoutet hatte, notierte sich über den Stürmer von Energie Cottbus, der im 4-4-2 spielt: »*Rechtsfuß. Am linken Fuß muss noch gearbeitet werden. Das Kopfballspiel ist* okay, mehr nicht. Der erste Kontakt ist überwiegend sauber, sodass er gleich in die Dynamik kommt. Trotzdem verstolpert er noch zu viele Bälle. Über Dribblings eher nicht auffällig. Gewinnt keine Tiefe durch Dribblings. Limitiert in der Feintechnik.

Verfügt über eine hohe Laufbereitschaft. Ruht sich vorne nicht aus. Ist fleißig gegen den Ball. Übernimmt viel Drecksarbeit für seine Mannschaft. Klaut auch mal Bälle vom gegnerischen Sechser. Geht bei eigenem Ballbesitz sinnvolle Wege.

Kognitiv schneller als viele seiner Altersgenossen. Erkennt Spielsituation frühzeitig.

Sucht gradlinig und einfach den Torabschluss. In seinen Aktionen schnörkellos, zielsicher, ansatzlos, präzise. Aber auch oft zu wild. Ihm fehlt noch die Ruhe vor dem Tor und der klare Plan in der Box.

Wurde im letzten Quartal des Jahres geboren, körperlich eher ein Spätentwickler.

Schlaksig. Trotzdem hohe Stabilität im Zweikampf. Wusste sich auch durchzusetzen. Hatte immer Power in den Aktionen. Ein Wachstumsschub ist noch zu erwarten.

Tolle Dynamik, gutes Tempo. Arbeitet wie Guido Burgstaller.«

Galm wollte Beier. Auch Heidermann war überzeugt. Beim Italiener in Meckersheim, nur wenige Minuten vom Trainingszentrum der TSG, überzeugte Hoffenheim die Familie und setzte sich damit gegen Werder Bremen durch, die ebenfalls interessiert waren.

Die Vorbereitung ging gut los. In Woche eins, wenn die neuen Spieler gerade zusammenkommen, lässt Galm viele Spielformen absolvieren. Auf großem Raum, erst einmal ohne die kleinen, schnellen Aktionen. »Zunächst geht es um die Ballgewöhnung. Je länger die Vorbereitung dauert, desto enger wird der Raum, auf dem wir spielen. Desto schneller werden die Aktionen, desto höher wird der Druck.«

Passformen werden trainiert, ebenso Klatsch-Optionen. Galm vermittelt seine Spielprinzipien. Dass seine Mannschaft den Ball haben soll. Themen wie »offene Stellung« stehen auf dem Trainingsplan. Oder »Wie laufe ich richtig an«.

Die Spieleröffnung von hinten wird trainiert. Das Übergangsspiel. Er zeigt Handlungsoptionen auf, was seine Offensive machen kann, »wenn wir uns durchkombiniert haben«.

Häufig lässt Galm zehn Feldspieler gegen drei Torhüter spielen – eine Abwandlung vom 10 gegen 0, einem Positionsspiel. Bei der Galm-Variante steht ein Torhüter dabei fest im Kasten. Die anderen Schlussmänner verteidigen zusätzlich im Sechzehner, um den Druck in der Box zu erhöhen.

»Man muss als Jugendtrainer genau wissen, was man tut, gerade in diesem Altersbereich. Es gibt leider zu viele Trainer, die sich im taktischen Bereich zu sehr verwirklichen wollen. Aber es ist nicht unser Spiel, kein Coaches-Game. Wir sind nicht bei Germany-sucht-den-Supercoach. Deshalb ist es wichtig zu verstehen, dass Jugendfußball in erster Linie ein Player-Game ist. Und dass wir Trainer dazu da sind, Talente zu unterstützen, sie in die Spur zu bringen. Wir als Trainer sollten uns nicht so wichtig nehmen. Es reicht, wenn wir ihnen ein taktisches Gerüst mit an die Hand geben. Aber dann ist es auch gut. Dass im Profibereich der eine oder andere sein System anpasst, ist mir klar. Ich wechsle aber bei einer U17 nicht zwischen fünf, sechs Systemen. Ich mache kleine Anpassungen. Ich bleibe grundsätzlich bei meiner Idee: Ich kann in einem 4-3-3 von mir aus mal die Spitze auf die Zehn fallen lassen, sodass daraus eine 4-4-2-Raute wird. Das ist aber nur eine minimale Anpassung, um zum Beispiel besser die Räume zu finden. Am wichtigsten ist mir, dass unsere Jungs jedes Spiel als Top-Spiel sehen. Nur dann entwickeln sie sich. Es gibt ganz einfache Dinge, die meine Jungs verstehen müssen: Zum Beispiel, dass es mir grundsätzlich wurscht ist, gegen wen wir am Wochenende spielen. Ich unterscheide nicht, ob es gegen Bayern oder gegen Fürth geht. Beim Tabellenletzten darf man nicht ein, zwei Schritte weniger machen. Wer glaubt, dass dort 70 Prozent reichen, irrt gewaltig. Meine Mannschaft steht immer für dominanten Fußball. Ich will gewinnen. Und diese Gewinner-Mentalität müssen die Jungs auch lernen. Die, die auf dem Feld stehen, haben immer die Aufgabe, all in zu gehen. Ständig ihr Maximales zu geben. Es geht darum, durch Leistung aufzufallen.«

Eine weitere Botschaft, die Galm ganz wichtig ist, lautet: »Jugendzeit ist Ausbildungszeit. Es gibt keinen Grund, jetzt zufrieden zu sein, nur weil man vielleicht mal vier Tore erzielt hat. Nur weil man im Halbfinale um die Deutsche Meisterschaft ein Tor gemacht hat. Jugendzeit ist nicht nur die Leichtigkeit, das von Gott gesegnete Talent zu präsentieren. Nein, es ist brutale Arbeit. Es ist Verzicht für ein paar Jahre.« Ihm geht es auch darum, dass seine Spieler verstehen, dass Fußball ein Beruf ist. Mit umfangreichen Verpflichtungen und einer hohen Ernsthaftigkeit.

Zum Trainingslager, das für eine U17 natürlich dazugehört, geht es nach Oberstaufen. Ins Hotel »Evviva!« von Fußball-Weltmeister Karlheinz Riedle (1990). Zweiundsiebzig Bundesligatore hat der einst erzielt, dazu sechzehn für die deutsche Nationalmannschaft. Mit Dortmund gewann Riedle 1997 die Champions League. Nun führt er ein Vier-Sterne-Hotel samt eigenem Fußballplatz und allen dazugehörigen Trainingsbedingungen im Oberallgäu, dort, wo die Kuhglocken lauter sind als das Verkehrsrauschen.

Hoffenheim übernimmt die Kosten für das Trainingslager. Es gibt aber auch Vereine, die eine Beteiligung von den Spielern verlangen. Zum Beispiel hundertachtzig Euro für die Anreise und fünf Übernachtungen in einem Vier-Sterne-Hotel in Imst am Pitztaler Gletscher.

Galm war während seiner eigenen Fußball-Karriere im Hotel »Evviva!« untergebracht. Als er beim VfB Stuttgart war, hat er hier zweimal für die Dauer der Vorbereitung gewohnt.

Der Rasenplatz war gepflegt und eben. Die Matratzen gut, er hat ruhig und entspannt geschlafen. Auch das Essen ist ihm in guter Erinnerung geblieben. Nun fährt er selbst mit seinen Jungs nach Oberstaufen. Um ihnen den fußballerischen Feinschliff für die bevorstehende Saison zu geben. Und um ein Team zu formen.

Während des Trainingslagers kommt es noch immer vor, dass Spieler, obwohl ihnen der Strafenkatalog seit mittlerweile vier Wochen bekannt ist, mit dem Ball wild umherbolzen. Zum Beispiel, wenn Galm neue Übungen aufbaut, oder in Trinkpausen. Weil es in der Vergangenheit dabei zu schmerzhaften Treffern gekommen ist, Spieler heftig am Rücken oder im Gesicht getroffen wurden, reagiert der Trainer hart und konsequent und verhängt pro Verstoß dreißig Euro.

»Bei mir gibt es einfache Regeln, die man mit gesundem Menschenverstand verstehen kann«, sagt Galm. »Und wer sie nicht verstehen will, muss halt bezahlen.« Der Geldbetrag, der auf diese Weise zusammenkommt, wird unter Galms Leitung auch nicht dafür verwendet, am Ende der Saison einen launigen Mannschaftsabend zu veranstalten. »Damit würden die Strafzahlungen ja ihren Zweck verfehlen. Das Geld kommt nicht der Mannschaft zu Gute, sondern geht immer an eine karitative Einrichtung.«

Nicht nur im Trainingslager, sondern auch so müssen die Spieler täglich ein paar Befindlichkeitsfragen beantworten. Sie müssen ihre Schlafqualität bewerten. Wie sich die Muskeln anfühlen. Und ihren körperlichen Leistungszustand angeben. Außerdem wird abgefragt, wie anstrengend das Training war. Auf einer Skala von eins bis zehn müssen sie eine Selbsteinschätzung vornehmen, wie sie sich ernährt haben.

Anhand dieser Aussagen, die von Athletik-Trainer Martin Seiler eingesammelt und überwacht werden und zu denen natürlich noch medizinische Messwerte kommen, können die Trainer nach entsprechender Auswertung die individuelle Intensität anpassen. Oder einen Spieler mal aus dem Training rausnehmen, wenn es notwendig scheint. Wer die Beantwortung vergisst oder nicht zu den vereinbarten Zeiten abgibt, zahlt zwei Euro.

In jedem Trainingslager gibt es auch immer eine besondere Herausforderung, vor die Galm seine Mannschaft stellt. »Wer Fußball-Profi werden will, hat einen anstrengenden, verdammt schwierigen Weg vor sich. Einen Weg, der auch mal wehtut. Der zerklüftet ist. Und manchmal auch ausweglos scheint. Oft muss man sich überwinden und über seine Leistungsgrenze gehen. Man muss lernen, anderen zu vertrauen und sich auf die Unterstützung anderer verlassen.«

Dafür geht es mit Maximilian Beier und den anderen Jungs in diesem Jahr zum Canyoning. Jeder bekommt einen dicken Neopren-Anzug, dazu Socken und Mütze, die ebenfalls aus Neopren sind. Und einen Kletterhelm samt Klettergurt mit Rutschhose.

Je näher die Spieler dem Einstieg der Schlucht kommen, durch die sie gleich klettern werden, desto lauter wird das Rauschen der herabrasenden Wassermassen. Es wird zum ständigen Begleiter. Irgendwie klingt es auch ein bisschen bedrohlich, wie es sich hörbar kraftvoll seinen Weg nach unten bahnt.

Zwischen Büschen und Bäumen braust der Fluss unaufhaltsam nach unten. Sein Bett besteht aus Steinen, einem Mix vom kleinsten Kiesel bis zu meterhohen Brocken.

Meist erkennt man nicht mal die Tiefe des Wassers, so aufgewühlt ist sein Grund.

Keiner der Jungs kann mit einem prüfenden Blick und für sich selbst abschätzen, ob es wirklich sicher ist, sich in diesen Strom zu werfen. Ob sich nicht doch unter der Oberfläche ein spitzer Stein verbirgt? Nur der Guide kennt die Schlucht in- und auswendig. Seinem Wort, dass alle sicher unten ankommen werden, muss Glauben geschenkt werden.

Trotz hochsommerlicher Außentemperaturen ist die Gischt eisig. Erst als sich das Wasser im Neoprenanzug durch die Körperwärme erwärmt, wird es erträglich. Die Jungs seilen sich ab. Manchmal springen sie bis zu zwölf Meter in die Tiefe.

In der Sommer-Vorbereitung ein Jahr zuvor hatte Galm die U16, die er trainiert hatte, bereits um drei Uhr vierzig wecken lassen. Ohne Frühstück ging es zu einer mittelschwierigen Bergwanderung durch die Allgäuer Alpen zum Gipfelkreuz des Hochgrats, das sich auf 1834 Metern befindet. Den Aufstieg spürten selbst angehende Fußballprofis kräftig in ihren Waden. Die letzten Meter waren richtig steil. Es gibt ein paar künstliche Tritthilfen und ein Drahtseil.

Unermüdlich scheuchte Galm seine Spieler hoch. Selbst als sie an einer Berghütte vorbeikamen, erlaubte er keinen Halt. »Erst zum Gipfel. Dann kommt der angenehme Teil«, sagte er knapp und stapfte weiter.

Damit erlebten Galms Jungs lustigerweise etwas, was Julian Nagelsmann als Chef-Trainer von RB Leipzig im Meisterschaftskampf der Saison 2019/20 einforderte. Nachdem die Mannschaft als Tabellenführer gegen Eintracht Frankfurt verlor, schimpfte Nagelsmann auf der anschließenden Pressekonferenz: »Das sind Entscheidungen, die jeder für sich treffen muss. Wollen wir das Gipfelkreuz erreichen, oder bleiben wir kurz davor stehen und genießen die Aussicht von ein bisschen weiter unten. Die Entscheidung muss man auf dem Platz sehen. Da geht es gar nicht zwingend immer nur ums Spiel. Da sind die Jungs immer total engagiert. Auch heute kann man nicht sagen, dass sie keinen Bock hatten. Oder nicht alles versucht haben. Aber es geht um das Training. Da sind wir nicht auf einem Niveau mit Bayern und Dortmund. Und wenn wir da irgendwie hinkommen wollen, dann geht es darum, das Training gleichwertig zu nutzen.«

Galms Mannschaft erreichte das Gipfelkreuz. Und erlebte einen malerischen Sonnenaufgang. Danach gab es Frühstück mit allem Drum und Dran.

Kurz nach der Vorbereitung in Oberstaufen ging es für Hoffenheims U17 nach Neckarsulm zum Bundesliga Cup. Das Vorbereitungsturnier war gut besetzt. Der TSG-Nachwuchs spielte gegen Borussia Mönchengladbach, Eintracht Frankfurt, Werder Bremen und Hertha BSC Berlin. Am Ende sprang Platz drei raus. Und Neuzugang Maximilian Beier war Torschützenkönig.

Doch dann, als die Liga losging, traf der Neue plötzlich nicht mehr. Weder gegen Augsburg noch gegen Stuttgart oder Heidenheim.

Nach dem dritten Spieltag wurde die Saison kurz unterbrochen: Die TSG nahm an einem internationalen Turnier in Madrid teil, dem Evergrande Cup, einem Wettbewerb, der sich für die Spieler anfühlt wie eine kleine Weltmeisterschaft. Es wurde in Stadien gespielt, die Begegnungen im Fernsehen übertragen – und sekundengenau, wie ein Champions-League-Spiel, angepfiffen. Nach dem Abpfiff wurden Interviews geführt. Und am Ende des hochkarätig besetzten Turniers gab es eine Siegerehrung samt Pokal, der dem Weltpokal nachempfunden war, und mit einem Goldregen, ähnlich wie man ihn sonst aus Berlin kennt, wenn er den Nachthimmel nach dem Pokalfinale tränkt.

Die Hoffenheimer Spieler standen in diesem Regen und genossen ihren Sieg gegen Valencia. Melesse Frauendorf hatte den entscheidenden Elfmeter getroffen. Maxi Beier beendete seine Torflaute mit einem Treffer in der regulären Spielzeit.

Doch zurück in Deutschland und in der Junioren-Bundesliga tat er sich wieder schwer. Sieben Wochen lang wollte ihm kein Tor gelingen.

In der neuen Schule lief es anfangs auch nicht optimal. Galm schnappte sich den Jungen und redete immer und immer wieder mit ihm. »Es gibt keinen Stürmer auf der Welt«, erklärte er ihm geduldig, »der nie mehr trifft. Maxi, du wirst trotzdem bei mir spielen. Vorausgesetzt, du arbeitest, arbeitest und arbeitest. Dann wirst du spielen. Und irgendwann wirst du auf der Torlinie angeschossen, und der Ball geht rein, und dann platzt der Knoten. Glaub mir. Mach weiter. Du wirst irgendwann wieder treffen.«

In einem der zahlreichen Gespräche erzählte Galm Beier von seinem ehemaligen Mitspieler Mario Gómez und von dessen erster Zeit bei den Profis des VfB Stuttgart. Gómez hatte in der U19 der Schwaben vierzehn Treffer in elf Spielen erzielt, in der zweiten Mannschaft folgten weitere einundzwanzig Tore. Doch bei den Profis tat er sich schwer. Vier Monate und neun Tage benötigte Gómez, um sein erstes Tor zu machen. Vierzehn Einsätze und 280 Minuten, bis es gegen Mainz 05 endlich klappte.

»Ein Trainer darf in der Jugend nicht ungeduldig sein«, erklärte Galm, der einst als Spieler das Gegenteil war. »Ich war ein kritischer Mensch, habe mir Kritik viel zu sehr zu Herzen genommen. Durststrecken haben mich als sensiblen Spieler teils heftig ins Zweifeln gebracht. Nach nicht so guten Spielen sind meine Gefühle mit mir Achterbahn gefahren. Ich konnte damit nicht umgehen, habe nicht die notwendige Ruhe gehabt und auch nicht das Vertrauen in mich, sondern habe allen möglichen emotionalisierten Aktionismus betrieben und versucht, Dinge zu erzwingen.«

Von Beier wollte er das fernhalten. Er arbeitete ruhig mit ihm weiter. Sie verbesserten zusammen seine Technik mit dem linken Fuß und sein Verhalten in der Box. Galm schärfte ihm dabei ein, vor allem den Weg auf den ersten Pfosten zu verinnerlichen. »Auf dem ersten Pfosten wird Geld verdient. Sieh zu, dass du da hinkommst, egal wie«, sagte er wieder und wieder. Und meinte damit: Ein Stürmer wird fürs Toreschießen bezahlt. Beiers stärkste Waffe ist es, wenn er den schnellen Abschluss auf die kurze Ecke sucht.

Ende Oktober wechselte Galm Beier mit Beginn der Nachspielzeit ein.

Hoffenheim führte 3:2. Karlsruhe drückte, und der Wechsel sollte die berühmte Zeit von der Uhr nehmen. Dann ein letzter Konter für die TSG. Beier stürmte nach vorne. Plötzlich rannte er auf Karlsruhes Max Lud zu. Ein Mitspieler legte den Ball rüber, und Beier musste aus drei Metern nur noch reinschieben.

Wenig später traf er gleich zweimal gegen Frankfurt und doppelt gegen Ulm. Am letzten Spieltag der Saison gelang ihm sogar ein Dreierpack, sodass Beier in seiner ersten Saison trotz der anfänglichen Probleme auf achtzehn Treffer kam und Torschützenkönig wurde.

In der U19 ging es fleißig so weiter. Beier arbeitete mit einem anderen Trainer, aber Galm blieb eine wichtige Bezugsperson.

Im November 2019 war es dann so weit: Beier saß beim Heimspiel gegen Paderborn erstmals auf der Bank bei den Profis. Er hockte unter anderem neben Andrej Kramaric, der mit Leicester City englischer Meister wurde.

Danny Galm kennt diesen Moment sehr genau aus seiner eigenen Spielerkarriere. Im Dezember 2007 war Frankfurt von einigen Verletzungen gebeutelt. Als auch noch Naohiro Takahara eine Grippe bekam, teilte Co-Trainer Armin Reutershahn dem jungen Danny Galm mit, dass er nach dem Abschlusstraining mit nach Wolfsburg fahren werde. Aus dem Zug schickte Galm seinem Vater eine SMS-Nachricht: »Endlich. Endlich. Endlich.«

In drei Stunden rauschte der ICE nach Niedersachen. Nur in Hannover wurde kurz angehalten. Galms Karriere schien nun richtig Fahrt aufzunehmen.

Als er am nächsten Tag sein Trikot mit der Nummer 25 in der Kabine hängen sah, begann sein Herz zu rasen. »Das ist der Anfang«, sagte er sich.

Wie so oft griff Galm zu seinen Nockenschuhen: schwarz-goldene Adidas Absolado TRX TF. Er trug sie lieber und hatte ein besseres Gefühl. Was aber, wenn ich mit den Dingern ausgerechnet in meinem ersten Spiel ausrutsche, dachte er sich. Das sähe richtig blöd aus. Das Wetter würde Nockenschuhe zulassen. Trotzdem ging Galm auf Nummer sicher und entschied sich für seine komplett schwarzen Adidas World Cup mit den Stollen.

Bei den Wolfsburgern verteidigte Daniel Baier rechts hinten. Als er Galm beim Warmmachen sah, seinen früheren Mitspieler bei 1860 München und Internats-Mitbewohner, begrüßte er ihn herzlich mit den Worten »Willkommen in der Bundesliga«.

Es war alles noch so unwirklich! Galm hörte die Frankfurter Fans, wie sie das Vereinslied »Schwarz und weiß wie Schnee« schmetterten. Um kurz vor halb vier wurde sein Name vom Wolfsburger Stadionsprecher zusammen mit den übrigen Auswechselspielern verlesen. »Fünfzehn Uhr dreißig wird meine Zeit«, sagte er sich.

Die Auswechselbank war überraschend bequem. Ähnlich wie im Flugzeug, konnte er die Rückenlehne seines Platzes verstellen. Die Bank war sogar geheizt. Nur wenige Meter vor seiner Nase kämpfte Wolfsburgs Grafite gegen Marco Russ um den Ball. Der VfL ging in Führung, Frankfurt glich aus. Nach der Halbzeit wurde Edin Dzeko bei den Gastgebern eingewechselt. In der 77. Minute nahm Friedhelm Funkel mit Mehdi Mahdavikia einen Offensivspieler vom Feld. Doch statt Galm wurde der zwanzigjährige Martin Hess eingewechselt. Eher so der Typ »Arbeiter«.

Galm kochte innerlich. Vor allem, als der Ball nach einem Frankfurter Angriff wild durch den Strafraum trudelte, ohne einen Abnehmer zu finden. »Ich dachte nur: Martin, wie kannst du den Ball nicht erahnen! Der muss vor deinen Füßen landen. Muss. Muss. Muss. Und ich war der Überzeugung, dass ich diesen halben Meter weiter links gestanden hätte, genau dort, wo der Ball war. Ich hatte irgendwie immer das Glück oder den Riecher, sodass der Ball vor meinen Füßen gelandet ist.«

Funkel wechselte noch zwei weitere Male. Kreso Ljubicic kam, ganz zum Schluss noch Mounir Chaftar. Galm blieb es verwehrt, auf seine ersten Bundesliga-Minuten zu kommen.

Auf der Rückreise durchlebte er gemischte Gefühle. Er war einerseits verdammt stolz, so nah am Debüt dran gewesen zu sein. Andererseits wurmte es ihn, nicht aufgelaufen zu sein.

Als Profi fühlte er sich freilich noch nicht. Aber Galm spürte, dass seine Zeit kommen würde.

Doch da die ersten Verletzten zurückkehrten, war Galm bei den verbleibenden zwei Spielen der Hinrunde, also gegen Schalke und Duisburg, nicht mehr im Kader. Dann begann die Vorbereitung, bei der er sich unbedingt beweisen wollte. Er blieb dran, ohne aber erneut den Sprung in den Kader zu schaffen. Erst im März war es wieder so weit, bei einem Benefizspiel, um den KFC Uerdingen vor der Insolvenz zu retten.

Galm gehörte zur Startformation. Tatsächlich konnte er sich auf seinen Torriecher verlassen, sodass er vor den Augen von Friedhelm Funkel traf. Doch Galm wollte mehr. Fünf Minuten vor Spielende wollte er sich einen Ball erkämpfen und grätschte beherzt in einen Zweikampf. Seine Schulter blieb dabei irgendwie im Rasen hängen. Er ließ sie sich wieder einkugeln und spielte weiter. Doch bereits im Bus rutschte die linke Schulter wieder aus dem Gelenk, so als hätte sie überhaupt nichts mehr, was sie festhielt.

In der anschließenden Magnetresonanztomografie zeigte sich, dass die vordere Gelenklippe gerissen war, das sogenannte Labrum. Würde sich Galm operieren lassen, so teilte man ihm mit, dann wäre er die nächsten sechs Monate raus. Also probierte er es ohne operativen Eingriff. Vor jedem Training schnürte er seine Schulter mit Tape eng am Körper fest. Wochenlang merkte er jeden Schritt, jede noch so kleine Erschütterung schmerzte so, dass ihm fast die Tränen in die

Augen schossen. Er konnte seinen Körper kaum reindrehen, um den Ball abzuschirmen. Wenn er zu fest schoss, fühlte es sich lange Zeit an, als jagte ihm jemand einen Nagel in den Knochen.

Trotzdem hielt er irgendwie durch, baute die umliegende Schultermuskulatur auf, sodass sie den verletzten Bereich etwas stützte. Erst 2015 ließ er sich operieren.

Ende April sprach Galm mit Trainer Funkel. Er wollte wissen, ob es eine Chance gebe, dass er künftig regelmäßig bei den Profis dabei wäre. Oder ob er ihn eher bei der U23 sehe. Funkel sah Galms Entwicklung, sagte ihm aber ehrlich, dass er für die bevorstehende Saison noch einen Angreifer brauche. Obwohl er Galm grundsätzlich zutraute, sich bei einem Bundesligisten durchzubeißen. Er müsse aber auf Nummer sicher gehen.

Frankfurt holte Nikolaos Lyberopoulos aus Athen. Damit war Galm nur noch Stürmer Nummer fünf, hinter Alexander Meier, Ioannis Amanatidis, Martin Fenin und eben dem Griechen.

Er beschloss, Frankfurt zu verlassen. Heute, mit mehr Weitsicht und Reife, sagt Galm, das sei überstürzt gewesen.

Alfred Schreuder, Hoffenheims Cheftrainer, wechselte Maximilian Beier gegen Paderborn ebenfalls nicht ein. Die Situationen ähnelten sich frappierend. Denn auch Beier nahm anschließend erst mal nicht mehr auf der Bank bei den Profis Platz. Während Schreuder mit seiner Mannschaft in den nächsten Wochen gegen Köln, Mainz, Düsseldorf, Leipzig, Augsburg, Union Berlin und Dortmund vor Zehntausenden

Zuschauern im Stadion und einem Millionen-Publikum vorm Fernsehen spielte, war Beier wieder bei der U19 und fuhr unter anderem ins Rosenau-Stadion, um vor neunundachtzig Zuschauern gegen den Nachwuchs von Augsburg zu spielen.

Als dann im Januar 2019 auch noch Munas Dabbur vom FC Sevilla verpflichtet wurde, verstand Beier zunächst die Welt nicht mehr.

Er las im Internet, wie Alfred Schreuder über den Neuen sagte: »Munas ist ein besonderer Fußballer, der mit seinem Potenzial und seiner internationalen Erfahrung sicher zu einer Bereicherung für unser Spiel werden wird.«

TSG-Sportdirektor Alexander Rosen schwärmte: »Munas ist ein Klassestürmer – agil, reaktionsschnell, mit präzisem Timing, guter Technik und gefährlichem Abschluss. Darüber hinaus ist er ein starker Typ und spricht hervorragend deutsch, was eine schnelle Integration sicher erleichtern wird.«

Es beschäftigte Beier, diese Lobpreisungen über einen Spieler zu lesen, der auf seiner Position spielte – und, so glaubte er, seine Chancen auf den ersten Profi-Einsatz reduzierte.

Wieder suchte Beier das Gespräch mit Galm. »Warum holen die den für so viel Ablöse?«, wollte er wissen. »Ich bin doch da.«

»Die Gedanken, die Maxi in dem Moment beschäftigt haben, sind ganz normal für einen aufstrebenden Spieler«, erklärt Galm. »Natürlich gehen solche Verpflichtungen nicht spurlos an jemandem vorbei, der so nah an den Profis ist. Wichtig ist, mit den Jungs in diesem Fall viel, klar und nachvollziehbar zu kommunizieren.«

Wieder erzählte Galm von sich selbst und seinen Erfahrungen. Denn auch dieses Szenario hatte er selbst durchlebt.

Er war gerade neunzehn Jahre alt, als seine Karriere wieder Fahrt aufzunehmen schien. Der VfB Stuttgart hatte Giovanni Trapattoni verpflichtet. Eine Größe aus der italienischen Fußballgeschichte, Gentleman durch und durch, mit einer feinsinnig kulturellen Ader, weil er sich bestens in der Welt der Oper auskannte. Dieser Superitaliener hatte Glanz, Charme und Eleganz, wurde vielfach bestaunt angesichts all der Trophäen, die er gewonnen hatte: neunzehn an der Zahl, davon sechs Meisterschaften mit Juventus Turin. Damit war er eine Zeit lang der erfolgreichste Vereinstrainer der Welt.

Sein Co-Trainer hieß Andreas Brehme. Also jener Mann, bei dessen Namen jeder sofort an diesen einen Titel denkt: den Weltmeister-Titel 1990. 26 Millionen Deutsche schauten sich damals das Finale gegen Argentinien an, als der Mann mit der Schlagersängerfrisur zum Elfmeter antrat und den Ball flach und hart ins linke Eck schoss.

Galm war damals vier Jahre alt. Sein Vater hat das Spiel auf einer VHS-Kassette aufgenommen. Immer und immer wieder haben sich Vater und Sohn das Spiel noch Jahre danach gemeinsam angeschaut.

Nach einer Trainingseinheit schleppte Galm nun, fünfzehn Jahre später, eine Wasserkiste vom Platz in Richtung Kabine. Seine rechte Wade schmerzte. Fernando Meira hatte ordentlich zugelangt, womöglich als Retourkutsche, weil der junge Galm ihn zweimal schlecht hatte aussehen lassen.

Plötzlich hörte er jemanden rufen. Galm kennt den Klang der Stimme. Der Absender verschluckt gerne beim Sprechen den letzten Buchstaben, sagt zum Beispiel »nich« statt »nicht« oder gar »nichts«. Nun rief er »Wart ma.«

Es war Andreas Brehme, der Mann, der mit dem linken Fuß genauso sicher Elfmeter schießt wie mit dem rechten. Er packte Galm an der Schulter und schlenderte neben ihm her. »So ein Talent wie dich habe ich selten gesehen«, sagte er. »Mach weiter.«

Brehme hatte ein paar Jahre zuvor ebenfalls ein großes Talent gesehen und diesem vertraut, bis es sein erstes Bundesliga-Tor bei den Profis erzielt hatte. Es war ein zweiundzwanzigjähriger Kerl namens Miroslav Klose.

Diese zwei kurzen Sätze ließen Galm nicht mehr los. Sie setzten sich in seinem Kopf fest. Beflügelten ihn. Gerade weil sie von einem Mann ausgesprochen worden waren, der eine Legende ist.

Und dann schnappte sich auch noch Trapattoni, der »Maestro« persönlich, Danny Galm, um mit dem jungen Stürmer eine Runde Einzeltraining zu absolvieren. Trapattoni hatte ein Netz über den Schultern, in dem bestimmt zwanzig Bälle steckten. Zusammen gingen sie zu einem Tor. Galm sollte sich mit dem Rücken dorthin aufstellen. »Annehmen, umdrehen, schießen«, sagte der Italiener, der die Zuspiele übernahm. »Zwei Kontakte.«

Ein bisschen schauderte es Galm davor, das leere Tor nicht zu treffen. Oder einfach nur irgendwo in der Mitte. Oder den Ball zu lasch in die Maschen zu befördern. Das hier war schließlich seine Chance zu beweisen, was in ihm steckte.

Dass er die Komplimente verdiente und vor allem das Zeug zum Profi hatte.

Trapattoni stand acht Meter von ihm entfernt. Seine Fußballschuhe – damals noch aus Leder - waren auffallend sauber. Er schob den Ball zu Galm. Ein sauberer, präziser und fairer Pass. Einer, den man gut verarbeiten kann. Trapattonis stahlblaue Augen blitzten.

Galm nahm den Ball an, leitete ihn in einer fließenden Drehbewegung weiter und zog mit dem zweiten Kontakt ab.

Der Ball zischte in Richtung Tor. Bei der zweiten Mannschaft kickte Galm meist mit Bällen, die schon mehrere Winter erlebt hatten. Ständig die aktuellsten Spielgeräte, so wie es heute auch in der Jugend normal ist, gab es damals noch nicht. Erst seit der Saison 2010/11 wird bei allen Vereinen mit einheitlichen Ligabällen gespielt. Zuvor war der Spielball der Profis immer auch abhängig vom Sponsor des Vereins.

Galms Schuss schlug im Winkel des Tores ein. Er war von der Kategorie unhaltbar.

Wieder passte Trapattoni. Wieder traf Galm. Aber er nahm immer den rechten Fuß. »Den anderen, den anderen«, forderte der Italiener. Und bekam von Galm auch mit links einen beeindruckenden Schuss präsentiert.

Nach sechzig Minuten war die Privatstunde beendet. Galm war zufrieden, Trapattoni schien es auch zu sein. Der Weg zu den Profis schien gesichert zu sein.

Doch dann kam der 25. August. Kurz vor Ende der Transferperiode schlug der VfB Stuttgart noch einmal zu. Nach einem Unentschieden gegen Duisburg und einer Pleite gegen

Köln wurde ein weiterer Stürmer verpflichtet – Danijel Ljuboja von Paris Saint Germain.

»Ich kam in die Kabine, und er war auf einmal einfach da«, erinnert sich Galm. »Erst mal hat mich das nicht interessiert, ich war ja von mir überzeugt. Ich hatte gut trainiert, hatte positives Feedback von Trap bekommen. Im ersten Moment seiner Verpflichtung dachte ich: Der muss erst mal an mir vorbeikommen. Ich habe ihn gar nicht so richtig als Konkurrenten gesehen. Das waren für mich eher Jon Dahl Tomasson, Mario Gómez oder Cacau. Dass jemand, der für Geld geholt wird, auch spielen muss, war mir nicht klar. Da war ich grün hinter den Ohren. Ich habe die politische Ebene hinter den Transfers nicht erkannt.«

Dann wurde Ljuboja gegen Bielefeld für Gómez eingewechselt – und Galm musste wieder runter zur zweiten Mannschaft von Rainer Adrion. Der war nicht sein größter Fan. Von den restlichen vierzehn Spielen des Jahres wurde Galm zehn Mal eingewechselt. Er bekam weniger als vierzig Prozent der möglichen Spielzeit.

Erst gut genug für die Profis, plötzlich zu schlecht für die Amateure?

»Den Namen Danijel Ljuboja hätte ich unter normalen Umständen wahrscheinlich vergessen, weil er auch kein außergewöhnlicher Spieler war. So aber wird mir der Name immer in Erinnerung bleiben. Weil er mir indirekt einen Teil meiner Karriere genommen hat. Weil ich seine Verpflichtung als Affront gegen mich gesehen habe. Statt sie als Chance zu akzeptieren.«

All diese Erkenntnisse erzählte Galm Beier. Er riet ihm in aller Ehrlichkeit, sich »nicht verrückt machen zu lassen. Lass dich nicht beunruhigen. Der Verein muss auch mal einen erfahrenen Stürmer verpflichten. Ihr wachst an solchen Spielern. Du kannst von einem Munas Dabbur ganz viel lernen. Studiere ihn. Beobachte, wie sich so ein Profi verhält. Akzeptier ihn als tollen Ansprechpartner. Mach es besser als ich damals.«

Und tatsächlich nahm Beier Galms Ratschläge an. Im Februar 2020 wurde er im Schwarzwald-Stadion gegen Freiburg für zwei Minuten eingewechselt. Kurz darauf gab es weitere acht Minuten gegen Mönchengladbach. Im Anschluss an die mehrwöchige Corona-Unterbrechung wurde er nach der Halbzeit eingewechselt und spielte fünfundvierzig Minuten gegen Berlin. Es folgten im Jahr 2020 weitere Einsatzminuten gegen Paderborn, Mainz, Augsburg und Stuttgart.

Von Alexander Rosen, seinem früheren Mitspieler, der mittlerweile Technischer Direktor bei den Hoffenheimer Profis ist, hat sich Galm etwas notiert. »Weißt du«, hatte Rosen ihn einmal gefragt, »wie groß der Unterschied zwischen Jugend- und Profifußball ist?« Und er hatte, nachdem Galm nicht schnell genug reagiert hatte, sogleich die Antwort selbst hinterher geschoben: »Zehn Zentimeter. Der Platz zwischen den Ohren.«

Rosen meint mit diesem sehr plakativen Vergleich, dass der Kopf entscheidet. Und auch Galm ist nach all seinen bisherigen Erfahrungen felsenfest überzeugt: »Talent bringt dich in ein Nachwuchsleistungszentrum. Aber wie du es verlässt, das entscheidet dein Kopf. Ab einem gewissen Niveau können alle Fußball spielen, sind alle talentiert. Der mit der größten

Mentalität schafft es oben rein. Mentalität ist der Schlüssel von ganz viel. Mit der richtigen Mentalität entscheidest du dich dafür, Extratraining zu machen. Mit der richtigen Mentalität bist du bereit, auch dann zuzuhören, wenn du nicht gelobt wirst. Mit der richtigen Mentalität ergibst du dich nicht in schwierigen Phasen. Mit der richtigen Mentalität bist du gierig und willst es unbedingt schaffen. Aber es gibt so viele Talente, die es schon zufrieden macht, dass sie NLZ-Spieler sind. Viele wissen heute gar nicht mehr, wie man Widerstände überwindet. Die denken, dass man den Profi-Vertrag geschenkt bekommt. Es gibt so viele Jungs, die lehnen sich zurück, weil sie ihren ersten Ausrüster-Vertrag unterschrieben haben. Die meinen, dass sie damit schon was erreicht haben.«

Deshalb ist Galm übrigens auch dafür, Ausrüster-Verträge für unter Sechzehnjährige zu verbieten. »Warum«, fragt er, »muss man schon Vierzehnjährige mit diesen Themen belästigen? Vielleicht wird der mit fünfzehn Jahren aufgefressen, weil er nicht mehr wächst. Oder weil er vielleicht nicht mehr schneller wird. Und von jetzt auf gleich zählt er nicht mehr zu den Top-Talenten, sondern ist nur noch einer von vielen und wird aus dem Nachwuchsleistungszentrum weggeschickt. Oder aber die Jungs meinen, sie seien besser und wichtiger als ihre Mitspieler. Sie werden ganz oft auch einfach nur einen Tick weit zufrieden. Und Zufriedenheit ist der größte Killer. Zufriedenheit darf niemals aufkommen. Ab der U17 oder U19 ist es okay, wenn außergewöhnliche Spieler mit einem Ausrüster-Vertrag belohnt werden. Aber auch dann darf das nicht mehr als ein kleiner Anreiz sein.«

Beier hat ganz viele von Galms Lektionen richtig verstanden. Er war nicht zu früh zufrieden. Er hat es mitgemacht, wenn Galm im Training Stress provoziert hat: ein entscheidender Bestandteil seiner Einheiten.

»Stress ist Teil dieses Berufs«, erklärt er. »Als Fußballer kommst du in Stresssituationen, wenn dein Gegner besser ist. Wenn er dich hinten reindrängt. Du bekommst Stress, wenn du kurz vor Schluss den Ausgleich bekommst oder in Rückstand gerätst. Du bekommst Stress, wenn ein Elfmeter gegen dich gepfiffen wird. Stress gibt es auf dem Platz enorm viel. Stress zu provozieren ist wichtig, um im echten Stress ruhiger zu reagieren.«

So lässt Galm in Trainingsspielen auch mal weiterlaufen, obwohl er klare Foulspiele gesehen hat. »Manchmal pfeift der Schiedsrichter in echten Spielen halt auch nicht. Deswegen versuche ich auch, solche Stresssituationen zuzulassen.«

Oder er zählt laut bei einem Elfmeter die Zeit runter, damit der Schütze gestresst wird.

Manchmal steckt er auch die Felder eng ab, damit es zu häufigen Duellen kommt.

»Damit provoziert man Stress«, sagt er, wohl wissend, dass das nicht immer gut geht. »Wenn du viel Stress provozierst, kann es sein, dass bei Sechzehnjährigen die Sicherungen rausfliegen. Manchmal schubsen die sich, es kommt zu Wortgefechten, und selten stehen sie auch mal Stirn an Stirn. Grundsätzlich mag ich es, wenn die Mannschaft lebt und wenn Feuer drin ist. Aber das ist ein schmaler Grat. Meine Jungs dürfen nicht jeden Tag Kopf an Kopf stehen. Sonst kippt die Stimmung.«

Ein wichtiger Bestandteil waren auch Beiers Eltern und sein Berater, die Galm und dem restlichen Trainerteam vertraut haben.

»Ich möchte nicht Ansprechpartner für jeden Furz sein, der den Eltern quer steckt«, sagt Galm bewusst deutlich. »Wenn der Sohn am ersten Spieltag nicht spielt, sollen sie nicht gleich auf der Matte stehen, sich beschweren und eine Erklärung verlangen. Ich erwarte von ihnen ein bisschen Geduld. Meine Spieler können selbstverständlich jederzeit zu mir kommen. Aber deren Eltern sollen nicht denken, dass sie rund um die Uhr ankommen müssen. Deshalb bitte ich sie auch am ersten Elternabend, dass die Kommunikation über die Jungs läuft. Dass ich die Verantwortung an die Jungs übergeben möchte.«

Anfangs klappt das auch stets gut. Das Vertrauen in Galm ist hoch. »Dann kristallisiert sich langsam eine Hierarchie heraus – und ein Kern von fünfzehn, sechzehn Spielern, die *immer* spielen. Wenn die Jungs spielen, ist vieles okay. Dann sind sie zufrieden. Dann können sie leichter mit Kritik nach einem schwächeren Spiel umgehen. Spielen sie aber nicht, dann drehen sie am Rad. Dann ist der Spieler beleidigt. Als Nächstes kommt der Anruf von den Eltern. Anschließend meldet sich der Berater. Dann heißt es, mit dem Jungen werde kaum gesprochen, obwohl die internen Listen, mit denen Gespräche protokolliert werden, etwas ganz anderes zeigen. Dann heißt es, der Umgang mit dem Jungen passe nicht. Obwohl unsere Mannschaftspsychologin nach wie vor eng mit dem Jungen arbeitet. Es gehört zu meinem Job dazu zu akzeptieren, dass Eltern besorgt und enttäuscht sind – und dass bei Unzufriedenheit die Schuld mir zugeschoben wird.

Am Elternabend sind alle nett. Sie hören zu, nicken alles ab. Lächeln. Spielt ihr Sohn, dann bist du der beste Trainer der Welt. Spielt ihr Sohn nicht, kommt die Unzufriedenheit raus. Dann kommen bei einigen die wahren Gesichter hervor. Deshalb muss man als Jugendtrainer auch verstehen: Die Unzufriedenheit der Eltern hat nichts mit meiner Arbeit zu tun. Die hat etwas mit der Situation ihres Sohnes zu tun. Man darf das nicht so nah an sich heranlassen.«

Eltern, die falsch mit dem Talent ihrer Kinder umgehen, können eine Karriere verhindern. »Eltern tun ihren Kindern keinen Gefallen, wenn sie sie als Superstars bezeichnen. Wenn sie sie in den Himmel heben. Man sollte als Eltern«, rät Galm, »nie das Gefühl vermitteln, der Sohn habe es schon geschafft.«

Kapitel 2

Levent Sürme

Der Beamer im Besprechungsraum am Cottaweg 7 in Leipzig surrt leise. Das Bild, das er an die Wand projiziert, ist gestochen scharf. Sechzehn Jungs stehen und sitzen davor versammelt und warten, was ihr Trainer heute macht oder sagt.

Das weiß man bei Levent Sürme nämlich nie so ganz genau. »Viele Trainer haben einen festen Ablauf bei ihren Besprechungen, an dem sie festhalten. Zum Beispiel: Sie beginnt immer 90 Minuten vor dem Spiel. Zunächst erfolgt der Matchplan. Erst wird über das Spiel mit dem Ball, anschließend über das Pressing-Verhalten gesprochen. Zuletzt über die Standards. Es ist immer das Gleiche – und somit einfach nur langweilig. So will ich nicht sein.«

Daher versucht Sürme, aus solchen Mustern auszubrechen. Mal wechselt er den Ort, an dem er seine Besprechungen abhält. So versammelt er seine Mannschaft manchmal in der Lounge mit dem roten Sofa. Manchmal ruft er sie im Besprechungsraum hinterm Empfang zusammen. Oder er hält sie, so wie heute, in einem Raum im ersten Stock ab.

»Ich möchte«, sagt er, »dass die Jungs immer hellwach sind. Dass unsere Ansprachen niemals zur Routine werden. Mal sind sie vor dem Frühstück. Mal anschließend. Mal kommt der Beamer zum Einsatz, mal nur ein Flipchart. Mal bin ich laut, mal leise. Mal emotional, mal sachlich. Mal reden wir zur ganzen Mannschaft, mal gibt es Ansprachen in unterschiedlichen Gruppenzusammensetzungen – also zielgerichtet an alle Stürmer. Dann an alle Mittelfeldspieler. Und schließlich an den Abwehrverbund. Mindestens eine Variable muss überraschend sein.«

Heute, vor dem U15-Spiel seiner Leipziger Mannschaft gegen Union Berlin, beginnt seine Ansprache mit einer Frage, die er an die Wand wirft. Sie lautet: »Wer hat diese Woche in jedem Training sein BESTES gegeben?«

»Wir hatten«, so beginnt Sürme seine Ansprache, als alle Spieler ruhig sind, »diese Woche einige Einheiten, die sehr vielversprechend waren. Ein paar aber auch, nach denen wir Trainer große Fragezeichen hatten. Deshalb unsere Frage an Euch: ›Wer hat diese Woche in jedem Training sein BESTES gegeben?‹«

Er macht eine kurze Pause, lässt den Blick von Spieler zu Spieler wandern, ehe er ruhig und vertrauensvoll daran erinnert: »Wir haben einen sehr ehrlichen Umgang miteinander. Also: Wer kann von sich behaupten, immer an seine Grenze gegangen zu sein?«

Zwei Spieler recken sofort ihre Hand in die Höhe. Ein dritter folgt etwa zaghafter, stoppt auf Hüfthöhe. Peu à peu folgen drei weitere Handzeichen. Sechs von sechzehn Spielern sind also der Ansicht, ihr Bestes gegeben zu haben.

Sürme ist stolz auf seine Mannschaft angesichts dieser Ehrlichkeit. Man muss es sich erst mal trauen einzugestehen, *nicht* sein Bestes gegeben zu haben. Entsprechend sagt er: »Vielen Dank für die Ehrlichkeit. Auch denen, deren Hand unten geblieben ist. Wir haben uns zu Saisonbeginn vorgenommen, dass es zu einer Selbstverständlichkeit wird, zu einem Automatismus, dass ihr in jeder Trainingseinheit euer Bestes gebt. Es ist sehr schwer, ich weiß. Aber die Ziele, die sich jeder einzelne von euch gesteckt hat, sind brutal hoch. Je höher es geht, desto brutaler wird das Geschäft. Dann zählt nur noch die Leistung. Daher die Frage an all diejenigen, die sich gerade nicht gemeldet haben: Gab es jemanden, der euch daran gehindert hat, euer Bestes zu geben? Wer hat euch daran gehindert?«

Einer der Jungs antwortet leise, kaum hörbar: »Wir selber.«

Sürme dreht sich zur Wand, wo das Bild des Beamers gezeigt wird. Mit seiner Hand deutet er auf ein Logo, während er sagt: »Ihr habt heute einen Gegner, der hier dargestellt ist.«

Eigentlich, der Logik nach, müsste an dieser Stelle das Vereinslogo von Union Berlin zu sehen sein. Doch stattdessen ist wieder das Emblem von RB Leipzig zu sehen. Es scheint so, als sei ein Fehler bei der Erstellung der Präsentation unterlaufen. Als würde RBL U15 vs. RBL U15 spielen. Aber genau so ist die Darstellung gewollt.

»Es ist völlig egal, wie der andere Verein heißt. Welche Trikotfarbe er hat. In der U15 seid ihr immer selbst euer größter Gegner.«

Nacheinander zeigt Sürme auf die einzelnen Spieler, sagt dabei: »Dein größter Gegner bist du selber. Kein anderer.

Wenn ihr gegen euch selber gewinnt, werdet ihr eure Ziele automatisch erreichen.«

Und dann führt er, wieder zur ganzen Gruppe, aus: »Es muss euch völlig scheißegal sein, ob wir im fünf gegen fünf, acht gegen acht oder elf gegen elf spielen. Und gegen wen. Ob es ein Punktspiel ist, ein Pokal-Finale oder ein Trainingsspiel. Es muss eine Selbstverständlichkeit sein, dass ihr *immer* euer Bestes gebt. Das klingt einfach, ist aber brutal schwer. Auf unsere Frage hin hat gerade nur ein Drittel von euch aufgezeigt. Nur jeder Dritte hat in jedem Training sein Bestes gegeben. Wir müssen im Laufe der Saison aber dahin kommen, dass jeder guten Gewissens aufzeigt, wenn wir diese Frage noch einmal stellen. Dass wir immer eine Vollgasveranstaltung abliefern.«

Nachdem Sürme die Aufstellung verraten sowie das Spiel gegen und mit dem Ball erklärt hat, folgt eine letzte Folie, auf der es heißt: »Gewinnen heißt, immer sein BESTES zu geben.«

»Es kann sein«, sagt er, »dass wir heute zwei, drei null gewinnen. Wenn aber wieder nur fünf, sechs Spieler ihr Bestes geben, dann gewinnen wir nicht. Vom Ergebnis her vielleicht schon. Auf der Tabelle sieht es dann weiter gut aus. Aber gelernt haben wir dann nichts. Das ist viel schlimmer, als mal ein Spiel zu verlieren. Wir im Trainerteam haben nichts dagegen, wenn ihr mal verliert, solange ihr gleichzeitig alle Vollgas gegeben habt. Wir wollen sehen, dass jeder von euch komplett sein Bestes gibt. Wenn ihr das hinbekommt, ist das Ergebnis mit größter Wahrscheinlichkeit ein Sieg. Denkt daran: Wir sind unser eigener größter Gegner. Nicht der Gegner, der auf dem Platz steht. Wir sind überzeugt, ihr packt das.«

Taten sie am Ende auch. Und verteidigten Tabellenplatz zwei. Mit 3:0 gewann Leipzig. Das Trainerteam befand, dass ein Großteil der Mannschaft in diesem Spiel tatsächlich sein Bestes gegeben habe.

Sürme ist ein komplett anderer Trainer-Typ als Danny Galm. Sportlich war er nie ansatzweise so nah am Profifußball dran. Er sei, so sagte er selbst einmal, fußballerisch eher der Ackergaul als das Rennpferd. Dafür hat er von der U8 bis zur U17 alles im Jugendbereich trainiert. Er war fünfzehn Jahre beim FC Augsburg, in einem der finanzschwächeren Nachwuchsleistungszentren. Dann schnappte ihn sich Leipzig, und er lernte die »Nachwuchswelt mit den goldenen Wasserhähnen« kennen.

Mit sieben Jahren kam er mit seinen Eltern nach Deutschland. Mit gerade einmal vier Koffern. Sein Vater war Seemann, hatte für eine deutsche Rederei gearbeitet. Monatelang war er auf den Weltmeeren unterwegs, während Sürme mit seiner Mutter auf der asiatischen Seite Istanbuls, in Kadiköy-Maltepe, auf seine Rückkehr wartete.

Sürmes Vaters liebte die magische Kulisse Istanbuls, wenn er auf irgendeinem Containerschiff in den heimischen Hafen einlief. Den Anblick der filigranen Silhouetten des Serails, die spitzen Minarette oder die hohe Kuppel der Hagia Sophia.

Erst an Land vernahm Sürmes Vater wieder den beißenden Geruch von Braunkohle, der zu Beginn der Achtzigerjahre noch regelmäßig in der Luft hing. Damals war Istanbul auch noch grauer, als es die heutige Weltmetropole ist.

Wenn Sürmes Vater in Hamburg einlief, was der Seemann auf seinen Reisen oft tat, roch es anders. Er sprach immer von einem schwer zu beschreibendem Geruchs-Cocktail, einer Mischung aus Kaffee und Kakao, der aus den roten Backsteingebäuden mit den Pfählen drang – er meinte damit die berühmte Speicherstadt, den größten zusammenhängenden Lagerhallenkomplex der Welt.

Zu Hause in Istanbul erzählte Papa Sürme seinem Levent von diesem faszinierenden Mündungstrichter, durch den es aus der Nordsee in die Elbe ging. Erst 15 Kilometer breit, dann schmaler. Er berichtete von Städten, die er von der Reling aus beobachtet hatte, die so komische Namen trugen wie Brunsbüttel, Glücksstadt oder Stade, bis sein Schiff schließlich am Burchardkai anlegte.

Für dieses Deutschland entwickelte der Vater eine große Faszination. Mehr als für all die anderen Länder, die er auf seinen Reisen ansteuerte. Bekannte wohnten bereits in diesem Land und bestärkten ihn in seiner Begeisterung. Und weil er für eine deutsche Firma arbeitete, durfte er mit der Familie nach Deutschland ziehen.

Dieses Mal allerdings erreichte er mit Frau und Kind erstmals auf dem Luftweg die neue Heimat. Die Sürmes waren zunächst für kurze Zeit in Emden. Doch weil der Vater für seine Frau und seinen Sohn ein neues, sesshaftes Leben beginnen wollte, kündigte er seinen Job als Seemann. Er wollte nicht monatelang auf Reisen sein und sie im Stich lassen. Also brauchte er einen neuen Job, den er mit Hilfe von Bekannten im Süden Deutschlands auch fand. In Augsburg. Ganz weit weg vom Burchardkai und der Speicherstadt.

Während der Vater erst auf dem Bau arbeitete, später dann als orthopädischer Schuhmacher, verbrachte Levent Sürme die meiste Zeit beim FC Augsburg, wo er Fußball spielte. Von der F-Jugend an. Ab seinem zehnten Geburtstag war er zudem regelmäßig als Balljunge im Rosenaustadion im Einsatz.

Früher war das Stadion mal eine Bühne des großen Sports. Eine, die 1952 sogar unter anderem Sepp Herberger, Fritz Walter, Max Morlock, Ottmar Walter, Hans Schäfer, Toni Turek und Horst Eckel, also die späteren Weltmeister, betreten haben, um vor 64.000 Zuschauern gegen die Schweiz zu spielen. Der FC Bayern hat hier 1957 vor über 44.000 Zuschauer das erst DFB-Pokal-Endspiel gewonnen.

Meist ließ sich Balljunge Levent Sürme hinter dem Tor von Jürgen Oberhofer einteilen. Der FC Augsburg spielte damals in der Oberliga Bayern. Die Trikots hatten schwarze Schnüre am Kragen, waren knallrot, und ansonsten mit Schriften, Logos, Balken und sonstigen Zeichnungen ziemlich überfrachtet. Trainer war ein gewisser Armin Veh, zu der Zeit gerade zweiunddreißig Jahre alt.

Die Bälle waren damals noch aus Echt-Leder. Bei Regen saugten sie sich so voll und wurden so schwer, dass der kleine Levent sie kaum mehr als fünf Meter weit kicken konnte.

Ab der U18 merkte Sürme, dass es für ihn unmöglich sein würde, den Sprung zum Profifußball zu schaffen. Zu seiner Zeit waren kräftige Typen gefragt, er hingegen war klein und schmächtig, sodass sein außerordentliches taktisches Verständnis nicht reichte. Stattdessen begann Sürme, Jugendmannschaften zu trainieren. Er lernte den Job von der Pike auf, machte einen Trainerschein nach dem anderen. Die Jahrgänge, die man ihm anvertraute, wurden immer älter.

Weil er mit dem Trainerjob kaum Geld verdiente – er war nur geringfügig beschäftigt – und sich irgendwie sein Studium finanzieren musste, nahm Sürme jedes Angebot an, um für seinen Lebensunterhalt zu arbeiten. »Meine Tage waren rummsvoll. Mal war ich Fliesenleger, mal habe ich meinem Vater geholfen, Einlagen für Schuhe zu nähen und kleben. Eine Zeit lang war ich Nachhilfelehrer.«

Einmal, Sürme arbeitete am Empfang eines Fitnessstudios, weigerte sich ein Mitglied, seine Übungen zu beenden und zu gehen, obwohl das Studio eigentlich schon geschlossen war. »Nur noch eine Übung«, versprach der Mann und trainierte in Seelenruhe weiter, obwohl außer ihm niemand mehr im Studio war.

Sürme fuhr den Mann an, was ihm eigentlich einfiele, so dreist mit seiner Zeit umzugehen.

»Warum sind Sie denn so gestresst?«, wollte der Mann wissen.

»Ich muss jetzt nach Hause und für die Uni lernen. Ich habe morgen Prüfung«, entgegnete ihm Sürme, hinter dem bereits ein Zwölfstunden-Tag lag. »Sie verplempern wertvolle Minuten meiner wenigen Zeit.«

Es stellte sich heraus, dass der Mann, der nicht gehen wollte, Professor an selbiger Uni war. Und nachdem er Sürmes Geschichte im Schnelldurchlauf gehört hatte, bot er ihm einen so gut bezahlten Job an, dass er nicht mehr von Nebenjob zu Nebenjob hetzen musste, um über die Runden zu kommen.

»Sie gefallen mir«, sagte der Professor. »Wie Sie mich hier trotz meines Titels rausschmeißen ... Kündigen Sie hier und korrigieren Sie für mich Klausuren. Sie bekommen so viel, dass Sie sich auf Ihr Studium und das Fußball-Training konzentrieren können.«

Sürme beendete sein BWL-Studium, hielt die Abschiedsrede in der Uni, stieg bei MAN, einem Fahrzeug- und Maschinenbaukonzern, zum Projektleiter auf. Vierzig Stunden pro Woche arbeitete er im strategischen Einkauf, dreißig weitere Stunden als Trainer. Ab der Saison 2013/14 vertraute man ihm die U15 an, zwei Jahre später die U17. Am Ende, ehe Leipzig ihn abwarb, hatte Sürme bei Augsburg in fünfzehn Jahren tatsächlich alle Altersbereiche ab der U8 trainiert.

Er begann schon früh, mit einem Sportpsychologen zu arbeiten, um unter anderem seine ausgeprägte Emotionalität besser in den Griff zu bekommen. »Emotionen sind eine Waffe. Aber nur, wenn man sie bewusst einsetzt. Also wenn man sie kontrolliert. Nicht, wenn die Emotion einen kontrolliert. Kontrolliert die Emotion mich, dann verliere ich meine Fachkompetenz. Das war mein Problem. Das hat mich geschwächt. Aber zum Glück habe ich die Bereitschaft gezeigt, an diesem Punkt arbeiten zu wollen. Denn ohne die Einsicht, dass etwas getan werden muss, bringt kein Psychologe der Welt etwas.«

Der Sportpsychologe Dr. Tom Kossak brachte ihm zunächst einmal bei, aufkommende Emotionen bewusst wahrzunehmen. Dann riet er ihm, diese in eine Flasche zu »brüllen«.

Sürme wurde kontrollierter, verlor seltener den Fokus und konnte sich noch besser auf seine Arbeit mit den Spielern konzentrieren. Gleichzeitig entwickelte er Prinzipien und Richtlinien für seine Herangehensweise, die er immer wieder anpasste oder überarbeitete.

So untergliederte er den Nachwuchsfußball in drei Altersgruppen. »Im ersten Block sind die Mannschaften zwischen der U8 und U13. Im zweiten Block befinden sich die Teams der U14, U15 und U16. Und die letzte Gruppe bilden die Mannschaften der U17 und U19. In diesen drei Gruppen gibt es gravierende Unterschiede, was man den Kindern beibringen sollte«, sagt er. Und erklärt: »Für den ersten Block gilt: Sie sollen lernen, dass der Ball das macht, was sie wollen. Der wichtigste Kernsatz lautet: ›Ich bin der Chef des Balles, nicht umgekehrt.‹«

Das Entscheidende bei allen Übungen hierfür sei es, sie so durchzuführen, dass die Spieler sie ohne Krafteinsatz umsetzen können. »Der Torschuss sollte also nicht aus zu großer Entfernung erfolgen. Ein Flugball sollte technisch sauber gespielt und nicht kraftvoll gebolzt werden. Es sollte sehr genau auf die Spielfeldmaße geachtet werden. Zudem sollte nur im individual-taktischen Bereich mit ihnen gearbeitet werden. Was die Kinder jetzt individual-taktisch lernen, darauf können sie ihr ganzes Fußball-Leben zurückgreifen.«

Für die nächste Altersstufe stellt er fest, dass oftmals viel zu wenig an die Spieler selbst gedacht werde: »Im Bereich zwischen der U14 und U16 ploppen reihenweise die Magnet-Trainer auf. Also diejenigen, die immer eine Taktiktafel bei sich haben und darauf Magnete durch die Gegend schieben. Die sind mal rot, mal blau, meistens rund und manchmal noch mit einer Ziffer versehen. Die Trainer stellen dann ein Spielsystem dar und zeichnen Pässe und Laufwege ein. Problem dabei: Der Trainer geht davon aus, dass der Spieler das alles auch beherrscht. Die meisten machen sich gar keine Gedanken, was muss der Magnet, den sie gerade in der Hand halten, technisch überhaupt können, um diesen Pass zu spielen. Es gibt also eine Spielidee, zu der aber die technischen Fähigkeiten oftmals gar nicht trainiert worden sind. Der Spieler hinter dem Magneten wird vergessen. Bevor Trainer Magnete durch die Gegend schieben, müssen sie den Spielern beibringen, den Ball entsprechend zu spielen. Beispiel: Der Gegner läuft mich in einem 4:4:2-flach immer auf meine Außenverteidiger an: Welche Annahme- und Mitnahme-Technik braucht der dann? Welche Eins-gegen-Eins-Situation-Offensiv muss er vielleicht überwinden? Welche Finte braucht er?«

Ab und zu nutzt Sürme allerdings auch selbst Magnete. Sie sind weder rot noch blau, haben auch keine Ziffer. Sondern sie sind mit einem Foto vom jeweiligen Spieler beklebt – um nie den Menschen dahinter zu vergessen.

Sürme hat für sich fürs Training festgelegt: »In dieser Altersstufe sollte vor allem im gruppentaktischen Bereich gearbeitet werden. Gerne mit Spielformen: vier gegen vier, fünf gegen fünf, sechs gegen sechs. Aber nicht mehr. Die meisten Jungs in dem Alter sind vom peripheren Sehen, von ihrem Aufnahmevermögen, noch nicht so weit, um alles auf dem Feld überblicken zu können. Daher braucht es im Trainingsbetrieb kein elf gegen elf.«

Nicht zu vernachlässigen sei außerdem, dass sich einige der Jungs Pubertäts-bedingt verändern. »Einige entwickeln den Wunsch, wahrgenommen zu werden. Darauf sollte man eingehen, damit sie den Spaß am Fußball nicht verlieren. Ignoriert man ihre veränderten Bedürfnisse, besteht die Gefahr, dass sie nur noch Dienst nach Vorschrift absolvieren.

Deshalb hören bereits in dieser Phase Kinder mit dem Fußball auf, ganz gleich, für welchen Verein sie spielen und wie gut sie sind.«

Ab der U17 steige die Gefahr dann noch einmal mehr, dass Jugendliche Fußball mehr und mehr als Verpflichtung sehen. »Dass der Sport, gerade in einem Nachwuchsleistungszentrum, immer mehr zu einem Abarbeiten wird. Dass aus Fußball-Spielen Fußball-Arbeit wird. Die Trainer dürfen also nicht vergessen, dass der Spaßfaktor weiterhin hochgehalten werden muss. Jeder einzelne Spieler war mal zwölf Jahre alt und hat Fußball geliebt. Es gibt einfache Regeln, auf die man achten sollte: Es muss immer um etwas gehen, sei es um die Ehre oder um Liegestütze. Kinder lernen von klein auf, sich mit anderen zu messen. Sie wollen immer schneller, stärker, besser sein. Dieses Wetteifern muss in jeder Übungsform die Grundlage sein. Wenn es um nichts geht, langweilen die sich schnell.«

Sürme versucht daher, auf Pass-Endlos-Formen oder klassische Start-Stopp-Übungen zu verzichten. »Ich habe jede Übungsform in eine Spielform umgewandelt, damit der Wettbewerb noch spielnaher wird. Bei der immer zwei Tore dabei sind, und zwar am besten nicht Mini-Tore, in denen auch noch jeweils ein Torwart steht. Denn jeder spielt Fußball, um am Ende Tore zu erzielen.«

Sein persönlicher Graus sei es früher als Spieler gewesen, wenn er bereits vorher wusste, was sein Trainer heute für eine Einheit durchführen lässt. »Ich hatte selbst mal einen, der hat jeden Montag, jeden Dienstag, jeden Mittwoch und so weiter die gleichen Übungen gemacht. Ich habe mir gedacht: Wozu ist denn dieser Trainer da, wenn ich selber weiß, was gleich kommt? Dann kann ich mir die Übung doch auch selber aufbauen. Ich habe mir geschworen, dass meine Spieler nie vorher wissen, was kommt – genau wie bei den Ansprachen. Die sollen mir gespannt zuhören. Was hat der Typ heute vor? Was will er mir heute beibringen? Ich versuche, Übungen innerhalb einer Saison nicht zu wiederholen. Zumindest Nuancen will ich verändern.«

Vor Saisonbeginn bittet Sürme inzwischen seine Spieler auch, dass sie ihren »Wunschtrainer zusammenbauen«. Mit dieser Aufgabe möchte er erfahren, was jeder Einzelne vom Trainer erwartet.

»Das Ergebnis daraus hilft mir ungemein im Umgang mit den Spielern. Es gibt zum Beispiel Jungs, die es hassen, direkt nach einem Fehler kritisiert zu werden. Aber genau das machen ganz viele Trainer. Es ist ein üblicher Prozess, wie er Woche für Woche am Spielfeldrand stattfindet: Fehler sehen, Fehler unmittelbar ansprechen. Wenn ein Spieler aber so schlau ist, selbst zu wissen, wenn er einen Fehler gemacht hat, dann muss ich als Trainer nicht auch noch draufhauen und auf diesen Fehler hinweisen. Viel besser ist es in diesem Fall, eine Lösung zu benennen. Man sollte also nicht das Fehlerbild bestärken, sondern vielmehr das Soll-Bild im Kopf des Spielers erzeugen.«

Es gebe aber natürlich auch Spieler, denen, so Sürme, »dieses Bewusstsein fehlt. Oder deren Selbstbild nicht mal ansatzweise mit dem Fremdbild, also der Einschätzung des Trainers und Staffs, übereinstimmt. Wenn es da große Unterschiede gibt, dann gibt es keine Grundlage, auf der man vorankommen kann. Denn dann wird der Spieler nicht damit einverstanden sein, woran wir mit ihm arbeiten. Dann müssen zunächst Fremdbild und Eigenbild auf einen Nenner gebracht werden. Dafür sind zahlreiche Gespräche nötig. Etwa nach Trainingseinheiten, um festzustellen, wie er seine Leistung fand. Dann muss man bohren, woran er seine Einschätzung festmacht. Man zwingt den Spieler also, sich mit sich selbst zu beschäftigen.«

Außerdem fragt Sürme seine Jungs, woran sie arbeiten möchten. »Wollen sie lieber an ihren Stärken arbeiten und diese zu einer unfassbaren Waffe machen? Oder wollen sie an ihren Schwächen arbeiten?«

Die Antworten auf diese Frage seien völlig unterschiedlich. »Ich fände es aber schade und auch falsch, wenn man Spielern diese Entscheidung abnimmt«, sagt er. »Anfangs habe ich das gemacht. Ich habe mal mit einem Stürmer nur an seinen Schwächen gearbeitet, habe mit ihm ständig die Ballannahme und -mitnahme trainiert. Irgendwann habe ich gemerkt, dass ich den Spieler verliere. Er war genervt von meinen ständigen Korrekturen. Erst kurz bevor es zu spät war, habe ich ihn gefragt, was er sich wünscht, und so haben wir uns wieder angenähert.«

Mehr und mehr bekommt Sürme es in all den Jahren auch mit Jungs zu tun, die von der großen Karriere träumen. Und mit deren Eltern.

»Viele Jungs, die in ein Nachwuchsleistungszentrum kommen, haben keinen blassen Schimmer, was auf sie zukommt. Man erzählt ihnen vor dem Wechsel nichts von den Herausforderungen. Man erzählt ihnen lediglich – um sie zu ködern –, was das Nachwuchsleistungszentrum alles bietet. Die Kehrseite erfahren sie vorerst nicht, die wird ausgeblendet. Kaum jemand verweist in den Akquise-Gesprächen darauf, welche Schwierigkeiten es geben kann. Dass viele unter Heimweh leiden. Dass sie schulisch in ein Loch fallen können. Dass es enormen Neid untereinander gibt. Sie glauben, dass ihnen alles abgenommen wird. Dass man alles für sie tut. Dass alles, was man ihnen versprochen hat, auch eingehalten wird. Man malt ihnen eine rosarote Welt. Man zeigt ihnen tolle Gebäude. Man bezirzt sie. Welcher Aufwand von ihnen verlangt wird, erfahren sie erst, wenn sie dort sind. Viele meinen, wenn sie in ein Nachwuchsleistungszentrum ziehen, sie wären bereits Profi-Fußballer. Man hat ihnen vor ihrer Entscheidung gesagt: ›Du kannst hier Profi werden.‹ Aber das Wort ›können‹ hören sie nicht. Bei ihnen kommt nur an: ›Du wirst Profi.‹«

Dementsprechend führen sich einige auch auf. Ein Mittelstürmer, bullig, schnell, kraftvoll, extrem talentiert, weigerte sich als Vierzehnjähriger, defensiv mitzuarbeiten. Als Sürme ihn darauf ansprach, entgegnete der Augsburger Spieler nur trocken, aber mit absoluter Überzeugung: »Cristiano Ronaldo macht das ja auch nicht.«

Zu der Zeit hatte Ronaldo bereits dreimal den Ballon d'or gewonnen, war dreimal zum Weltfußballer des Jahres gewählt worden. Er hatte zweimal die Champions League gewonnen. War spanischer und mehrfacher englischer Meister. Für Sporting Lissabon, Manchester United und Real Madrid hatte er bis zu diesem Tag vierhundertacht Pflichtspieltore erzielt. Und nun meinte ein Vierzehnjähriger, der in der C-Junioren-Regionalliga-Bayern für ein klein bisschen Furore gesorgt hatte, sich mit diesem Superstar vergleichen zu dürfen.

Eine Vielzahl von Trainern hätte den Jungen angesichts seines anmaßenden Vergleichs womöglich schlicht und ergreifend ausgelacht.

Oder ihn dafür zusammengestaucht.

Sürme tat das nicht. »Man hätte diese Aussage als Arroganz-Anfall werten können. Aber es ging dem Jungen nicht um Arroganz. Er hatte für sich eine Entscheidung getroffen, wie er spielen wollte – Offensivbeteiligung ja, Defensiv-Beteiligung nein. Dann hat er sich ein Beispiel aus der Profi-Welt gesucht, um für seine Entscheidung Argumente zu haben. Grundsätzlich ist es gut, dass er diese Aussage trifft. Und dass er sich traut, so für sich zu argumentieren. Sonst wären wir ja nicht ehrlich miteinander.«

Weil Sürme sportlich aber anderer Meinung war, vereinbarte er mit dem Jungen einen Deal. »Ich gebe dir jetzt ein halbes Jahr Zeit, so zu spielen, wie du es für richtig hältst. Wenn es dir dabei gelingt, halb so viele Tore zu erzielen wie Ronaldo, dann brauchst du bei mir nie wieder defensiv zu arbeiten. Aber wenn deine Art nicht erfolgreich ist, machst du künftig wieder, was ich dir vorschlage.«

Ronaldo traf in dieser Saison einundsechzig Mal. Der Möchtegern-Cristiano weniger als zehnmal, sodass er in der Folge wieder, ohne zu murren, defensiv mitarbeitete. Zwei Jahre später übrigens wurde der Spieler Torschützenkönig in der U17-Bundesliga Süd.

In Leipzig kam es im vergangenen Jahr zu einer sehr ähnlichen Situation. Ein fünfzehnjähriger Flügelspieler geriet mit Sürme in Diskussionen, weil er sich weigerte, seinen rechten Fuß zu trainieren. »Arjen Robben benutzt doch auch nur seinen linken«, sagte der Junge.

Wieder hörte sich Sürme die Argumente des Spielers in Ruhe an.

Um ihm dann zu entgegnen: »Arjen Robben hat mit diesem linken Fuß das Champions-League-Finale 2013 entschieden. Er hat den Ball an Roman Weidenfeller vorbeigestreichelt. Er hat Manchester Uniteds Torwart Edwin van der Sar mit links überwunden, ebenso Barcelonas Víctor Valdés. Er hat hundert Treffer erzielt. Du bist noch nicht mal Profi. Arjen Robben hatte im Laufe seiner Karriere irgendwann auch nicht mehr die Zeit, seinen rechten Fuß zu stärken. Du aber hast noch Zeit. Also nutze sie.«

Um seiner Aussage noch mehr Nachdruck zu verleihen, organisierte Sürme ein zufällig wirkendes Treffen mit Moritz Volz, dem Co-Trainer der Leipziger Profis. Als der auf sie zukam, riet er dem Jungen, den früheren Arsenal-Spieler doch mal zu fragen, wie viele der Leipziger-Profis beidfüßig seien. Und Volz entgegnete, wie zuvor mit Sürme abgestimmt: »Ausnahmslos alle.«

Ein Jahr zuvor hatte Sürme einen Jungen aus der U14 in seine U15 hochgezogen. Er hatte es sich verdient, beim älteren Jahrgang erste Erfahrungen zu sammeln. Als es dann aber zu einem Auswärtsspiel ging und der Neue von Sürme keine Teamjacke aus der aktuellen Kollektion bekam, beschwerte er sich, warum er mit einer Jacke aus der vergangenen Saison rumlaufen müsse. Er fühle sich so nicht zugehörig und auch nicht wertgeschätzt, schimpfte er.

Als die ganze Mannschaft zusammensaß, fragte Sürme den Jungen wo er gespielt habe, bevor er ins Nachwuchsleistungszentrum nach Leipzig gekommen sei. Der Junge nannte einen Verein aus der tiefsten Provinz. Dort gab es lediglich einen Rasen- und einen Schotterplatz. Nicht jeder Spieler hatte einen eigenen Ball. Der Torwart der Herrenmannschaft war gleichzeitig der Platzwart der Hobbytruppe, also dafür verantwortlich, dass der Platz ab und zu mal gewalzt wurde und die Linien erkennbar waren.

»Hattet ihr dort«, fragte Sürme, »jedes Jahr eine neue Kollektion?«

»Nein«, antwortete der Spieler.

»Wir hatten gar keine Jacken.«

Sürme forderte seine Jungs auf, die Augen zu schließen. »Jetzt erinnert euch daran, wie es früher bei dem Verein war, bevor ihr erstmals in ein NLZ gegangen seid. Erinnert euch an die Kabinen. An die Duschen. Versucht euch die Trikots in Erinnerung zu rufen, die ihr hattet. Hattet ihr jede Saison neue? Oder waren die gebraucht? Wie waren die Bälle? Waren die alle rund? Immer gut aufgepumpt? Wisst ihr noch, wie die Klos waren? Gab es dort einen Kraftraum? Einen Gemeinschaftsraum?«

Er ließ eine kurze Pause eintreten, um die Spieler komplett in ihre Erinnerung abtauchen zu lassen. Sürme selbst musste in diesem Moment an seine Zeit in Augsburg denken, an einen Dezember im Jahr 2015.

Die Profis der Fuggerstädter spielten in ihrer fünften Saison in der Bundesliga. Erst 2011 war der Verein, der im Herbst 2000 noch kurz vor der Insolvenz stand, erstmals ins Oberhaus des deutschen Fußballs aufgestiegen. Das Geld war knapp. Entsprechend gering waren vor allem die Mittel beim Nachwuchs. Auf den Trainingsplätzen, es wurde eine städtische Anlage genutzt, gab es nicht einmal Linien, also keine abgekreidete Mittellinie, keine Markierungen außen oder für die Strafraumgrenzen.

Als Sürmes U17 aus dem Bus am Mainzer Bruchweg stieg, fragte ein Betreuer den Augsburger Trainer, wo denn der Rest von seinem Staff sei: »Kommen die später?« Sürme lächelte verlegen und schüttelte den Kopf. »Wir sind alle«, sagte er und meinte sich und seinen Co-Trainer Mathias Schiele.

Es war ein kalter Vormittag. Nebel lag über dem Kunstrasenplatz. Das Thermometer zeigte nur vier Grad über null. In Augsburg gab es keine einheitlichen Winterjacken, sodass jeder Spieler seine eigene mitgebracht hatte. Der eine trug eine blaue Daunenjacke, andere trugen grüne oder rote. Selbst gelbe waren dabei. »Wir sahen aus wie die Pfadfinder«, erinnert sich Sürme, dessen Spieler an diesem Tag bei ihrem 1:0-Sieg verinnerlichten: »Diese roten Jacken, gelben Jacken, grünen Jacken machen uns nicht zu schlechteren Fußballern.«

Mittlerweile hatte er seinen Leipziger-Jungs genügend Zeit zum Nachdenken über ihre Anfänge gegeben. Also rief er in die vertiefte Stille hinein: »Vergesst nie, woher ihr kommt. Vergesst nie, wie alles angefangen hat.«

Sürme stören Diskussionen wie die um vermeintlich falsche Jacken. Insbesondere in einem Verein, der seinem Nachwuchs so extrem viel bietet wie RB Leipzig. Die Verpflegung ist auf allerhöchstem Niveau. Es wird gluten- und laktosefreies Essen angeboten. Am Büfett gibt es für jeden Geschmack etwas. Ketchup wird selbst gemacht, damit die Spieler nicht zu viel Industriezucker bekommen. Viel orientiert sich am Glycoplan von Dr. Kurt Mosetter.

Die Lebensmittel wurden darin in verschiedenen Kategorien unterteilt, gekennzeichnet in den Ampelfarben. Alles, was empfehlenswert ist, hat die Farbe grün. Was gelegentlich in Ordnung ist, ist gelb. Rot gekennzeichnetes Essen ist zu vermeiden.

Gegen kleines Geld können die Spieler in Leipzig Pediküre in Anspruch nehmen. Um Nagelbettentzündungen wie jene, die einst Bayern-Liebling Franck Ribéry aus dem Verkehr zog, zu vermeiden. Sürme weiß vieles von diesen Angeboten sehr zu schätzen. Er traut sich aber trotzdem zu sagen: »Meine größte Hürde war es bei RB, wo es den sogenannten goldenen Wasserhahn gibt, in diesem Paradiesgarten die Gier nach Erfolg hochzuhalten. Bei einem Überangebot an Pracht neben dem Platz neigen Spieler zur Selbstverständlichkeit und Faulheit. Die Wahrheit liegt aber auf dem Platz. Der goldene Wasserhahn hat noch keinen zum Profi gemacht.«

Aufgrund seiner Erfahrung rät er Eltern, die sich damit beschäftigen, in welches Nachwuchsleistungszentrum ihr Kind geht, immer eine Kontrollfrage im Hinterkopf zu behalten: »Jeder Cent, den ein Verein in ein NLZ investiert, sollte der Ausbildung des Spielers zugutekommen. Daher sollten sich

Eltern nicht von Steinen blenden lassen. Sie sollten bei allem, was sie sehen, fragen: Kommt das hier eingesetzte Geld direkt oder indirekt beim Spieler an? Ist es für die Ausbildung des Spielers wichtig, dass ein schicker Flachbildschirm im Physio-Raum hängt? Macht es meinen Sohn zu einem besseren Fußballer, wenn er in einer hochwertig ausgestatteten Kabine mit den besten Materialen hockt? Oder reicht nicht ein schnöder Kleiderhaken aus? Braucht mein Sohn wirklich die Vorzüge einer Schuhschleuse? Eltern lassen sich leider viel zu oft von Steinen beeinflussen, anstatt auf die Inhalte zu schauen. Sie lassen sich blenden, als würde die Hochglanz-Politur eines NLZ ihre Kinder zu Profis machen. Ich habe mitbekommen, dass Eltern danach fragen, welchen Ausstatter der Verein hat. Als wäre es wichtig, ob ein Talent in Nike, Adidas oder Puma spielt. Manche Eltern fragen nach der Übertragungsrate des Internets. Das sind alles wilde Dinge, die mit der Entwicklung nichts zu tun haben und die niemals einen Einfluss darauf haben dürfen, in welchem Nachwuchsleistungszentrum ein Kind letztlich spielt.«

Viel eher würde Sürme Eltern raten, Fragen wie diese zu stellen: »Welche Art Fußball spielt der Verein? Warum glaubt der Verein, meinen Sohn holen zu müssen? Warum passt er genau hierher? Welchen Plan verfolgt der Verein mit meinem Sohn? Wohl wissend, dass an vielen NLZs die Spieler zu schlechteren Schülern werden: Wie wird die Schule abgefangen? Wie wollen Sie mit meinem Kind individuell arbeiten? Haben Sie wirklich das entsprechende Personal dafür?«

Sürmes wichtigster Rat: »Eltern sollten alles, was Vereine ihnen erzählen, hinterfragen. Leider haben sie aber meist gar nicht das fachliche Know-how. Und sie setzen oftmals auch auf die falschen Berater.«

Sürme weiß, dass er sich mit der Klarheit seiner Aussagen nur wenige Freunde macht. Dass seine Art, Dinge anzusprechen, unbequem ist. Das ist ihm aber egal.

Sein Lieblingstier ist der Lachs. In seinem Kleiderschrank hängen mehrere Shirts mit aufgedruckten Bildern dieses Wunderwesens. Am Ende seines Lebens schwimmt der Lachs aus dem Pazifik flussaufwärts, also gegen den Strom, zum Laichen. Er stellt sich vom Salzwasser auf Süßwasser um, springt Wasserfälle empor und muss an lauernden Bären vorbei. So müsse man, sagt Sürme, im Fußball auch sein. Sich immer neuen Herausforderungen anpassen. Nie mit dem Strom schwimmen, sondern dagegen. Widerständen trotzend.

Und dementsprechend scheut sich Sürme selbst auch nicht, weitere Kritik an der Talentförderung auszusprechen.

»Jedes Jahr werden in Deutschen Nachwuchsleistungszentren Spieler aussortiert, die fußballerisch außergewöhnlich sind. Aber weil sie ihre Macken haben, Freigeister sind und nicht aalglatt durchs System flutschen, werden sie oftmals vertrieben. Viele NLZs wollen nur Jungs, die außerhalb des Fußballs keine Probleme bereiten. Heißt: bei denen es in der Schule relativ glatt läuft. Die in der Freizeit keinen Scheiß bauen. Jungs, die neben dem Platz leise sind. Die den angestellten Sozialpädagogen wenig Arbeit machen. Jungs, die – bewusst etwas überspitzt - keine eigene Meinung haben.«

Gleichzeitig aber, so Sürme, »sind wir ständig auf der Suche nach Spielern, die in brenzligen Situationen auf dem Platz etwas Verrücktes machen, also Dinge, die in keinem

Matchplan stehen. Das machen zumeist aber Spieler, die von ihrer Persönlichkeitsstruktur her eher Freigeister sind. Diese Typen haben aber nun mal die Macke, dass sie nicht nur im fußballerischen Sinne Freigeister sind, sondern in allen Lebensbereichen. Das wiederum wollen wir nicht in Kauf nehmen. Und das beißt sich. Somit fliegen viele Spieler aus diesem System raus, weil sie sich in dieses Raster nicht reinbiegen lassen wollen. Die NLZs sind doch Dienstleister der Spieler! Sie sollten auf deren individuelle Bedürfnisse eingehen. Dann bekomme ich auch einen Spieler, der am Ende bereit ist, auf dem Platz sein letztes Hemd zu riskieren. Aber viel zu oft ist es umgekehrt. Nur wenn der Spieler sich dem jeweiligen NLZ anpasst, dann wird er auch gefördert. Damit machen wir es uns zu einfach. Wir gehen teilweise nicht genügend auf diese besonderen Persönlichkeitsstrukturen ein. Wir suchen ständig fußballerisch nach Spielern à la Mario Balotelli oder Zlatan Ibrahimović, weil sie nämlich Dinge garantieren, die nicht kalkulierbar, nicht erwartbar, sind. Aber gleichzeitig müssen sie halt lieb und nett und zuvorkommend sein und in unser NLZ-System passen.«

Sürme glaubt, dass beide Spieler in Deutschland, mit dem derzeitigen System, nicht Profi geworden wären.

Mario Balotelli, Sohn ghanaischer Immigranten, der bei einer Pflegefamilie im italienischen Brescia aufwuchs, wird als Sorgenkind oder geballte Ladung Exzentrik beschrieben. Er sei, heißt es, der Wahnsinn auf zwei Beinen, und habe einen erbärmlichen Ruf. Er sei eine Gefahr vor dem Tor, aber auch im wahren Leben. Er hat schon Jugendliche mit Dartpfeilen beworfen und beim Spiel mit Feuerwerkskörpern die Vorhänge in einer Hotel-Suite abgefackelt, um nur einen ganz kurzen Auszug seiner weniger ruhmreichen Biografie zu nennen.

Er ist unbestritten höchst kompliziert zu führen. Aber er schießt eben auch entscheidende Tore. Bei der Europameisterschaft 2012 kehrte Balotelli nach Kiew zurück, in die Stadt, wie sie medial bezeichnet wurde, »seiner Albträume«. Im Jahr zuvor war Balotelli zum weltweiten Gespött geworden, weil er im Vorfeld des Europa-League-Achtelfinales bei Dynamo Kiew größte Probleme hatte, sein Trainings-Leibchen richtig anzuziehen. Er versuchte, mit dem Kopf durch die Aussparungen für die Arme zu kommen. Eineinhalb Minuten dauerte es, bis er nach zweimaliger Unterstützung eines Betreuers richtig angezogen war. Sechs Millionen Menschen sahen den Clip »Mario Balotelli Can't Dress Himself« auf youtube. Medien rund um den Globus überboten sich mit Häme.

Am Ende verlor Manchester City in Kiew auch noch mit 0:2 und schied nach dem Rückspiel aus. Balotelli flog nach einem Kung-Fu-Tritt nach sechsunddreißig Minuten vom Platz.

Ein Jahr später also ging es im Viertelfinale der Europameisterschaft in eben jenem Kiew gegen England. Sieben Chancen hatte Balotelli in hundertzwanzig Minuten, teils sehr gute, doch er nutzte keine davon. Er hatte aus der Distanz geschossen, im Strafraum mit vollem Körpereinsatz gewühlt, für sich selbst einen Fallrückzieher vorbereitet. Einmal, als er hätte alleine auf Englands Torwart Joe Hart zulaufen können, verstolperte er den Ball. Und kurz vor Ende der Verlängerung jagte er auch noch einen Freistoß in den ukrainischen Nacht-himmel.

Es schien, als wäre Kiew auch weiterhin kein gutes Pflaster für Balotelli. Es gibt Spieler, die so etwas beschäftigt. Deren Selbstvertrauen massiv bröckelt und die sich dementspre-chend weigern, Verantwortung zu übernehmen. Als es aber zum Elfmeterschießen ging, trat Balotelli als Erster an. Er ließ sich auch nicht von Psychospielchen des Torwarts Hart aus der Ruhe bringen, als der den bereits zurechtgelegten Ball noch einmal verrückte. Balotelli schoss ihn anschließend eis-kalt in die linke untere Ecke des Tores.

Im Halbfinale traf er dann zweimal gegen Deutschland: mit einem Kopfball und einem Gewaltschuss, durch den er zum italienischen Volkshelden und deutschen Albtraum wurde. Wie eine Statue stand er anschließend mit nacktem Oberkör-per im Strafraum.

Es spielt keine Rolle, ob du dein Leibchen richtig anziehen kannst. Hauptsache, du kannst Tore schießen. Hundertein-undsechzig Tore erzielte Balotelli im Laufe seiner Karriere. Er gewann die Champions League und wurde englischer und ita-lienischer Meister.

Zlatan Ibrahimović, Sürmes zweites genanntes Beispiel, traf sogar vierhundertsiebenundsechzig Mal in seiner Pro-fikarriere: für Inter Mailand und AC Mailand, für Barcelona und für Ajax Amsterdam. Ebenso für Paris St. Germain und Manchester United. Achtundvierzig Treffer erzielte er in der Champions League.

Als Jugendlicher (und später auch noch) war er aufmüpfig, verhaltensauffällig und laut. Er warf Radiergummis durch die

Klasse und Eier an Fensterscheiben. Er kam häufig zu spät zur Schule und klaute Fahrräder.

Nicht ganz überraschend für jemanden, der in einer tristen Sozialbausiedlung mit hohem Ausländeranteil aufwuchs, ohne stabiles Elternhaus. Seine kroatische Mutter hatte seinen bosnischen Vater nur geheiratet, damit dieser eine Aufenthaltsgenehmigung erhielt. Als Zlatan zwei Jahre alt wurde, waren die Eltern bereits wieder getrennt. Die Mutter verdiente ihren Lebensunterhalt mit Hehlerei, sie litt unter Depressionen. Der Vater übernahm das Sorgerecht. Doch anstatt sich richtig zu kümmern, lag er meist betrunken auf dem Sofa und schaute Filme mit Bruce Lee und Jackie Chan.

»Ich muss schreien und mich ausleben«, gestand Zlatan Ibrahimović einmal und gab auch zu: »Ich habe was für Typen übrig, die bei Rot fahren.«

»Er ist der kompromisslose Gladiator, der im Kampf Mann gegen Mann triumphiert. Daneben wirkt Messi wie eine naive Zaubermaus, und Ronaldo umweht trotz seiner Torquote ohnehin stets ein Hauch von andimöllerscher Wehleidigkeit. Zudem hat ›Ibra‹ das Selbstbewusstsein, das ihn trotz astronomischer Transfer- und Gehaltssummen nie Druck verspüren lässt«, schrieb das Magazin *11 Freunde* einmal über ihn.

Gegen England machte er 2012 etwas, das Sürme als nicht kalkulierbar bezeichnet. Als Torwart Joe Hart (ja, wieder der) aus dem Strafraum lief und einen Ball etwas zu kraftlos und in einem merkwürdig hohen Bogen nach vorne köpfte, stoppte Ibrahimović, drehte sich und setzte zu einem Fallrückzieher an. Wohlgemerkt in 25 Metern Entfernung vom Tor. Der 1,95 Meter große Mann mit dem schicken Zopf flog quer durch die Luft, traf den Ball in fast zwei Metern Höhe und schoss ihn über Torwart Hart und die englischen Verteidiger hinweg ins Netz. Eine Demonstration von Akrobatik, Körperbeherrschung, Schusstechnik und jeder Menge Gefühl für Raum und Zeit. Ein Zeugnis seiner Kunst, das seither in den Fußball-Geschichtsbüchern steht.

Von beiden Spielern kennt Sürme nicht nur die Biografie in- und auswendig. Er hat auch Hunderte Szenen von ihnen seziert, um sich von ihnen und ihrer Spielart inspirieren zu lassen. Denn während viele seiner Trainer-Kollegen am liebsten untereinander Ideen klauen, lässt er sich gern von Spielern inspirieren. »Ich bin kein Mainstream-Typ und werde es niemals sein«, sagt Sürme. »Alle kopieren andere Trainer. Alle halten sich für den nächsten Julian Nagelsmann, weil sie Dinge von diesem Trainer sezieren und nachmachen. Ich ticke aber anders. Es gibt neben dem Platz einen Trainer, der eine Idee hat. Es gibt aber zweiundzwanzig Spieler auf dem Platz, die ihre eigenen Ideen haben. Es gibt zwar einen Matchplan, aber nicht alles, was der Trainer darin vorgibt, wird auch so umgesetzt. Es gibt immer ein paar Spieler, die situationsbedingt entscheiden. Entweder weichen sie vom Matchplan ab, weil sie vom Trainer die Freiheit dazu bekommen haben. Oder aber weil der Gegner diesen Matchplan außer Kraft gesetzt hat und die Spieler gezwungen sind, so zu handeln, wie sie es für richtig halten. Ableitend daraus treffen Spieler Entscheidungen. Und genau diese liebe ich zu beobachten. Warum soll ich mich auf einen Trainer fixieren, wenn zweiundzwanzig Spieler ihre ganz eigenen Ideen haben? Ich kann doch viel besser von einem Robert Lewandowski lernen und von einem İlkay Gündoğan und Yussuf Poulsen. Ich lerne mehr von einem Lionel Messi als von Pep Guardiola.«

Dafür hockt Sürme stundenlang im Büro vor seinem Computer. Wie ein Nerd seziert er Szene für Szene. Während seiner Zeit in Leipzig war Sürmes Frau mit seinem Sohn in Augsburg geblieben. Nach dem Training haben sie per Facetime telefoniert, vor allem, damit der Kleine seinen Papa vorm Schlafengehen noch sieht und ihm von seinen Erlebnissen berichten kann. Anschließend versank Sürme, oftmals bis tief in die Nacht, in die Analyse von Spielszenen.

Er vertiefte sich in Hunderte Aktionen von Liverpools Sadio Mané, wie er sich wieder und wieder im Rücken seines Gegners anschleicht, um ihn dann überraschend, in einer vermeintlichen Phase der Ruhe, unter Druck zu setzen und ihm den Ball abzunehmen.

Er beobachtete, dabei ständig die Szenen vor- und zurückspulend, wie sich Leipzigs Yussuf Poulsen im Rücken des Innenverteidigers versteckt. »Die meisten Verteidiger schauen nur in Richtung des Balles. Und wenn du dich als Stürmer im Rücken versteckst, hat der Verteidiger irgendwann das Problem, dass er dich aus den Augen verliert. Wenn du dann im richtigen Moment den Sprint anziehst, ist es zu spät für den Verteidiger, wenn er dich wiederentdeckt.«

Er schaute sich rund vierhundert Tore von Robert Lewandowski an und dazu sämtliche Großchancen in ihrer Entstehung. »Ich liebe seine Unberechenbarkeit. Oft lässt er sich ins Mittelfeld zurückfallen, spielt dort den Ball in einer völlig tor-ungefährlichen Zone. Anschließend legt er einen Riesensprint hin, den keiner erwartet. Weil die meisten denken: ›Der hat sich jetzt bis ins Mittelfeld zurückfallen lassen, den Weg geht der eh nicht.‹ Doch genau das macht er dann.«

Ein Ordner auf Sürmes Laptop enthält eine Aneinanderreihung von Chipbällen von Manchester-City-Star İlkay Gündoğan. »Eigentlich ist der langsam und nicht besonders zweikampfstark. Trotzdem bereitet er wahnsinnig viele Tore vor. Weil er, wenn sich die Abwehr im letzten Drittel eng zusammengezogen hat und es eigentlich kaum Lücken zum Durchstecken gibt, den Chipball spielt.«

Immer mal wieder zeigt Sürme seinen Spielern solche Szenen. So nutzt er Gündoğans Chipbälle zum Beispiel, um seine Mannschaft von ewigen Querpass-Stafetten im letzten Drittel zu befreien. »Ich bläue meinen Mannschaften ein, dass sie sich vor jedem Pass eine entscheidende Frage stellen müssen: ›Kann ich jetzt gerade, in genau diesem Moment, nicht auch Vorlagen-Geber werden?‹ In dem Moment, wo es mir gelingt, dass sich jeder Spieler wirklich mit dieser Frage auseinandersetzt, mache ich sie mutiger, und sie werden sich oftmals für einen riskanten Pass in die Tiefe entscheiden, anstatt weiter quer zu spielen. Natürlich weiß ich, wie schwer es ist, einen Chipball auch offensiv zu verarbeiten. Aber einen möglichen Ballverlust nehme ich in Kauf. Vor allem, weil die Abwehr bei einem in der Luft abgewehrten Chipball kaum Druck dahinter bekommt.«

Wichtig ist Sürme vor allem, immer wieder einen Bezug zum Profi-Fußball herzustellen. Denn seine Jungs »vergleichen sich mit den Profis. Also bekommen sie immer wieder kleine Häppchen aus dem Profi-Bereich präsentiert. Ich zeige den Spielern in meiner Analyse oft: So machst du es. So macht es ein Profi. Dann hat er einen Ist-Abgleich. Und einen Soll-Abgleich. Anschließend muss ich den Spieler auch zu nichts überreden – denn er sieht ja selber, dass es im Profi-Bereich, also da, wo er hinmöchte, funktioniert.«

Einmal, im Laufe der Saison 2019/20, brachte Sürme kurz vor Spielbeginn wieder so ein Beispiel aus dem Profi-Bereich. Seine Mannschaft trat um achtzehn Uhr gegen Magdeburg an, die erste Mannschaft von Leipzig ab einundzwanzig Uhr in der Champions League gegen Lyon. Am Vortag hatte Julian Nagelsmann zu den Journalisten gesprochen. Eine seiner Aussagen aus dieser Pressekonferenz ließ Sürme nun in seiner Kabine vor den Vierzehn- und Fünfzehnjährigen laufen:

»Letztendlich liegt es an uns, die nicht so guten Ergebnisse von Lyon sichtbar zu machen«, hörten sie Nagelsmann sagen. »Es liegt ganz allein an uns, mit welcher Haltung wir ins Spiel gehen. Wenn wir an die hundert Prozent kommen, was unser Anspruch ist, dann kann es schon sein, dass man sieht, dass Lyon nicht das extreme Selbstvertrauen hat. Wenn wir aber mit den Gedanken reingehen, dass sie zuletzt keine tollen Ergebnisse geliefert haben, dann wird es sehr schwer.«

Das Video stoppte; Sürme trat vor die Mannschaft. »Solche Gegner bekommen entweder noch mal eins aufs Maul – und fallen in sich zusammen. Oder sie suchen in jeder Sekunde nach einem Strohhalm im Spiel, sie suchen nach Erfolgsmomenten, die sie aufbauen. Das kann ein gewonnener Zweikampf sein, eine Torchance. Sie suchen Momente der Bestätigung, um sich aus der Scheiße herauszuarbeiten. Das wird Lyon gegen unsere Profis versuchen. Und das wird Magdeburg jetzt gleich gegen uns versuchen. Die wollen uns wehtun.

Wir brauchen eine brutale Aggressivität. Jeder von uns muss die beste Version von sich selbst sein. Wir müssen diesen wackelnden Gegner sofort niederstrecken. (…) Ihr seht: Was wir euch sagen, ist wirklich bei den Profis nicht anders.«

Die Maße des Platzes seien gleich. Der Ball sei gleich. Die spielen auch elf gegen elf. Lediglich, so erklärt Sürme, »die Aufmerksamkeit ist höher und die Bezahlung. Und der Fußball ist dort schneller und härter«. Seine Jungs »wollen Profis werden. Also sollen sie erfahren und spüren, um was es oben geht«.

Sürme fragt seine Spieler regelmäßig nach ihren Vorbildern. Nicht einfach nur, um den Namen zu hören, sondern um ihnen anschließend die Aufgabe mitzugeben, zum einen die »außergewöhnlichen Fähigkeiten« ausfindig zu machen und sich zudem noch damit auseinanderzusetzen, »welche Anstrengungen das Vorbild unternommen hat, um auf dieses Niveau zu kommen«.

Eines seiner liebsten Vorbilder für jeden Nachwuchsfußballer ist Arjen Robben. »Manchmal bin ich von Augsburg nach München gefahren, um ihn durch den Zaun trainieren zu sehen. Ich habe so etwas noch nie gesehen. Deshalb sollen sich alle Spieler ein Beispiel an der positiven Besessenheit von ihm nehmen. Er verkörperte etwas, was elementar ist, nämlich: Was du investierst, wird dir das Spiel zurückgeben.«

Sürme erlebte, welche lautstarken Folgen ein Fehlschuss im Training von Robben hatte. Wenn er nicht traf, wusste es anschließend jeder Anwohner an der Säbener Straße, weil der Holländer seinen Ärger herausschrie. Er wollte immer treffen, in jedem Abschlussspiel, in jedem Einzeltraining. Und wehe, das gelang nicht. Gerade wegen seiner Anfälligkeit für Muskelverletzungen bereitete er sich auf jedes Training perfekt vor. Bei jedem Steigerungslauf lief er vorneweg. Jede Dehnübung machte er in höchster Konzentration. Er spazierte vor Beginn nicht auf den Platz, sondern sprintete. Er verkörperte stets mit jeder Faser seines Körpers: »Ich werde in jeder Sekunde auf dem Rasen besser.« Sein Motto, von dem er nie abwich, lautete: »Jede halbherzige Trainingseinheit ist verschenkt. Eine verschenkte Einheit kann man auch durch doppelten Einsatz am nächsten Tag nicht wieder aufholen.«

Aber nicht nur in Sachen Trainingseifer ist Arjen Robben, so Sürme, für Nachwuchsspieler ein Vorbild. Es gebe so viele große und kleine Beispiele, anhand derer sich jeder Sportler immer wieder mal an ihm orientieren sollte.

Zum Beispiel im Umgang mit Rückschlägen: Als Robben mit fünfundzwanzig Jahren in einem Anflug von königlichem Wahnsinn bei Real Madrid vom Hof gejagt wurde, ist er daran nicht zerbrochen. Er hat weder angefangen, an sich zu zweifeln, noch nachzulassen oder ist an seiner inneren Wut auf den Präsidenten Florentino Pérez zu Grunde gegangen. Er war nicht einmal nachtragend, obwohl er allen Grund dazu gehabt hätte. Stattdessen sah er stets nach vorn und erkannte die neue Chance.

Pérez hatte sich entschieden, ihn abzugeben, obwohl Robben die beste Vorbereitung absolviert hatte, seit er in Madrid war. »Sie haben mir gesagt: ›Du musst weg.‹ Jeder neue Präsident, der kommt, will und muss ein Zeichen setzen. Das war für mich das Ende. Wenn ich geblieben wäre, hätte ich gegen Kräfte kämpfen müssen, gegen die ich keine Chance gehabt hätte. Ich hätte keine ehrliche Chance mehr bekommen. Sie sagten mir, dass sie mich verkaufen müssen, weil sie so viel Geld für neue Spieler ausgegeben hatten. Auf einen Schlag haben die Kaká, Benzema, Ronaldo und Alonso geholt – ich weiß nicht, wie viele Millionen die gekostet haben. Man geht nicht einfach so von Real Madrid weg. Man lässt sich nicht gerne sagen, dass man wegmuss. Man ringt mit sich, wägt alle Möglichkeiten immer und immer wieder ab. Es war eine unheimlich schwierige Entscheidung. Aber letztlich habe ich mit der Entscheidung, zu Bayern zu gehen, den besten Entschluss meiner Karriere gefasst. Am Ende war ich Pérez auch nicht lange böse. Im Gegenteil: Ich bin Real Madrid und ihm sehr, sehr, sehr dankbar, weil ich so bei Bayern gelandet bin, was das Beste war, was mir in meiner Karriere passieren konnte.«

Auch im Umgang mit sportlichen Aussetzern ist Robben vorbildlich. Es gibt Spieler, die mental nie wieder zu alter Stärke zurückkehren, nachdem sie eine Jahrhundert-Chance ausgelassen haben.

Robben hatte so eine im WM-Finale 2010 in Südafrika, als er nach einem perfekten Pass von Wesley Sneijder alleine auf den spanischen Schlussmann Iker Casillas zu sprintete. Vier Sekunden hatte er Zeit, sich zu überlegen, wohin genau er den Ball ins Tor schieben wolle. Er lief und lief, uneinholbar für die spanischen Verteidiger. 15 Meter, 20 Meter, dann stand er vor Casillas. Doch anstatt den Ball links oder rechts, oben oder unten einzuschieben, traf er Casillas kleinen Zeh – und Spanien und nicht Holland wurde Weltmeister.

Drei Jahre später im Champions-League-Finale gegen Dortmund rannte Arjen allein auf Roman Weidenfeller zu und behielt die Nerven. Mit ganz, ganz viel Gefühl spitzelte er den Ball am Dortmunder Schlussmann vorbei und machte die Bayern zum Sieger.

Selbst nach schwersten Verletzungen kam er immer und immer wieder zurück, jedes Mal noch besser als zuvor.

Im Dezember 2000 hat seine außergewöhnliche Karriere in Groningen begonnen. Über Eindhoven ging es zu Chelsea. Dann über Madrid zu Bayern. Sechsundzwanzig Titel gewann er bis zum Karriereende bei Bayern nach der Saison 2018/19.

Es gab mal eine kurze Zeit, da wurde er als Aleinikow verspottet, weil er angeblich zu egoistisch auf dem Platz und zudem isoliert in der Kabine sei. Journalisten tauften ihn »Mann mit den Glasknochen« wegen seiner Verletzungsanfälligkeit. Robben hat sie alle widerlegt und ist bis heute ein Weltstar. Selbst in Madrid haben sie Jahre später verstanden, dass es falsch war, ihn gehen zu lassen. Zumindest hat das einer der führenden Schreiber über Real, AS-Sportchef Tomás Roncero zugegeben: »Wir haben diesen Spieler dummerweise davonziehen lassen.«

Der Weg zum Superstar ist lang und hart. Der Weg überhaupt zum Profi ebenso. Das Bewusstsein für eine wahnsinnig hohe Eigenmotivation muss wieder und wieder in die Köpfe der Spieler gerufen werden. Und sie müssen bei aller Konkurrenz auch verstehen, dass sie einander brauchen.

Sürme sucht im Laufe einer Vorbereitung immer wieder nach Momenten, um seinen Spielern dieses Bewusstsein nahezubringen. »Man kann so etwas nicht planen. Es muss immer authentisch sein, sonst verpufft die Botschaft«, sagt er.

Als er gerade frisch nach Leipzig gekommen war, fuhr er mit seiner Mannschaft zum Trainingslager im Sportpark Rabensberg. An einem der ersten Tage lieh sich das ganze Team Mountainbikes aus, um zur Abwechslung die 9 Kilometer durchs Erzgebirge zum Freibad Rittersgrün zu fahren. Durch den dichten Wald ging es den Galgenflügel hinunter. Von 911 auf 635 Meter, also insgesamt 288 Höhenmeter bergab. Rasant und ohne großen körperlichen Aufwand schlängelten sich die Fußball-Talente durch den in Fichten, Buchen und Tannen eingebetteten Weg. Von Zeit zu Zeit stoppten diejenigen, die sich abgesetzt hatten, um die etwas Langsameren aufschließen zu lassen. Sürme bemerkte, wie sich die Spieler immer wieder umschauten, um nacheinander zu sehen.

Nach einer halben Stunde war das Freibad erreicht. Reinspringen, ein bisschen planschen, dann hieß es fertig machen für den Rückweg, der die Mannschaft mehr fordern sollte. Denn nach jeder Talfahrt kommt bekanntermaßen die Bergfahrt. Und so mussten nun all die Meter, die es zuvor so locker hinabging, kraftvoll in die andere Richtung überwunden werden. Nahezu ausschließlich bergauf. Immerzu in einem der kleineren Gänge gegen eine Steigung ankämpfen.

Schnell kristallisierten sich mehrere Gruppen heraus, die in unterschiedlichem Tempo fuhren. Ein paar Jungs machten einen Wettbewerb aus dem Aufstieg und bildeten die Ausreißergruppe, die den anderen davonfuhr. Mit jedem weiteren Kilometer zerfiel die Mannschaft in kleinere Gruppen. Am Ende kämpfte allein ein Junge gegen die Tücken seines Fahrrades. Beim Schalten auf die kleinsten Gänge sprang die Kette unregelmäßig über das Ritzelpaket. Also vom ersten Gang plötzlich zurück in den dritten, sodass der Junge durch den ruckartigen Wechsel aus dem Tritt kam und fast vom Rad fiel. Mehrfach wiederholte sich der Schaltfehler und raubte ihm wertvolle Kraft. Dann riss auch noch die Kette.

Als Sürme, der mal vorne mitfuhr, sich dann aber immer wieder auch zurückfallen ließ, beim Letzten ankam, sah er diesen verzweifelt im Moos hocken, das Mountainbike wütend auf die Seite geworfen. »Hier, nimm meins«, sagte er und stellte schnell die Sitzhöhe per Schnellspanner passend. Dann schnappte sich der Trainer das kaputte Rad, nahm es auf die Schulter und stapfte zu Fuß den Weg zurück zum Sportpark.

Die Rückfahrt dauerte für den Großteil der Spieler etwa fünfzig Minuten, ein paar brauchten eine knappe Stunde. Sürme kehrte nach eineinhalb Stunden schweißgebadet und mit Schulterschmerzen zurück. Ein Trainerkollege war ihm irgendwann mit dem Auto entgegengefahren und hatte ihn samt kaputtem Fahrrad für die letzten Kilometer eingesammelt. Sürme duschte und trommelte dann, nachdem er sich überlegt hatte, welche Lektion er aus dieser Geschichte vermitteln wollte, seine Spieler zusammen.

»Wir als Trainerteam haben euch gerade einem Test unterzogen«, begann er seine Ansprache. »Wisst ihr, was für ein Test das war?«, fragte er und schaute in die Runde. Statt Antworten oder zumindest Vermutungen zu bekommen, erntete er lediglich kollektives Kopfschütteln. »Dann erinnert euch mal, wie die Rückfahrt war. Und wie ihr euch verhalten habt, als ihr hier jeweils an der Sportschule angekommen seid. Die ersten haben sich gegenseitig gefeiert. Die, die später kamen, wurden ausgelacht.« Er machte eine kurze Pause und beobachtete, wie sich die Mienen langsam veränderten. Dann setzte er fort: »Als ihr anfangs den Berg runtergefahren seid, habt ihr aufeinander geachtet und gewartet. Man kann auch sagen: Als es gut gelaufen ist, war alles Friede, Freude, Eierkuchen, alle hatten sich lieb und ihr habt wie ein super Team gewirkt. Aber als es bergauf ging, als es anstrengend wurde, als alle wie blöd geschwitzt haben, da hat jeder von euch nur auf sich selber geschaut und überhaupt nicht auf den Nebenmann geachtet, geschweige denn mal zurückgeblickt. Die meisten haben nicht mal mitbekommen, dass einer von euch wegen eines kaputten Rades nicht mehr weiterfahren konnte. Wenn wir nicht mal beim Fahrradfahren als Team bestehen, wie wollen wir dann diese Saison auf dem Spielfeld als Team funktionieren? Wollt ihr mir wirklich erzählen, dass ihr bereit seid, anstrengende Meter nach hinten zu machen, wenn euer Mitspieler einen Zweikampf verloren hat? Dass ihr im Vollsprint zurücklauft, um eurem Verteidiger-Partner zu helfen, ihn durchzusichern und den Zweikampf für ihn mitzugestalten? Wenn wir beim Fahrradfahren nicht mal bestehen, wie sollen wir dann Fußballspiele gestalten? Fakt ist, Stand jetzt: Wenn es darauf ankommt, sind wir kein Team. Wir sind gescheitert.«

Sürme schaute in entsetzte Gesichter. Keiner der Jungs hätte erwartet, dass eine Fahrradtour so viel aussagen könnte. In den darauffolgenden Tagen fertigte Sürme eine Collage mit drei Bildern an. Auf einem lag ein gestürzter Radfahrer am Boden, in den ein anderer hineinfuhr. Darunter hatte Sürme sich für ein Foto entschieden, auf dem ein Fahrer von zwei

Teamkollegen geschoben wurde. Auf dem letzten Bild war eine große Traube von Radfahrern zu sehen, die dicht beieinander fuhren. Zusammen mit dem Team entwickelten Sürme und der Staff einen Hashtag, den sie dick mit einem Edding auf die Collage schrieben: #OneTeamOneFight. Dann unterschrieben alle Spieler darauf, und das Bild wurde in die Kabine gehängt.

»Aber wir haben es nicht nur aufgehängt, damit wir etwas als Team gemacht haben. Sondern es hat uns symbolisch durch die gesamte Saison begleitet. Ich bin immer wieder in Ansprachen darauf eingegangen und habe die Spieler daran erinnert, was wir uns nach Ravensberg versprochen haben.«

Norbert Elgert, der wohl berühmteste und erfolgreichste Nachwuchstrainer Deutschlands, hat in seiner Autobiografie *»Gib alles – nur nie auf«* über die Vielschichtigkeit seines Trainer-Jobs geschrieben: »Ich bin wie ein Diamantenschleifer, der mit seiner Handwerkskunst dafür zu sorgen hat, dass ein Rohdiamant nach aufwendiger Verarbeitung sein unnachahmliches Funkeln entfaltet. Um das zu gewährleisten, muss ich viel mehr sein als nur ein Trainer. Dafür reicht es nicht aus, sich immer neue Trainingsformen zu überlegen. Mal Rondo spielen zu lassen, mal das Gegenpressing oder den Abschluss zu verbessern. Damit die Diamanten zum Funkeln kommen, muss ein guter Coach unter anderem auch ein guter Zuhörer sein, ein detaillierter Beobachter und auch ein begeisternder Motivator. Wir müssen nicht nur den Fußballer weiterbringen, sondern auch den Menschen dahinter. Denn wir Ausbilder bilden nicht nur künftige Profis für den Fußball aus.

Sondern auch Profis fürs Leben. Unser Anspruch ist es, den Kopf der Jungs mindestens genauso intensiv zu trainieren wie ihre Füße.«

Sürme hospitierte bei Elgert, durfte ihm hautnah über die Schultern schauen und bekam Einblicke mit, wie sie nur ganz wenige Menschen erhalten. Sein erster Tag, Ende April 2019, war nach einem Meisterschaftsspiel, in dem Schalkes U19 gegen Oberhausen nicht über ein torloses Unentschieden hinausgekommen war. Die Mannschaft rutschte damit von Rang zwei auf drei, die Teilnahme an der Endrunde um die Deutsche Meisterschaft war in Gefahr.

Elgert rief seine Mannschaft am nächsten Tag zu einem Kreis zusammen. »Ich hätte eigentlich gedacht«, sagte Sürme, »dass die Stimmung extrem angespannt wäre. Doch dann tat Elgert etwas, womit ich nicht gerechnet hätte.«

Das Schalker Urgestein sprach allgemein zur Mannschaft und fragte: »Gibt es einen Spieler unter euch, der einem Mitspieler etwas Positives über seine gestrige Leistung mitteilen möchte?«

Malick Thiaw meldete sich und sagte etwas an Levent Mercan gerichtet. Als Mercan hörte, wie sein Mitspieler ihn lobte, begann er zu strahlen. Seine Körperhaltung veränderte sich. Es tat ihm gut und half, das Selbstvertrauen wieder zu stärken. In den nächsten beiden Spielen gegen Paderborn und Bochum bereitete Mercan ein Tor vor und machte zwei selber. Schalke wurde Erster und erreichte die Endrunde.

»Ein Großteil dessen, was man jeden Tag aufnimmt, ist negativ«, erklärte Elgert Sürme später, als sie stundenlang zusammensaßen und über Fußball philosophierten. »Ich meine mal gehört zu haben, es sind 70 Prozent aller Nachrichten.«

Elgert selbst nutzt daher für sich die Autosuggestion, wie er Sürme erzählte. »Wenn die ganze Welt uns nicht positiv beeinflusst, dann müssen wir es wohl selber machen. Schließlich ist der Mensch, mit dem man sich am Tag am häufigsten unterhält, man selbst. Dementsprechend ist es doch logisch, dass es extremen Einfluss auf uns selbst hat, wie wir mit uns sprechen. Wenn du den ganzen Tag nur negativ mit dir sprichst, kannst du nicht positiv gestimmt durchs Leben gehen! Wenn ich mir den ganzen Tag einrede, was für eine Pfeife ich bin, darf ich mich nicht wundern, wenn ich mich auch wie eine Pfeife verhalte. Alles, was wir selber sagen, hören auch unsere Ohren. Deshalb ist es so wichtig, dass wir größtenteils aufbauend mit uns sprechen. Ich sage mir immer: ›Sei selbst dein bester Cheerleader.‹«

Im Falle von Mercan und Thiaw funktioniere es aber auch, dass der eine Cheerleader für den anderen sei, ihm Mut zuspreche und ihn an seine Stärken erinnere.

Elgert und Sürme diskutierten vor allem darüber, wie man Talente aus ihrer Komfortzone holen könne, über den Unterschied zwischen dynamisch und statisch denkenden Menschen.

Ein paar Monate nach seiner Hospitation schrieb Sürme Elgert einen Brief, indem es hieß: »Du warst genau die Bereicherung und Bestätigung für mich, meinen Weg weiterzugehen. Ich kopiere dich keinesfalls, aber ich übersetze und transportiere viele deiner Ansichten und Ratschläge in meine Welt, um letztlich immer noch ›Ich‹ zu bleiben.«

Sürme hatte vor seiner Begegnung mit Elgert, aber nachher noch viel mehr, verstanden, wie viel mehr dazugehört, ein herausragender Trainer zu sein. Dass er eben weit mehr können muss, als nur Trainingsinhalte vermitteln, Techniken verbessern und auf jeden Spieler individuell eingehen.

Bei einem Hallenturnier in Ilshoven nahe Schwäbisch Hall lenkte er den stärksten Fokus auf die Kommunikation der Spieler. »Bei den meisten Nachwuchsmannschaften ist es schwer, diese reinzubekommen. Die meisten Spieler sind zu ruhig, trauen sich noch nicht, lautstark und vor allem klar ihre Mitspieler zu coachen. Deshalb haben wir das Turnier genutzt, weil gerade beim Tempo des Hallenfußballs eine gute Kommunikation wichtig ist.«

Oder um es mit den Worten von Elgert zu sagen: »Fußballspieler müssen auf dem Platz ständig sprechen, sich permanent gegenseitig coachen und Anweisungen geben. Es gibt eine provokante Aussage von mir, die die meisten, die meine Ausbildung durchlaufen haben, von mir gehört haben: ›Männer, wenn ihr nicht reden wollt, dann geht zu den Fischen ins Aquarium. Da könnt ihr die Schnauze halten. Aber auf dem Platz geht das nicht.‹«

Ilshoven und ein weiteres Turnier in der darauffolgenden Woche wurden unter das Motto #ZehnCoachesmüsstihrsein gestellt. Und Sürme erklärte seiner Mannschaft vorab: »Heute steht alles unter dem Stichwort Kommunikation. Heute möchte ich zehn Coaches auf dem Platz sehen. Zehn Trainer müsst ihr sein. Ihr wechselt euch selber ein und aus. Wir geben euch nur vor, wer offensiv und wer defensiv ausgerichtet ist. Wie ihr wechselt, in welchen Blöcken, das bestimmt ihr selber.

Ihr müsst lernen, euch untereinander immer wieder Feedback zu geben. Im Spiel, vor dem Spiel, danach.«

Dann erklärte er, wie Feedback funktioniere und wie wichtig es sei, es sich anzuhören, anzunehmen und nicht auszuflippen.

Schließlich überließ er seinem Co-Trainer Benedikt Seipel das Wort.

»Wir haben vor Kurzem mal über Immanuel Kant gesprochen. Ihr wisst, dass er ein Aufklärer war. Der sagte einen berühmten Satz, nämlich: ›Hab Mut, dich deines eigenen Verstandes zu bedienen.‹ Wir möchten das bei diesem Turnier ummünzen in: ›Hab Mut, dich deiner eigenen Stimme zu bedienen.‹ Habt den Mut, dem Mitspieler ein Feedback zu geben. Der Mitspieler muss bereit sein, es zu empfangen. Wir müssen mehr reden.«

Die letzten Worte der Ansprache übernahm Sürme dann wieder selbst: »Wir haben einige Spieler in den Reihen, denen es wichtig ist, mündige Spieler zu werden. Das habt ihr uns in den Spielergesprächen vermittelt. Wenn es drauf ankommt auf dem Platz, muss etwas gesagt werden. Sonst ist es unterlassene Hilfeleistung.«

Im ersten Spiel ging es gegen die U15 von Borussia Dortmund. Fünf Spieler auf dem Platz, fünf an der Bande. Draußen blühten die Jungs auf, diskutierten untereinander wild, jeder versuchte bestmöglich zu coachen. Passwege wurden besprochen, das Freilaufverhalten hinterfragt. »Inhaltlich«, regte Sürme nach ein paar Minuten an, »macht ihr das super. Aber wer bräuchte eigentlich diese Info jetzt sofort und viel dringender als ihr hier untereinander?«

Die Spieler verstanden sofort, worauf Sürme anspielte, und gingen dazu über, ihre Mitspieler auf dem Feld zu coachen.

Dortmund wurde geschlagen, dann der Gastgeber TSV Ilshofen, schließlich Köln, Frankfurt und der HSV. Lediglich gegen Bayern München gab es in der Vorrunde eine Niederlage. Im Spiel um Platz drei allerdings machte es die sich selbst coachende Mannschaft dann besser und besiegte die Jugend des deutschen Rekordmeisters. »In der anschließenden Rückrunde hatten wir eine überragende Kommunikation untereinander«, resümiert Sürme.

Während des Hallenturniers in Ilshoven lernte Sürme selbst allerdings erneut eine wichtige Lektion in Sachen Eltern-Kommunikation.

Nach der Vorrunden-Niederlage gegen Bayern wollte er gerade die Umkleide verlassen, als er einen seiner Spieler dort hocken sah, der so gar keine Anstalten machte, die Kabine zu verlassen. Obwohl außer dem Trainer und ihm niemand mehr da war, trödelte er noch rum und kramte sinnfrei in seiner Tasche rum, einfach um so zu tun, als sei er beschäftigt.

»Willst du gar nicht raus?«, fragte Sürme? »Bedrückt dich etwas?«

Erst als der Spieler merkte, dass Sürme nicht lockerlassen würde, rückte er mit dem Problem raus. »Ach, da oben hocken meine Eltern. Da muss ich mir wieder anhören, was ich nicht so gut gemacht habe. Das nervt voll.«

Sürme ließen diese Worte nicht los. Er sprach mit seinem Staff und dem Mannschafts-Psychologen und entwickelte klare Handlungsempfehlungen für Eltern, insbesondere nachdem es einen zweiten Eltern-Vorfall gab, der ihn wütend machte.

»Wenige Monate später kam ein Vater zu mir und forderte ein Gespräch ein. Er hatte seinen Laptop mitgebracht, den er aufbaute und auf dem er eine Power-Point-Präsentation vorbereitet hatte. Anhand dieser wollte er uns erklären, wie er sich die nächsten Schritte seines Sohnes vorstellte.«

Der Vater, der auch eine Soccer-Halle anmietete, damit sein Sohn dort in der Freizeit noch weitere Trainingseinheiten absolvieren konnte, hatte einen Fünf-Stufen-Plan entworfen, mit dem er Sürme nun konfrontierte.

Auf einer Folie dieser Präsentation waren Namen und Daten aufgelistet. Unter anderem der von Lionel Messi, der im Alter von siebzehn Jahren, drei Monaten und zweiundzwanzig Tagen im Oktober 2004 beim Spiel gegen Espanyol Barcelona debütierte. Ansu Fati stand ebenso darauf, der mit sechzehn Jahren, neun Monaten und fünfundzwanzig Tagen sogar noch jünger bei seinem ersten Einsatz gewesen war als der argentinische Weltstar.

Sein Sohn, so forderte er von Sürme, müsse ebenfalls in etwa diesem Alter seine ersten Profi-Einsätze bekommen.

»Das Traurigste an diesem Termin war«, sagt Sürme, »dass der Junge nicht mal dabei war. Der hatte wahrscheinlich keine Ahnung von den Plänen seines Vaters, geschweige denn ein Mitspracherecht.«

Pro Jahrgang, da ist sich Sürme sicher, »hast du einen Spieler, wo es die Eltern komplett versauen. Ich hatte schon so oft Spieler bei mir, die sich direkt oder indirekt über ihre Eltern beschwert haben. Die sagten: Ich muss mit siebzehn Jahren

Profi werden. Meine Eltern rechnen mir vor, wie viel Zeit und Geld sie in mich investiert haben ...«

Sürme weiß, dass er auch mit dieser Aussage anecken wird. »Aber nur mit deutlichen Botschaften kann man Eltern wachrütteln und ihr Bewusstsein schärfen.«

Er würde sich wünschen, dass Eltern »mal ihre Kinder fragen, welche Rolle sie einnehmen sollen. Es wäre so wichtig, dass Kinder die Chance bekommen, ihre Bedürfnisse zu äußern.«

Sürme ist überzeugt, dass zahlreiche Eltern »sehr überrascht« wären. »Sie machen ja vieles nicht aus Boshaftigkeit. Sie wollen ja das Beste für ihr Kind. Aber manche Verhaltensmuster stehen dem Kind im Weg. Zum Beispiel, dass Eltern meinen, es sei gut, grundsätzlich das Spiel mit ihnen zu besprechen. Der Wunsch des Kindes ist aber vielleicht ganz anders. Den Eltern muss bewusst sein, dass ihre Bewertung der Leistung einen erheblichen Einfluss auf die Entwicklung des eigenen Kindes hat. Je unrealistischer sie die Leistung bewerten, desto schwieriger wird die tatsächliche Entwicklung.«

Eltern sollten sich damit beschäftigen, wie sie ihr eigenes Verhalten am Platz wahrnehmen. Und dann ihr Kind fragen, wie es das Verhalten der Eltern wahrnimmt. »Diese Gespräche müssen stattfinden.«

Er wisse, vor allem, weil er selbst Vater ist, wie viel er damit von Eltern verlange. »Meine dringlichsten Tipps an sie lauten: Eltern sollten ihren Kindern nie suggerieren: ›Ich mag dich immer dann, wenn du Erfolg hast.‹ Die Leistung darf nicht von Sieg oder Niederlage abhängen. Liebe hängt nicht von

Toren ab. Eltern steht es nicht zu, Druck aufzubauen. Sie sollen die Jungs von A nach B fahren. Sie finanziell unterstützen. Und darauf achten, dass die Einstellung nicht nachlässt. Sie sollen ihr Kind davon überzeugen, Gas zu geben. In Sachen Einstellung, Werte und Wille sollen und müssen sie ihre Kinder fördern und pushen. Insbesondere sobald sie merken, dass das Kind weniger macht. Natürlich dürfen und sollen sie auch anfeuern bei Wettkämpfen. Was Eltern darüber hinaus aber auf gar keinen Fall machen sollen: technisch, taktisch und fachlich mitreden.«

Das würde nämlich permanent zu völligen Fehleinschätzungen führen. Vor allem dann, wenn noch Misserfolg beim eigenen Kind hinzukommt.

»Oftmals werden dann Ausreden erfunden, die niemanden weiterbringen. Dann heißt es plötzlich bei den Eltern von torlosen Stürmern: ›Mein Sohn schießt keine Tore, weil er ja keine Bälle bekommt. Da kann er ja nichts für.‹ Oder: ›Er ist halt kein Egoist, sondern spielt die Bälle immer quer und legt für andere auf.‹ Wenn ein Junge diese Ausreden stundenlang im Auto seiner Eltern auf der Heimfahrt hört, glaubt er sie irgendwann, statt an den wirklichen Ursachen seiner momentan Abschlussschwäche zu arbeiten. Er beginnt womöglich sogar, an der Beurteilung seines Trainers zu zweifeln.«

Eltern-Arbeit sei daher, sagt Sürme, »mit die wichtigste Arbeit an einem Nachwuchsleistungzentrum«. Früher habe er auch gedacht, es sei am einfachsten, Eltern so weit wie möglich von einem Leistungszentrum fernzuhalten, um Ruhe zu haben. »Inzwischen würde ich sie aber so nah wie möglich ranholen, damit sie noch mehr ins Boot geholt werden. Ich würde noch mehr Elternabende veranstalten, um im regelmäßigen Austausch zu bleiben. Und ich würde einen Eltern-Coach einstellen, also eine neutrale Person, jemanden, der weder die Trainer-, noch die Eltern-Brille trägt. Der wie ein Anwalt in schwierigen Situationen für beide Seiten ist.«

In seiner Berufung, die Talentförderung noch weiter zu optimieren, hat sich Sürme noch mehr Gedanken gemacht und Vorschläge erarbeitet, die dem Nachwuchs zugutekommen könnten. So würde er etwa gängige Begrifflichkeiten ändern. »Ich finde die Bezeichnungen ›Reserve-Team‹, ›Amateure‹ oder ›zweite Mannschaft‹ völlig falsch. Die sind viel zu negativ behaftet. Wer hat denn Lust, im Reserve-Team zu spielen? Wer hat Lust, bei den Amateuren zu spielen? Wer will Spieler einer zweiten Mannschaft sein? Wenn man es als Zukunfts-Team bezeichnen würde, klingt es ganz anders. Man braucht doch nur eine positive Begrifflichkeit, dann kann man den Spielern es auch besser verkaufen, Teil dieser Mannschaft zu sein. Weil man allein durch die Begrifflichkeit vermittelt: Ich habe mit dir etwas vor.«

Ab der Altersstufe U17 würde Sürme in Nachwuchsleistungszentren einführen, dass Spieler einen Trainerschein machen müssen. »Die Spieler erleben dadurch einen Perspektivwechsel. Sie lernen, aus einem anderen Blickwinkel auf die Arbeit von Trainern zu schauen. Das hilft ihnen, Trainer besser zu verstehen. Gerade einem Führungsspieler kann das viel geben. Der denkt noch mehr im Training mit.«

Kapitel 3

Martin Heck

Gespannt hockt die Mannschaft von Stefan Ruthenbeck abseits des Platzes im Schatten in einem Halbkreis. Die Sonne knallt an diesem letzten Julitag bereits morgens um elf Uhr erbarmungslos vom Himmel. Die Jungs warten darauf, dass Jona Schwarz, der Sportpsychologe der Kölner U19, das Wort ergreift. Doch noch kämpft er ein wenig mit dem Wind, der die aufgebaute Leinwand immer wieder verschiebt. Mit zwei Hütchen klemmt er sie schließlich ein, und der Film, den er vorbereitet hat, kann beginnen.

Die Kölner Nachwuchsspieler sehen einen Mann, wie er beim London-Marathon über den Asphalt fliegt. Auch nach über 40 Kilometern rauscht er nur so an den Zuschauern vorbei. Die Leichtigkeit, mit der seine neongrünen Nike-Schuhe den Boden touchieren, erscheint unwirklich, insbesondere angesichts des vorgeführten Rhythmus.

Eliud Kipchoge, so heißt der Mann, rennt und rennt und rennt. Im Hintergrund mal die Themse, mal die sogenannte Gurke, das 180 Meter hohe Bürogebäude von Star-Architekt Lord Norman Foster, das seinen Spitznamen wegen seiner elliptischen Form bekam. Vorm Buckingham Palace fliegt Kipchoge nach 2:02:37 Stunden ins Ziel.

2008 hat der Äthiopier Haile Gebrselassie den Weltrekord unter 2:04 Stunden gedrückt. Sechs Jahre später verbesserte ihn der Kenianer Dennis Kimetto schon auf 2:02:57. Eliud Kipchoge ist noch ein bisschen schneller als sie.

Der Film stoppt kurz, und Jona Schwarz startet einen Beitrag, der erklärt, wie Eliud Kipchoge, der vermeintliche Einzelkämpfer, zum schnellsten Läufer der Welt wurde.

Der Psychologe hat sich viele Gedanken über das gemacht, was er den Jungs präsentiert. Er weiß ganz genau, dass man sehr vorsichtig sein muss, wenn man bei ihnen Beispiele und Metaphern einsetzt.

Der Film, den er heute Marvin Obuz, Yusuf Örnek und all den anderen zeigt, ist keiner dieser platten Motivationsfilme. Die Bildsprache ist ruhig und sachlich. Die Szenen sind nicht mit effekthascherischen Beats unterlegt.

Er weiß zudem genau, dass er Spielern einer U19 eine andere Botschaft vermitteln muss als etwa einer U17.

Eine Botschaft à la »Wir sind ein Team, wir müssen uns alle liebhaben« wäre in dieser Altersgruppe deplatziert. Diese jungen Spieler richten den Blick alle auf sich selbst. Deshalb ist es Schwarz' Ziel, den Talenten, die auf dem Sprung nach oben sind, zu vermitteln: »Jeder hat sein eigenes Ziel. Aber ihr braucht euch gegenseitig, um dort anzukommen. Auch wenn jeder seinen eigenen Weg geht, gehen wir ein Stück dieses Weges gemeinsam.« Das soll das Video transportieren.

Der Film zeigt dementsprechend, wie sich Eliud Kipchoge vor einem großen Rennen vorbereitet, sich in die größtmögliche Einfachheit zurückzieht. Im Trainingscamp in der kenianischen Hochebene klingelt sein Wecker morgens um fünf Uhr. Während sich die Nacht in ein violett-rotes Morgengrauen verwandelt, preschen Kipchoge und ein Dutzend Trainingspartner mal über eine Aschenbahn, mal auf matschigen braunen Pfaden oder durch Wälder, die in der Regenzeit tiefgrün gefärbt sind.

Wenn mal nicht gelaufen wird, hilft jeder Athlet bei der Hausarbeit im Camp. Selbstverständlich wischt auch Kipchoge, obwohl er bereits Multimillionär ist, den Flur feucht durch oder putzt die Toiletten.

In seinem Zimmer, in dem der Weltrekordler während der Vorbereitung wohnt, hängt neben Familienfotos ein Spruch des brasilianischen Schriftstellers Paulo Coelho: »Wenn du erfolgreich sein möchtest, musst du eine Regel befolgen: Belüge dich niemals selbst.«

Es ist zu sehen, wie sich Kipchoge bei all seinen Mannschaftskameraden bedankt: »Ohne euch hätte ich nie den Weltrekord laufen können.« In dem Moment, in dem man viel Energie habe und jemand anders nur über eine kleine Menge Energie verfüge, treibt man sich gegenseitig an. »Am Ende erreichen so alle mehr, als wenn man es allein versucht hätte. Ohne mein Team kann ich nicht gut trainieren.« Und er sagt: »Ein Prozent des Teams ist wichtiger als hundert Prozent des Einzelnen.«

Die Botschaft kommt an. Gut sogar. Sie wird viele der Jungen gedanklich durch die Saison begleiten.

Unter den Zuhörern dieser Auftaktbesprechung ist auch ein Mann, der mit Obuz und Örnek und einigen anderen, die jetzt hier versammelt sind, einen Sommer zuvor etwas Besonderes geschafft hat: den Gewinn der Deutschen B-Jugend-Meister-schaft.

Martin Heck war ihr Trainer. Eigentlich hat er heute frei, doch er ist trotzdem am Platz, um den Auftakt seiner ehemaligen Jungs unter Ruthenbeck mitzuerleben.

Der Titel, den er mit ihnen gewonnen hat, darf man, so versichert er, »null überbewerten. Er ist für einen Augenblick wertvoll. Die Geschichte bleibt mit Sicherheit lange in den Köpfen der Jungs gespeichert. Davon kann man zehren, sich in schweren Momenten Kraft holen. Das dient der Motivation. Der Gewinn einer Deutschen Meisterschaft in der B-Jugend sagt aber nichts darüber aus, ob jemand letztlich Profi wird oder nicht.«

Es sei nie geplant gewesen, sagt Heck, überhaupt um diesen Titel mitzuspielen. Das habe sich im Laufe der Saison irgendwann einfach ergeben. In der Hinrunde hatten die Kölner zwölf von sechzehn Spielen gewonnen, waren Zweiter. Ihr Rechtsaußen, Tim Lemperle, traf fast nach Belieben. Elf Tore und drei Vorlagen hatte er zum Erfolg beigetragen. Im Nachwuchsleistungszentrum des FC entschied man sich, um ihn entsprechend zu fördern, Lemperle frühzeitig in die U19 hochzuziehen.

Es gibt Trainer, die sich gegen solche Entscheidungen wehren. Die ihr persönliches Abschneiden über die Weiterentwicklung eines Talents stellen. Heck gehört nicht in diese Gruppe. Er stimmte vollends zu, wohl wissend, dass es schwer sein würde, Lemperle zu ersetzen.

Vor dem ersten Rückrunden-Spiel kam zudem noch großes Verletzungspech hinzu. Mit nur elf Jungs fand das

Abschluss-Training am Freitagabend statt. Am Samstag dann, beim Aufwärmen am Sportplatz Hiltroper Straße in Bochum, gab es den nächsten Rückschlag für Heck und seine Mannschaft. Weil die Sonne im Winter extrem kräftig war und die Temperaturen im Januar und Februar vielerorts zweistellig, erreichte die Pollen-Belastung der Frühblüher Hasel und Erle Rekordwerte. Als Heck die Kabine betrat, sah er reihenweise in gerötete und tränende Augen. Der Heuschnupfen hatte zugeschlagen.

Nach siebenundzwanzig Minuten lag seine Mannschaft schon 0:1 hinten. Ein Auftakt, wie er schlimmer nicht hätte sein können. Doch Heck blieb ruhig.

Als er 2015 und 2016 die zweite Mannschaft der Kölner trainierte, neigte er anfangs dazu, zu viel Einfluss aufs Spiel ausüben zu wollen. »Ich habe früher Spielern, die aufs Tor zugelaufen sind, zugerufen: ›Spielt quer!‹ Oder habe meinem Innenverteidiger gesagt, er solle ins Zentrum spielen. Ich habe zu der Zeit viel zu oft versucht, Einfluss auf den Moment zu nehmen, anstatt den Moment im Nachhinein zu reflektieren. Ich habe meinen Spielern wichtige Entscheidungen weggenommen, anstatt sie diese selber treffen zu lassen. Dabei dürfen wir Trainer nicht die Entscheidungen wegnehmen. Wir wollen doch Spieler ausbilden, die selber in der Lage sind, Entscheidungen zu treffen. Profis treffen Entscheidungen. Und das müssen sie irgendwann lernen.

Das ist genau das Gleiche, wenn ich meinen Jungs sage: ›Ihr dürft Fehler machen.‹ Aber dann scheiße ich sie zusammen, wenn sie ihnen unterlaufen – dann bin ich doch nicht ehrlich!

Oder wenn ich sie dazu ermutigen möchte, den schwachen Fuß zu benutzen, dann darf ich sie nicht anranzen, wenn sie den Ball fünfmal ins Aus spielen. Du musst Entscheidungen treffen dürfen als junger Spieler. Du musst Fehler machen dürfen als junger Spieler. Nur so lernst du, was richtig und falsch ist.«

Die Jungs aus der Kölner U17 kämpften, wehrten sich gegen weitere Gegentreffer. Heck ließ sie ihre Erfahrungen sammeln. Kurz bevor er zur Halbzeit in die Kabine ging, musste er an Rafael Nadal denken, den spanischen Tennis-Profi, der nach dem Ausscheiden bei einem Grand-Slam-Turnier sagte: »Der Wind ist nicht schuld, der Gegner ist nicht schuld, dass ich verloren habe. Ich bin schuld. Aber ich bin auch schuld, wenn ich gewonnen habe.«

Entsprechend hielt er in der Kabine eine kurze, auf den ersten Blick lapidare Ansprache, ohne auf den Pollenflug einzugehen oder auf das Fehlen einiger Top-Spieler:

»Ey, Männer, ich kann euch nichts vorwerfen. Spielt euer Spiel. Ihr macht es gut. Lasst uns rausgehen und ein bisschen Fußball spielen. Dann gewinnen wir.«

Daniel Adamczyk, der Torwart, klatschte lautstark mit seinen Torwarthandschuhen. Irgendwer drehte die Musik an und begann zu tanzen. Wie von Zauberhand verwandelte sich die Stimmung in der Kabine – trotz Erschöpfung und frustrierendem Rückstand.

Heck, der aus der Voreifel kommt, einer dicht bewaldeten Gegend, vergleicht seinen Job gerne mit dem eines Försters. »Der Förster muss jeden Baum einzeln betrachten. Du hast verschiedene Bäume. Die sind nicht alle gleich groß. Nicht gleich kräftig. Der Wald steht für die Mannschaft, die unterschiedlichen Rollen, die Spieler einnehmen. Der eine ist Führungsspieler, wie ein großer, stabiler Baum. Darunter wachsen die Kaderspieler, also kleinere Büsche. Die verschiedenen Pflanzen stehen für die verschiedenen Rollen. Pflanzen kommunizieren unter der Erde, über die Wurzeln – das könnte bei einer Mannschaft die Kabine sein. Ein geschlossener Raum, wo du als Trainer keinen Zugriff drauf hast.«

Ein Abstiegskampf, führt Heck seine Metapher, die ihm beim Lehrgang zum Fußball-Lehrer viel Lob einbrachte, weiter aus, sei wie ein Sturm, »der durch den Wald fegt. Da brauchst du auch einen Baum, der sich dem Ganzen in den Weg stellt, damit die kleinen Bäume dahinter nicht wegknicken und geschützt sind. Wenn alles gleich wäre, würde der Wind durchziehen oder alles plattmachen.«

Ein Wald mit seinen Pflanzen habe genauso wie eine Fußballmannschaft Grundbedürfnisse, erklärt Heck. »Ein Wald braucht Licht und Wasser. Jeder Baum, egal wie groß oder klein, egal welche Art.«

Zum Wasser gehörten zum Beispiel, übertragen auf die Fußballmannschaft, »die Spielidee, der Inhalt, das Training, die medizinische Betreuung, die Logistik und die Software, also der Trainer. Die elementaren Dinge, die ein Spieler von seinem Verein zu erwarten hat und die jedem zustehen.«

Das Licht stehe »für Aufmerksamkeit – sei es von der Öffentlichkeit und auch aus dem Verein heraus – und für Wertschätzung und Akzeptanz. Dass du als Trainer jeden Spieler so nimmst, wie er ist. Und nicht versuchst, ihn in eine Form zu pressen. Wenn ein Baum so eine große Krone bekommt, dass darunter kein Licht mehr ankommt, dann muss der Förster reagieren. Dann muss er womöglich einen Ast wegschneiden, damit der Baum darunter auch Licht bekommt. Er muss darauf achten, ob irgendwo Borkenkäfer hocken und am Baum knabbern.«

Die Forstschädlinge seien zum Beispiel Medien, die allzu kritisch mit einem Spieler umgehen und ihn mürbemachen. Oder auch Vertragsverhandlungen, die stocken und den Spieler zu einem temporären Stinkstiefel machen.

Ziel des Försters und damit auch Hecks Ziel als Trainer sei es, dass sein Wald es schaffe, nach entsprechender Vorbereitung selbst aufeinander aufzupassen und sich untereinander zu schützen. »Die kleinen Pflanzen schützen den Baum, dass nicht dran genagt wird. Sie helfen ihm mit ihrem kleinteiligen Wurzelsystem, Wasser zu speichern und den Boden zu festigen. Der Wald passt aufeinander auf. Er bereinigt sich auch von alleine. Wenn da ein großer morscher Baum ist, knickt der um. Wird umgesetzt und hilft damit auch wieder, dass die anderen besser wachsen können, durch freigesetzte Nährstoffe. Das muss der Trainer auch schaffen. Wenn du deine Spielidee, deine Werte, deine Prinzipien verständlich und begreifbar vermittelt hast, dann musst du nicht jeden Tag in die Kabine gehen, musst es nicht ständig wiederholen. Du musst vielleicht ab und zu die Jungs mal in die richtige Richtung schubsen, mehr aber auch nicht.«

In Bochum am Sportplatz, anlässlich der Deutschen Meisterschaft, musste Heck niemanden schubsen. Mehr als ein halbes Jahr lang hatte er seine Werte und Prinzipien bereits vermittelt, hatte seiner Mannschaft sein Rollenverständnis eines Teams begreifbar gemacht. Also vertraute der Förster seinem Wald und ließ ihn im Großen und Ganzen machen.

Gleich nach dem Wiederanpfiff gelang es der Mannschaft, das Spiel zu drehen. Binnen vierundzwanzig Minuten wurden vier Tore erzielt, Bochum wurde trotz aller Widrigkeiten geschlagen.

In der darauffolgenden Woche wurde Unterrath mit 9:0 abgefertigt, schließlich Hennef und Gladbach besiegt. Ende April war die Mannschaft nach weiteren drei Siegen bei nur einer Niederlage souverän Zweiter, ein einziger Punkt fehlte aus den verbleibenden beiden Spielen für die Teilnahme um die Endrunde zur Deutschen Meisterschaft. Plötzlich wurde das nie Angepeilte möglich, war in greifbarer Nähe. Der Titelgewinn, den Heck bis dahin schon deshalb nicht thematisiert hatte, weil es gar nicht in seinem Kopf war, wurde bei den Spielern präsenter und raubte ihnen die bisherige Lockerheit.

Bereits nach einer Minute lagen die Kölner gegen Düsseldorf hinten. Dann verballerte die Mannschaft von Heck Großchancen en masse, fünfzehn an der Zahl, beziehungsweise scheiterte am überragenden Düsseldorfer Schlussmann Dennis-Adam Gorka. Mit 1:2 wurde das Spiel schließlich verloren, der fehlende Punkt verpasst. »Man hat den Jungs angemerkt, dass sie die Chance auf den Titel beschäftigte. Dass sie viel nervöser waren. Ich wollte ihnen diesen Druck aber nicht nehmen, indem ich das thematisiere. Ich wollte sie durch diese Drucksituation gehen lassen, weil genau diese Erfahrungen Gold wert sein können«, sagt Heck.

59 Punkte hatten die Kölner nun also nach fünfundzwanzig Spieltagen auf ihrem Konto. Leverkusen, der Drittplatzierte und Gegner am letzten Spieltag, hatte 56 Zähler. Einundachtzig Tore hatten die Kölner bisher insgesamt erzielt, neunundsiebzig die Mannschaft von Bayer.

Dann kam es zum Showdown am Kurtekotten, dem Leistungszentrum von Leverkusen. Die Mannschaft von Heck begann stark, erspielte sich in der ersten Halbzeit zwei gute Chancen. Doch Leverkusen nutzte seine erste Möglichkeit zur Führung. Der FC spielte stark weiter, konnte allerdings mehrere gute Chancen nicht nutzen. Zehn Minuten vor dem Ende schlug Phil Kemper von der Mittellinie mit seinem linken Fuß einen gefühlvollen langen Ball in den Kölner Strafraum. Emrehan Gedikli bemerkte, dass Vincent Friedsam ein Stück zu weit vor seinem Kasten stand, und köpfte rückwärts, in hohem Bogen über den Torwart zum 2:0.

Ein weiterer Treffer noch, und Leverkusen würde statt Köln an der Endrunde um die Deutsche Meisterschaft teilnehmen.

»Etwas Geileres kann einer U17-Mannschaft nicht passieren«, sagt Heck heute. »Da entsteht eine Drucksituation, die man nicht simulieren kann. Dafür muss man als Trainer dankbar sein. Die Jungs dürfen kein Tor mehr kassieren. Sie müssen diese zehn Minuten überstehen. Das sind die Momente, die eine Mannschaft und jeden einzelnen Spieler prägen. Das ist ein Zuckerchen. Entsprechend haben sie sich in den letzten Minuten das Herz aus dem Körper gerissen.«

Taktisch ändert Heck für die Schlussphase nichts. »Wenn du dir Spiele anschaust, wo am Ende kein Gegentor mehr fallen darf, machen ganz viele Folgendes: Sie stellen sich hinten rein und versuchen nur noch, die Bälle abzuwehren. Sie verändern ihren Weg. Manchmal funktioniert es, aber es geht auch oft in die Hose. Allein, weil es bewirken kann, dass die Mannschaft auch im Kopf eine Veränderung erfährt. Die Spieler fangen an zu denken: ›Ich darf bloß nichts falsch machen. Bloß weg mit dem Ball.‹ Es kann passieren, dass man sie durch solche Umstellungen zusätzlich verunsichert.«

Stattdessen lief die Mannschaft von Heck weiter gegen die Leverkusener an. In der letzten Spielminute der regulären Spielzeit gab es dann allerdings noch einmal Eckball für die Gastgeber. Die Chance, Köln den K.-o.-Schlag zu versetzen. Auch Torwart Marcel Johnen rückte mit vor und verpasste nur haarscharf die Hereingabe. Aus dem Gewühl heraus landete der abgewehrte Ball dann allerdings bei Kölns Florian Wirtz, dem auf dem Weg zum Anschlusstreffer von Christopher Scott von hinten in die Beine getreten wurde. Platzverweis für den Leverkusener. Drei Minuten später schickte der Schiedsrichter dann auch noch Seymour Fünger (Leverkusen) und Vincent Friedsam (Köln) vom Platz, die sich eine Rangelei geliefert hatten.

Als bereits sechs Minuten über die Zeit gespielt waren, bekam Köln noch eine Riesenchance, alles klarzumachen. Bayer-Torwart Johnen war bereits ausgespielt, Verteidiger Christian Schwieren stand auf der Linie in der Hoffnung irgendwie seinen Körper in den Torschuss zu werfen. Doch Kölns mitgelaufener Sebastian Papalia verzog aus sechs Metern übers Tor.

Dreimal kamen die Leverkusener schließlich noch vors Kölner Tor, ohne allerdings die ganz große Gefahr auszustrahlen.

Dann war endlich Schluss, und der FC feierte trotz einer 0:2 Pleite den Einzug in die Endrunde.

Eine von Hecks Überzeugungen lautet: »Besser werden Spieler von Montag bis Freitag. Und am Samstag wird geschaut, wo die Mannschaft steht.«

Nach den beiden Samstagen Ende Mai und Anfang Juni 2019 wusste Heck nun, trotz der beiden Pleiten, sehr genau, dass seine Mannschaft bereit für die Endrunde war.

Beinah ein Jahr hatte Heck seine Mannschaft vorbereitet und sie in ihrer Entwicklung unterstützt, seine Grundsätze immer fest im Kopf.

Behutsam war er in den ersten Wochen auf sie zugegangen. »Am Anfang einer Saison nehme ich meine neue Mannschaft erst einmal wahr. Wie sind die Jungs? Vor allem: Wie sind sie wirklich? Anfangs wollen die ihrem neuen Trainer ja gefallen. Reden einem meist nach der Schnauze, widersprechen kaum. Anfangs ist noch überhaupt nicht klar, ob sie so ruhig und brav auftreten, weil sie in der Mehrzahl introvertiert sind. Oder ob es dafür andere Gründe gibt. Ich mache quasi – um auf mein Förster-Wald-Bild zurückzukommen – einen Spaziergang durch einen wild wachsenden Wald.«

Heck macht oft beim Kreisspiel mit, macht auch mal Fehler und geht in die Mitte. »So möchte ich sie dazu bekommen, mir gegenüber echt und authentisch zu sein. Ich will und muss einfach wissen: ›Was ist der jeweilige Spieler für eine Person? Wer ist der, der vorne steht, laut redet, auch mal mit dem Trainer diskutiert? Wer hält sich eher raus? Nur dann weiß ich, wie ich mit ihnen umgehen muss. Wer was braucht. Anfangs führe ich auch überhaupt keine geplanten, aufgesetzten Gespräche. Wenn ich Spieler zu mir ins Büro bestelle und die Tür zugeht, kann es passieren, dass sie in eine andere Rolle schlüpfen und sich verändern. Ich möchte vor allem das ehrliche und ungezwungene Kennenlernen. Kurze Gespräche, zum Beispiel wenn wir auf dem Weg von der Kabine raus auf den Platz sind. Aus dem gleichen Grund halte ich ganz zum Anfang auch keine große Ansprache, die umgekehrt zu einer bestimmten Wahrnehmung der Jungs von mir führen würde. Ich beginne eine neue Saison meist, indem ich erst mal die Bälle auf den Platz werfe und nur sage: ›Los geht's.‹«

In diesem Alter, laut Heck die »Vollgas-Pubertät«, gehe es »vor allem um die Entwicklung von Persönlichkeiten. Ich glaube, dass Techniktraining und Willensschulung, das Formen von Persönlichkeit, in der U17 einen sehr, sehr großen Anteil haben muss. Diese drei Komponenten sind wichtiger als die Taktiktafel. Die taktische Schulung darf natürlich nicht untergehen. Man muss den Jungs schon beibringen, was muss man auf seiner Position können, welche Varianten gibt es und was ist wichtig in welchem System gegen den Ball und mit dem Ball. Aber das reicht auch schon. Das ist noch ganz weit von den Anforderungen im Profifußball weg, wo es zum Beispiel heißt: ›Am Wochenende spielen wir gegen Leipzig, die haben die und die Räume, da bereiten wir uns drauf vor.‹ Im Profifußball können alle Jungs entsprechend schnell adaptieren und darauf reagieren, weil sie es langsam gelernt haben. Aber in einer U17 ist es wichtiger, dass man lernt, neun von zehn Flanken scharf vors Tor und nicht dahinter zu schlagen. Dafür hast du im Profifußball keine Zeit mehr.«

Entsprechend seien ihm, sagt Heck, auch »die Gefühle wichtiger als die reine Taktik«. Und er ist in Bezug auf eine U17 überzeugt: »Herz wird Taktik immer schlagen.«

Entsprechend hat er sich auch zur Aufgabe gemacht, »jeden Tag wissen zu wollen, wie es meinem Spieler geht. Es passiert ganz schnell, dass du von einem Spieler verlangst, dass er Vollgas geben soll, aber vergisst, dass er acht Stunden in der Schule saß, wo es nicht läuft. Oder dass die Freundin Schluss gemacht hat oder er einfach so einen Scheißtag hat. Es ist schwer im Fußball, jeden individuell zu betrachten, weil es so viele Spieler gibt. Aber das muss der Anspruch eines jeden Trainers sein. Ich muss meinen Spielern jeden Tag in die Augen schauen, ihnen die Hand geben, sie fragen, wie es geht. Und ich brauche darauf eine ehrliche Antwort. Und kein dahergesagtes, oberflächliches ›gut‹.«

Heck erlaubt seinen Spielern auch ihre »Besonderheiten einzubringen. Ich lasse es zu, dass jemand den Ronaldo-Jubel imitiert, wenn er meint, dass es ihm guttut. Oder dass er sich die Stutzen übers Knie zieht, weil es Jérôme Boateng auch so macht. Ich habe es den Jungs auch nicht verboten, sich hinten Löcher in die Stutzen zu schneiden, weil sie es bei Gareth Bale oder Neymar gesehen haben. Es mag Trainer geben, die solche Sperenzchen untersagen. Aber für mich ist es okay, wenn jemand meint, dass er es braucht. Ich versuche ihnen eigentlich etwas anderes vorzuleben. Und sage ihnen auch, dass es sie nicht zu besseren Fußballern macht. Aber wenn es ihnen hilft, ein gutes Gefühl zu bekommen, akzeptiere ich es.«

Außerdem passe es nicht zueinander, »wenn ich Typen will, aber ihnen Extravaganz verbiete. Jeder soll seine Besonderheit einbringen. Im Falle der zerschnittenen Stutzen bestehe ich lediglich darauf, dass der Spieler sie selber bezahlt und nicht erwartet, dass der Verein die Kosten übernimmt.«

Grundsätzlich hat Heck für sich festgestellt: »Die Mannschaft besteht aus Individuen. Wenn ich ein Individuum verändere, verändere ich die Mannschaft.«

Die wichtigste Lektion, die er in der gemeinsamen Zeit seinen Spieler vermittle, sei, dass Spieler lernen, sich selbst einzuschätzen. »Das ist für mich eines der wichtigsten Kriterien, wenn es darum geht, ob ein Spieler es letztlich zum Profi schafft oder nicht. Die Jungs müssen sich richtig einschätzen können. Sie müssen sich eingestehen, was sie können, aber vor allem auch, was sie eben noch nicht können.«

Lukas Klünter, sagt Heck, sei einer gewesen, der ihm diesbezüglich imponiert hat. »Der wusste immer genau, was er nicht kann. Der hat nichts schöngeredet. Der war immer gerade im Kopf, immer selbstreflektiert. Er hat mich gefragt, ob ich mit ihm an seinen Schwächen arbeiten kann. Es gibt so viele, die vermeintlich mehr Talent haben als ein Lukas Klünter. Aber warum schafft es ein Lukas Klünter? Warum ist er inzwischen Bundesliga-Profi bei Hertha BSC Berlin? Weil er im entscheidenden Moment in der Birne gerade war. Der hat sich auf dem Platz immer zerrissen, um voranzukommen.«

Am Anfang seiner Trainer-Laufbahn hat Heck sich selbst schwergetan, seinen Spielern ehrliches Feedback zu geben. »Da habe ich immer versucht, alles schönzureden. Ich wollte niemanden verletzen und bin daher ausgewichen. Das ist aber totaler Blödsinn, für beide Seiten. Wenn du einem Spieler erzählst, was er vielleicht hören möchte, dann holt dich das als Trainer irgendwann ein. Feedback dient ja nicht dazu, jemanden zu verletzen. Im Gegenteil, Feedback ist elementar, um jemanden voranzubringen. Reflexion muss immer ehrlich sein, auch wenn es sich in dem Moment unangenehm anfühlt. Ich kann als Trainer nicht erwarten, dass Spieler eine realistische Selbsteinschätzung haben, wenn ich keinen ehrlichen Umgang mit ihnen pflege. Es ist nicht schlimm, eine Schwäche zuzugeben. Das Erkennen und Benennen von Schwäche ist letztlich eine Riesenstärke. Zum Lernen gehört es dazu, sich mit sich selbst auseinanderzusetzen – und zwar mit einem Höchstmaß an Ehrlichkeit. Der Schritt zur Selbstwahrnehmung ist entscheidend auf dem Weg nach oben.«

Ralf Rangnick, der, wie es die *Süddeutsche Zeitung* ausgedrückt hat, »den deutschen Fußball in mehr als zwanzig Jahren beeinflusst hat wie nur wenige« und, wenn man so wolle, mit Hoffenheim und Leipzig »zwei Erstligisten erfunden« hat, hinterlegt in seinem Whatsapp-Profil zumeist tiefgründige Lebensweisheiten. Eine Zeit lang stand dort eine Aussage des Sportwagenkönigs Enzo Ferrari, die auf Italienisch tausendmal schöner klingt als in der deutschen Übersetzung: »Sono i sogni a far vivere l'uomo« – es sind Träume, die einen Mann zum Leben erwecken. Später entschied er sich, dort den englischen Aphorismus »I am the master of my fate, I am the captain of my soul«, ursprünglich aus einem Gedicht von Ernest

William Henley und von Nelson Mandela rezitiert, zu platzieren. Übersetzt heißt das: »Ich bin der Meister meines Schicksals, der Kapitän meiner Seele.« Oder ganz einfach: »Jeder ist seines Glückes Schmied.«

Rangnicks Motto wechselt ab und zu. Was bei ihm aber stets Bestand hat, ist eine Talentformel, die er definiert hat und die da lautet: »Angeborene Fähigkeit + erworbene Fähigkeit x Talent der Persönlichkeit = …«

Die Tatsache, dass das Talent der Persönlichkeit, man kann es auch einfacher als Mentalität ausdrücken, multipliziert wird, deckt sich auch mit Hecks Ansichten zur Selbsteinschätzung.

Außerdem hat er für sich als elementar wichtig definiert: »Je früher Spieler lernen, dass sie selbst was tun müssen, desto besser.« Und: »Du musst einem jungen Spieler nicht sagen, was er alles machen muss. Du musst nur erreichen, dass der das alles machen *will*.«

Hecks U17 hatte vieles von seinen Ansichten und Rahmenbedingungen begriffen. Sie hatten gegen Düsseldorf und Leverkusen Erfahrung sammeln dürfen. Nun ging es daran, die nächsten Erkenntnisse, die auf dem Weg zum Profi wichtig sind, mitzunehmen.

»Eines der wichtigsten Themen, die auf einen in einer U17 zukommen, ist das Thema ›Annäherung ans Profi-Dasein‹«, sagt Heck. »Man sollte nicht den Fehler machen und den Profi-Fußball eins zu eins auf den Jugendfußball zu übertragen versuchen. Weder die Anspruchshaltung an die Spieler noch die Rahmenbedingungen drum herum.« Man solle zwar den Jungs den Rahmen bieten, sich in einem guten

Wettkampf-Umfeld zu bewegen. »Das heißt: Sie dürfen dann auch schon mal mit einem großen Bus, ähnlich wie die Profis, zu Auswärtsspielen fahren. Weil man darin schlafen kann und auch entspannter sitzt als in Kleinbussen. Noch dazu ist es sicherer als mit einem fahrenden Trainerteam, das eigentlich schon das Spiel im Kopf hat. Aber insgesamt sollte es wirklich nur eine langsame Annäherung sein und keinesfalls ein komplettes Wohlfühl-Kuschelprogramm.«

Als Köln nun zum Beispiel in der Endrunde um die Deutsche Meisterschaft spielte, fuhren sie die 580 Kilometer mit dem Bus. Niemandem beim FC wäre es in den Sinn gekommen, aufgrund der achtstündigen Anreise als Alternative einen Flieger zu buchen. Es war überhaupt das erste Mal, dass die Mannschaft in dieser Saison bei einem Auswärtsspiel übernachtete. Selbst zu Spielen nach Paderborn und Bielefeld ging es am gleichen Tag hin und zurück, obwohl es pro Weg fast 200 Kilometer Anreise waren.

Als Hecks Mannschaft mit dem Bus auf den Campus von Halbfinalist-Gegner Bayern bog, der 2017 nach zwei Jahren Bauzeit und rund 70 Millionen Euro Kosten eröffnet wurde, zückten viele der FC-Talente ihre Smartphones und fotografierten das beeindruckende Areal.

»So ein Campus ist für uns erst einmal unwirklich. Im Westen gibt es keinen Verein, der eine vergleichbare Anlage hat. Kurtekotten, wo Leverkusen sein Zuhause hat, ist eine super Anlage, aber trotzdem bei Weitem nicht mit dem Campus von Bayern München vergleichbar. Von daher ist es klar, dass die Jungs da Fotos machen und stolz darauf sind, dass sie da spielen dürfen«, sagt Heck.

In der Kabine machte er nichts Ungewöhnliches. Er überhöhte das Spiel nicht, wohl wissend, dass er sein Pulver noch nicht verschießen sollte, schließlich könnte es noch möglich sein, dass er diese eine aufrüttelnde Rede noch brauchen würde.

Einmal, er war U16-Trainer, hat Heck gedacht, er müsse bei einem normalen Liga-Spiel etwas Besonderes in der Kabine veranstalten. Also wählte er die wohl berühmteste Motivationsrede, die Hollywood je geschaffen hat.

Er wählte die Worte, mit denen Al Pacino als Headcoach Tony D'Amato seine Miami Sharks im Kultfilm *An jedem verdammten Sonntag* (Any given Sunday) pushte. Sie lauteten in Auszügen: »In drei Minuten beginnt die größte Schlacht unserer Profilaufbahn. Heute wird sich alles entscheiden. Entweder bestehen wir als ein Team, oder wir zerbrechen Stück für Stück, Spielzug um Spielzug, bis wir am Ende sind. Wir stecken knöcheltief in der Scheiße, Männer, und wir können da hocken bleiben und uns den Arsch aufreißen lassen. Oder wir können uns wieder nach oben kämpfen, ans Licht. Wir können wieder aus dieser Hölle aufsteigen, Stück für Stück nach oben. Nur, ich kann das nicht für euch tun, ich bin zu alt. (…) Sowohl im Leben als auch beim Football ist der Spielraum für Fehler winzig. Ein halber Schritt zu weit oder zu kurz heißt meistens, ihr kriegt den Ball nicht. Nur eine halbe Sekunde zu schnell oder zu langsam, und ihr greift vorbei. Diesen Kleinigkeiten, die so wichtig sind, begegnen wir immerzu. Und zwar in jedem Moment des Spiels, in jeder Minute, in jeder Sekunde. Wir kämpfen hier um jeden Zentimeter. Für ein paar Zentimeter reißen wir uns selbst und jeden, der dazugehört, in Stücke. Wir krallen uns mit den Fingern in die Erde für jeden Zentimeter, weil wir wissen, wenn wir die Zentimeter zusammenzählen, die wir geholt haben, ergibt das am Ende den verdammt wichtigen Unterschied zwischen Gewinnen und Verlieren – mehr noch, zwischen Leben und Tod. (...) Ich kann euch nicht befehlen, es zu tun. Ich kann nur sagen, seht euch den Mann neben euch an, seht in seine Augen, und ich glaube, dann werdet ihr jemand sehen, der genauso denkt wie ihr. Ihr werdet einen Mann sehen, der bereit ist, sich selbst für das Team zu opfern, weil er genau weiß, wenn es drauf ankommt, dann tust du dasselbe für ihn. Das ist ein Team, Gentlemen. Und entweder bestehen wir jetzt als ein Team, oder wir werden untergehen – als Einzelgänger.«

Die Rede, an sich in jedem einzelnen Wort genial, war viel zu viel für fünfzehnjährige Jungs, die einfach nur kicken sollten. Die Spaß am Fußball haben sollten und bei denen es nicht im Geringsten um Leben und Tod ging, sondern lediglich um drei Punkte in der C-Jugend.

Hecks Entscheidung in München war genau richtig. Der Stolz seiner Mannschaft, auf dem Campus der Träume, wie er von Münchner Medien getauft worden war, spielen zu dürfen, hemmte die Truppe nicht im Geringsten. Sie spielte locker auf, mutig, voller Selbstvertrauen. Sie ließ sich in diesem echten Fußball-Stadion, in dem zweieinhalbtausend Zuschauer Platz finden, nicht von der Kulisse beeindrucken. Obgleich Bayern daheim in der Liga nur ein einziges Spiel verloren hatte, bei elf Siegen und einem Unentschieden, erspielte sich Köln zahlreiche Chancen und ging früh durch Jan Thielmann in Führung. Florian Wirtz traf die Latte. Und Bayern dezimierte sich selbst, nachdem Yusuf Kabadayi bereits in der ersten Hälfte nach grobem Foul vom Platz flog.

Nach dem 1:0 im Hinspiel mussten die Bayern nach Köln. Auch für sie war es eine Reise in eine andere Welt. Zwar ist das Trainingsgelände samt Franz-Kremer-Stadion idyllisch im Grünen gelegen, die Kabinen unterhalb der Haupttribüne, in denen sich die Mannschaft von Miroslav Klose umziehen musste, sind allerdings nicht im Ansatz mit denen am FCB-Campus zu vergleichen. Wer die Umkleiden hinter den denkmalgeschützten Mauern betritt, hat vielmehr den Eindruck, zurück in alte Zeiten zu reisen. Zurück in die Siebzigerjahre. Es gibt kaum Fenster, entsprechend stickig ist die Luft. Aus den Abflüssen riecht es muffig. An den Schrägen stößt man sich die Köpfe.

Heck ist es fast ein bisschen unangenehm, dass sich Bayern hier umziehen muss. Als er Klose, den Weltmeister von 2014, draußen bei der Platzbegehung trifft, entschuldigt er sich für die Kabinen – und bekommt vom früheren Torschützenkönig der Bundesliga ein entspanntes Lächeln geschenkt. »Kein Problem«, sagt er. »Meine Spieler fliegen schon so früh so hoch. Es ist ganz gut, dass die das mal sehen.«

Auf dem Platz erlebten die Bayern-Spieler dann einen richtigen Absturz. Nach einem Konter, der in der eigenen Hälfte begann, sprintete Marvin Obuz 50 Meter über den Platz und schob eiskalt unter Manuel Kainz zur Kölner Führung ein. Auch am 2:0 von Joshua Schwirten war er beteiligt. Nach weiteren Treffern von Jan Thielmann und Florian Wirtz war das Finale perfekt.

Der Gegner dort: Borussia Dortmund. Ohne eine einzige Niederlage war die Mannschaft durch die B-Junioren Bundesliga West gerauscht. Hennef schenkte sie zehn Tore ein, Bielefeld sieben, Münster, Duisburg und nochmals Bielefeld je sechs. Insgesamt traf die Mannschaft unglaubliche dreiundneunzig Mal. Allein Youssoufa Moukoko hatte bis zum Finale in dieser Spielzeit fünfzig Tore und neun Vorlagen gemacht, dabei sechs Dreier- und drei Vierer-Packs.

Die deutschen Medien, ganz gleich ob sie Eurosport oder ntv hießen, ob Spox, Welt oder BILD, sie alle wählten keine bescheidenere Umschreibung als »Wunderkind« für Moukoko, was BVB-Kapitän Marco Reus nicht sonderlich erfreute. »Ich glaube, dass wir ihm alle einen großen Gefallen tun würden, wenn wir nicht so viel über ihn reden. Ich würde ihm wünschen, dass er sich ruhig entwickeln kann. So wie ich eigentlich damals. Ich würde mal behaupten, dass es über mich in dem Alter nur ein paar Artikel in Lokalzeitungen gab. Nach meinem Wechsel zu Gladbach, und da war ich immerhin schon zwanzig, hat mein damaliger Trainer Michael Frontzeck, nachdem mich Medien als ›Rakete‹ bezeichneten, getobt, ein Interview-Verbot für mich ausgesprochen und öffentlich gesagt: ›Es prasselt zur Zeit viel auf ihn ein. Marco wird im Laufe seines Fußballer-Lebens noch viele Interviews geben können.‹ Da wurde alles gemacht, um alles um mich herum zu entschleunigen. Wenn Youssoufa heute für unseren Nachwuchs spielt, berichten zehn Medien darüber. Über ihn gibt es bei Youtube unzählige Videos. Ich glaube nicht, dass das in dieser Intensität gut für ihn ist. Wie soll man das in dem Alter verstehen? Ich hätte es damals nicht gekonnt. Ich bin ehrlich gesagt auch froh, dass ich damals noch nicht in die Versuchung von Twitter gekommen bin. Als der Hype kam, war ich immerhin schon Mitte zwanzig – in dem Alter ist das schon einfacher, mit dieser geballten Aufmerksamkeit umzugehen.«

Der Hype um Moukoko, der im November 2020 im Alter von 16 Jahren und einem Tag tatsächlich bei den Profis debütierte, erreichte vor dem Finale neue Dimensionen. Auch für den Rest der Dortmunder Mannschaft und für die Kölner war das Finale in einem bis dato völlig unbekannten Rahmen.

Auf Einladung des DFB übernachtete die Mannschaft im Radisson Blu, also in einer Hotelkategorie deutlich über dem, was sie sonst kannten. Am Abend vor dem Finale gab es ein gemeinsames Bankett, bei dem DFB-Präsident Reinhard Rauball eine kleine Rede hielt. Normalerweise übergibt er Meisterschalen in der Bundesliga, schüttelt Weltstars wie Manuel Neuer dabei die Hand. Auf der Dortmunder VIP-Tribüne sitzt er oft neben BVB-Boss Hans-Joachim Watzke, manchmal sogar ganz nah bei Bundeskanzlerin Angela Merkel.

Nun erinnert er die Finalisten daran, wer schon alles in der Jugend Deutscher Meister geworden ist und wohin diese Reise so manchen geführt hat. Weil Rauball zufällig dabei vor einem Foto von Julian Nagelsmann stand, berichtete er davon, wie der heutige Leipziger-Trainer mit sechsundzwanzig Jahren als jüngster Trainer überhaupt die Hoffenheimer A-Jugend zum Titel gebracht hatte.

Abends saß Heck in seinem Zimmer und grübelte, was er am nächsten Tag zu seiner Mannschaft sagen sollte. Weil ihm kein Geistesblitz kam, legte er sich schlafen und vertagte das Thema Ansprache auf den nächsten Morgen. Doch auch da fiel ihm zunächst nichts Passendes ein. Selbst in dem Moment, als er den Besprechungsraum betrat, in dem seine Spieler bereits warteten, hatte er noch nichts gefunden, was sich eignen würde.

Auf dem Flipchart, der in der Ecke stand, standen drei fette Worte geschrieben: »Frech. Leidenschaft. Spielwitz.« Mehr nicht.

Heck stand da und scannte – es dauerte nur wenige Sekunden – seine Spieler. »Die Jungs haben alle gelacht. Die waren gut drauf. Irgendwie hatte ich das Gefühl, dass das bei Dortmund nicht so ist. Ich weiß nicht, warum, aber ich habe mir vorgestellt, dass da jetzt bestimmt keiner lacht.«

Und auf einmal wusste Heck, was er sagen musste. Er begann: »Wir spielen das Finale um die Deutsche Meisterschaft. Keiner kann euch sagen, was da gleich kommt. Wir fahren in ein vollbesetztes Stadion. Da stehen Kameras. Da sind Zuschauer, die euch zujubeln. Tut mir bitte nur einen Gefallen. Alles was jetzt passiert, nehmt das mit. Ich kann euch nicht den Unterschied zwischen Dortmund und uns sagen – außer einem: Ich glaube, dass wir wollen, und die müssen. Florian Wirtz, ich sage dir nicht: Du musst jetzt raus und ein Tor schießen. Du hast darauf ganz alleine Bock. Du scheißt mich ja schon an, wenn wir eine Minute zu früh aufhören zu trainieren. Und das ist Leidenschaft. Verlieren könnt ihr heute nicht. Ihr könnt euch maximal abfucken, dass ihr das Finale nicht gewonnen habt und Zweiter geworden seid. Aber verlieren könnt ihr heute nicht. Das Einzige, was ihr könnt: Stolz auf das sein, was ihr erreicht habt. Scheißt mal gerade drauf, wie das ausgeht. Seid stolz darauf, was ihr geschafft habt. Geht in dieses Finale, so wie ihr seid. Nicht als angestrengte, nachdenkliche Vögel. Nee, sondern als bekloppte Idioten, wie ihr seid. So haben wir euch gern. So schätzen wir euch. Ich möchte, dass ihr heute die auf dem Platz seid, die wollen, nicht die, die müssen.«

Heck lag mit seiner Vermutung gar nicht weit daneben. Denn nahezu zeitgleich richtete Sebastian Geppert, der Dortmunder Trainer, wie man in der Youtube-Dokumentation *Dreamchasers* nachschauen kann, folgende Worte an seine Mannschaft: »Wir glauben, dass wir perfekt vorbereitet sind. Köln macht total auf Understatement. Die sagen: ›Selbst wenn wir verlieren, haben wir eine super Saison gespielt.‹ Das spielt bei uns keine Rolle. Es gibt bei uns nur eins – und das ist, dieses Spiel zu gewinnen. Wir sind fest davon überzeugt, wenn wir cool bleiben, an unseren Plan glauben, dann wird das funktionieren. Ihr müsst das aufsaugen, genießen. Mit Freude da reingehen. Das ist ein geiles Ding. Gleich kommt die Krönung.«

Wenig später schob er in der Umkleide hinterher: »Deutsches Finale. Es geht nicht besser. Die (*er meint die Zuschauer auf den Rängen, Anm. des Autors*) sind alle hier wegen euch. Wir werden die gleich mitnehmen. Ihr habt die Verantwortung heute, für jeden alles zu geben. Damit wir in zwei Stunden hier stehen und die Kabine auseinandernehmen. Wir machen das, was wir können. Wir bleiben einfach, wir bleiben cool.

Wir haben Spaß. Wir gehen raus mit einem Lächeln und zeigen denen, dass wir eine geile Truppe sind. Wir spielen die Bälle einfach nach vorne. Wenn wir unter Druck sind, hauen wir den Ball nach vorne – scheißegal. Wir werden ganz viele Momente in dem Spiel haben, wo die uns einfach feiern werden. Und ganz zum Schluss auch. Aber jetzt achtzig Minuten Vollgas. In der ersten Hälfte hoch konzentriert. Wir sind bereit, Männer, wir sind bereit. Die haben Schiss. Den ersten Ball spielen wir nach vorne. Wir machen die von der ersten Sekunde an kaputt. Jetzt gehen wir raus und machen Köln fertig und holen uns diesen Titel.«

Die Bus-Anfahrt war zumindest für die Kölner noch eine Spur imposanter als zuvor beim Bayern-Campus. Durch die Fenster erblickten sie das Westfalenstadion, diesen lauten, energiegeladenen Ort mit seiner berüchtigten Südtribüne, dem Schmelztiegel deutscher Fußball-Emotionen. Wenn der BVB hier spielt, liegt stets Elektrizität in der Luft. Und nun fuhr die Mannschaft der Kölner U17 auf der gleichen Route, wie es sonst die Profis von Werder Bremen, Mönchengladbach oder Eintracht Frankfurt machen, in diese Katakomben. Sie durften in der gleichen Gästekabine sitzen, in der schon die Weltstars von Real Madrid gesessen hatten. Der einzige Unterschied war, dass diese nach dem Umziehen aus der Kabine hinaus rechts abgebogen sind, während die Kölner Talente links hinausgingen, um zum Stadion Rote Erde zu gelangen, der alten, traditionsgesättigten Heimstätte der Borussia im Schatten des Westfalenstadions.

Hinten auf den Trikots standen in diesem Finale, was es in der Jugend bei normalen Spielen nicht gibt, zusätzlich zur

Rückennummer noch die jeweiligen Namen der Spieler. Sechzehn, siebzehnjährige Nachwuchsfußballer hatten Einlaufkinder an der Hand, die teilweise gerade mal einen Kopf kleiner waren als sie selbst. Sport1 übertrug das alles live.

Es sollte ein hochklassiges, dramatisches, stets abwechslungsreiches Finale werden. Die erste Chance hatten die Gäste. Florian Wirtz sah, nach einer Balleroberung im Mittelfeld, dass Dortmunds Torwart Leon Klußmann weit vorgerückt war, und schoss fast ab der Mittellinie. Der Ball senkte sich, landete nur knapp überm Tor. Die Antwort der Gastgeber dauerte nicht lange. Ware Pakia hämmerte aus fünfzehn Metern an die Latte, sodass das Aluminiumgehäuse kräftig erzitterte.

Nur zwei Minuten später tauchte, erneut auf der anderen Seite, Jacob Jansen nach einem Zuckerpass von Joshua Schwirten ziemlich frei vor Torwart Klußmann auf, der das Schüsschen, einem Rückpass gleich, unter seiner linken Hand hindurchkullern ließ.

In der zwanzigsten Minute gerieten die Kölner wieder in Bedrängnis. Ansgar Knauffs Tempodribbling führte ihn an vier Kölnern vorbei; nur das ausgefahrene Bein von Joshua Schwirten konnte ihn stoppen. Von dort prallte der Ball zu Finn Lanser, der die Kugel einfach nur weit aus dem eigenen Strafraum drosch, sowohl über die Mittellinie hinweg als auch über die Köpfe von Kölns Jacob Jansen und Dortmunds Albin Thaqi. Klußmann stürmte dem Ball entgegen, 30 Meter aus seinem Tor heraus. Doch statt ihn sicher nach außen zu schlagen, versuchte er einen Schlag nach vorne, der aber das rechte Schienbein des Kölner Angreifers traf, der die Orientierung behielt, sich gedankenschnell drehte und zum 2:0 für die Gäste erhöhte. Erstmals überhaupt musste der BVB in dieser Saison einem 0:2-Rückstand hinterherrennen.

Langsam kam Moukoko auf Temperaturen. Doch seine erste Großchance entschärfte Daniel Adamczyks mit einer pfeilschnellen Parade. Zehn Minuten später war er dann allerdings chancenlos, als Moukoko nahezu ungestört aus elf Metern in die linke Ecke einschieben konnte.

Der Dortmunder Stürmer drehte jetzt immer mehr auf. Nur drei Minuten nach dem Anschlusstor stürzte er in den Kölner Strafraum, wo er von Yusuf Örnek umgerissen wurde: Elfmeter für den BVB – die Chance für Rilind Hetemi. Der Kapitän der Borussen entschied sich, von ihm halbhoch nach rechts zu schießen. Genau in die Ecke, auf die Adamczyk spekuliert hatte.

Nach der Halbzeit-Pause ging es höchst intensiv weiter. Erst scheiterte Wirtz an Klußmann, gleich darauf auf der anderen Seite Ware Pakian am über sich hinauswachsenden Adamczyk.

Doch selbst der konnte in der 43. Minute nicht verhindern, dass sich Ansgar Knauff nach seinem Super-Solo vorbei an Batuhan Özden und Dennis Dahmen belohnte. 2:2. Alles schien wieder offen. Doch die Kölner, denen wirklich eine größere Portion Lockerheit anzumerken war, gingen nur drei Minuten später durch Sponsel erneut in Führung.

Dabei blieb es letztlich auch. Die, die wollten, waren Deutscher B-Jugendmeister.

»Man sollte den Titel null überbewerten«, wiederholt Heck. »Der sagt nichts darüber aus, ob jemand schließlich Profi wird.

Niemand darf zufrieden sein, weil er mal Deutscher Meister in der U17 geworden ist. Wenn das nämlich das Einzige bleibt, dann war es keine herausragende Karriere. Der Titel ist nur einen Augenblick lang wertvoll. Die Geschichte bleibt gespeichert. Davon kann man zehren, sich in schweren Momenten Kraft ziehen. Das dient als Motivationsstütze. Mehr ist das nicht. Auch ich kann jetzt nicht sagen, dass ich weiß, wie man Meister macht. Dass ich jetzt mit den gleichen Methoden den nächsten Titel holen werde. Man kann auf keine Mannschaft einfach eine Schablone drüberlegen, die mal Erfolg gebracht hat. Man muss genau wieder mit der gleichen Akribie und Leidenschaft anfangen, die Menschen wirklich kennenzulernen und sich ihnen zu nähern.«

Eine Sache allerdings, das ist eine der Heck-Maximen, bleibt unverändert, immer gleich, und ist ihm elementar wichtig: »Wichtig ist nicht, wie mein Trainer-Spieler-Verhältnis ist, wenn jemand neu kommt, sondern wie es ist, wenn derjenige geht.«

Nach dem Titel war die Saison vorbei. Eigentlich trennen sich dann die Wege von Heck und dem Großteil seiner Mannschaft. Die meisten gehen in die U19, einige verlassen den Verein. Für manche kann der eingeschlagene Weg zum Profi-Fußballer auch vorbei sein.

In diesem Sommer 2019 allerdings gab es noch einen gemeinsamen Termin, der hinzukam. Am 30. Juni war die Kino-Premiere einer Dokumentation über Toni Kroos in dessen Deutschland-Wahlheimat Köln.

Kroos hatte mitbekommen, dass die Mannschaft den Titel geholt hatte – und er kam auf die Idee, das Team von Heck einzuladen und die Spieler sogar im Vorfeld des Presserummels zu treffen.

Im Hotel NH Collection im Mediapark gab es einen Raum, in dem Kroos, der Weltmeister und viermalige Champions-League-Sieger, die Jungs empfing. Nachdem die Scheu sich gelegt hatte, nutzten Heck und die Spieler ihre Chance, Karrieretipps von Kroos zu bekommen und ihn mit entsprechenden Fragen zu löchern.

Kroos mag solche Termine. Er freut sich immer, wenn er jungen Talenten mit Rat und Tat zur Seite stehen kann.

Welche Ratschläge Toni den Jungs geben könne, fragte zunächst Trainer Heck ganz generell. Und Kroos, der erfolgreichste deutsche Fußballer aller Zeiten, antwortete: »Das A und O in meinen Augen ist, dass ihr immer in Erinnerung behaltet, warum ihr ursprünglich mit dem Fußball angefangen habt – und das ist der Spaß. Das ist ganz wichtig und etwas, was ich mir selber immer sage. Wir alle hier haben ja nicht angefangen Fußball zu spielen, weil wir das beruflich machen wollten, sondern weil wir einfach verdammt viel Lust darauf hatten. Mit sechs, sieben, acht Jahren habe ich nicht eine Sekunde darüber nachgedacht, wie sich Fußball anfühlt oder was er für mich bedeutet. Es war einfach nur ein überragendes Spiel und hat mich erfüllt. Und dieses Gefühl darf – ganz gleich in welcher Altersklasse und auf welchem Leistungsniveau – nie verloren gehen. Der Spaß sollte immer die entscheidende Grundvoraussetzung sein, warum man Fußball spielt. Wenn es bei mir irgendwann losgehen sollte, dass ich mir den Kopf über Fußball zerbreche, ihn als Druck empfinde und mich davon negativ beeinflussen lasse, ab dem Moment ist Fußball nicht mehr das Richtige für mich. Ich habe für mich festgelegt: Wenn ich keinen Spaß mehr an dem Spiel habe, dann höre ich auf. Auch aus Respekt dem Fußball gegenüber, weil er mir echt viel gegeben hat. Ich will nie das Gefühl haben, Fußball *arbeiten* zu müssen. Mich dazu zwingen zu müssen, ein Trikot anzuziehen.«

Natürlich sei nicht jede einzelne Trainingseinheit immer spaßig gewesen. »Es wäre ein Märchen zu behaupten, dass alles in den vergangenen dreizehn Jahren immer nur Spaß gemacht hat. Es gab Dutzende individuelle Trainingseinheiten, die genervt haben. Sei es, weil man etwas zum tausendsten Mal wiederholt hat. Oder weil es verdammt anstrengend war. Aber diese Momente des Genervt-Seins oder der Lustlosigkeit dürfen nie den Spaß am Spiel, den Spaß insgesamt rauben. Sonst beraubt man sich seiner eigenen Leichtigkeit und ist nicht mehr richtig auf dem Platz aufgehoben.«

Einer der Jungs fragte, was Kroos alles gemacht habe, um Profi zu werden.

»Ich habe akzeptiert, dass der Weg nach oben auch mal wehtut. Vor allem, weil man auf Dinge verzichten muss. Freunde kommen viel zu kurz. Man willigt ein, eine andere Jugend als die Mehrzahl zu erleben. Man muss bereit sein, fleißig zu sein. Ich weiß noch, wie es mir irgendwann aus den Ohren rauskam, wieder und wieder und wieder und wieder die Ballannahme und Ballmitnahme zu üben. Das musste ich ja nicht einmal, nicht zehnmal, nicht tausendmal, sondern ein paar zehntausend Mal machen, obwohl ich anfangs dachte: Das kann ich doch jetzt. Obwohl mir nachgesagt wurde, großes Talent zu haben, musste ich vor allem sehr, sehr viel Arbeit und sehr, sehr viele Extrastunden investieren. Das ist elementar notwendig auf dem Weg zur Perfektion. Alle diese Extraschichten lassen mich heute in diesem schnellen Fußball bestehen, weil mir die perfekte Ballannahme diese extra Zehntelsekunde Zeit vor meinem Gegner verschafft.

Ich habe es zum Glück irgendwann kapiert, dass es unabdingbar ist, viel trainieren zu müssen. Und ich habe es dann gemacht, weil ich diese Perfektion auch erlangen wollte. Der Wille muss von einem selber kommen. Wenn euch jemand dazu zwingen oder überreden muss, mehr zu tun, wird es nicht funktionieren. Ihr müsst für euch ganz allein entscheiden, ob ihr wirklich bereit seid, mehr zu machen. Euer Kopf muss bereit für ständige Extras sein.

Wenn ihr euch irgendwann nur noch fragt: ›Warum schon wieder? Warum noch mal?‹ Wenn ihr überzeugt seid: ›Das kann ich jetzt. Besser geht es nicht mehr‹, dann habt ihr ein Problem. Weil ihr eigentlich im Kopf haben solltet: ›Okay. Noch mal. Das geht noch schneller. Noch enger. Noch druckvoller.‹ Ihr müsst bereit für Wiederholungen, Wiederholungen, Wiederholungen sein. Ich wusste, dass ich nur eine normale Schnelligkeit habe, dass es unfassbar viele Spieler gibt, die physisch schneller sind als ich. Daher habe ich es mir zum Ziel gesetzt, vor allem im Kopf schneller zu sein als die anderen. Und dann auch in der Bewegung. Heute sieht das manchmal so simpel aus, ist es aber nicht bei der Geschwindigkeit des Spiels. Ich habe die Ballan- und -mitnahme durch jahrelange, auch nervige, Wiederholungen so automatisiert, dass es mir in vielen Situationen diese kleine Millisekunde Vorsprung gibt, um meine Aktion zu machen.«

Kaum hatte Kroos ausgesprochen, schnellten mehrere Hände in die Luft in der Hoffnung, nun drangenommen zu werden. Heck musste kräftig schmunzeln und kommentierte die Wissbegierigkeit seiner Jungs trocken: »Wenn ihr mal so in der Schule mitmachen würdet.«

Aber während es dort um punische Kriege oder Sinuskurven geht, ging es hier und jetzt um den Sprung von Toni Kroos zu den Profis.

»Irgendwann, es muss im Oktober 2006 gewesen sein, war ich beim Training mit der A-Jugend, als plötzlich Mehmet Scholl zu uns auf den Platz kam. Er kam gerade aus einer Verletzung zurück, wegen der er auch nicht mit den Profis zum Champions-League-Spiel nach Lissabon geflogen war.«

Scholl, der heute den meisten als TV-Experte bekannt ist, war damals sechsunddreißig Jahre alt. Seine Gegenspieler fürchteten sich vor seinen Dribblings und seinen flinken Haken. Er war einer, dem man in jeder Sekunde auf dem Platz seine Verliebtheit in den Fußball anmerkte. Scholl hatte die Champions League, den Weltpokal und den UEFA-Cup gewonnen und fünf Pokalsiege geholt. Acht Mal gewann er die Deutsche Meisterschaft. 1996 war er Europameister geworden.

Und nun trainierte er einfach unter Nachwuchstrainer Kurt Niedermayer bei den Talenten des FC Bayern mit. Aus Freude am Spiel – und weil er keine Lust auf ödes Regenerationstraininig hatte.

Nach der Einheit griff Scholl dann, was Kroos erst Jahre später erfuhr, zum Telefon und rief Uli Hoeneß an.

»Wir haben da einen, der muss zu den Profis«, sagte der Spieler zu seinem Manager und Ziehvater. Toni Kroos könne, so berichtete Scholl weiter, »Pässe spielen, schießen, sich wehren«.

Statt eines Dankeschöns für den Hinweis bekam Scholl zunächst ein Donnerwetter in typischer Hoeneß-Manier ab. Von jetzt auf gleich ging der Puls hoch und die Worte purzelten nur so, ein wenig unkontrolliert, aus seinem Mund. »Kümmere dich um deinen Scheiß«, schimpfte Hoeneß und fragte, was Scholl überhaupt damit zu tun habe. Er kenne den Kerl, der solle erst mal bei den Amateuren spielen.

Doch Scholl, beeindruckt und überzeugt, ließ nicht locker und kämpfte weiter. »Nein, der ist sechzehn. Der muss zu den Profis.«

Eine Woche später war es dann so weit. Felix Magath, dem damaligen Cheftrainer, fehlten zwei Mann, sodass er Kroos kommen ließ.

»Ich bin da wirklich klein mit Hut in die Kabine gegangen, weil ich wusste, da sind Spieler wie Oliver Kahn. Vor dem hatte ich einen Höllenrespekt. Wobei ich dann irgendwann erfahren habe, dass der zu meiner Zeit schon deutlich ruhiger war als früher.«

Das Training unter Magath sei zwar »irgendwie cool, aber auch verdammt komisch gewesen«. Kein einziges Wort sprach er während der gesamten Zeit. Mit niemandem. Sodass Kroos sich nach der Einheit ein wenig verwirrt verabschiedete und erst mal wieder zur A-Jugend zurückging.

Wenig später sorgte Kroos bei der U17-Weltmeisterschaft in Korea für Aufsehen. Fünf Tore und eine Vorlage steuerte er schließlich zu Platz drei für die deutsche Mannschaft bei.

»Inzwischen war Ottmar Hitzfeld Trainer, und ich war regelmäßig bei den Profis dabei. Miroslav Klose und Mark van Bommel haben ein bisschen auf mich Acht gegeben. Die haben mich immer unterstützt. Damals war es ja noch was anderes, in eine Profi-Kabine zu kommen. Da war die Hierarchie eine ganz andere als heute. Als junger Spieler warst du erst einmal nichts. Da galt es, nicht zu vorlaut zu sein und sich ganz langsam den Respekt der Älteren zu verdienen. Der Jüngste ging auch dann häufiger mal beim Kreisspiel in die Mitte, wenn er gar nicht unbedingt den Fehler gemacht hatte. Da hieß es: ›Klappe halten, akzeptieren.‹

Heutzutage sind die meisten sehr schnell komplett integriert. Sie haben teilweise ein ganz anderes Selbstbewusstsein und fangen manchmal beim Training auch an zu diskutieren, was ich früher definitiv nicht gewagt hätte. Deshalb sage ich: Heute ist es für junge Spieler viel, viel einfacher, oben aufgenommen zu werden. Das kann vieles einfacher machen und ist auch gut fürs Selbstvertrauen. Die einzige Gefahr, vor der ich warne: Ich habe schon ein paar Jungs erlebt, die durchgedreht sind, weil sie sich vollkommen überschätzt haben. Die dachten, weil die Integration so einfach war, dass sie schon was erreicht hätten. Die dachten, sie könnten jetzt mit gestandenen Profis auf Augenhöhe diskutieren. Dabei haben sie überhaupt nicht verstanden, was es bedeutet, oben zu bleiben.«

Der nächste Spieler wollte wissen, ob es auch schwierige Momente gab, als Kroos noch Jugendfußballer war.

»Ich hatte nie Probleme mit einem Trainer oder längere Phasen, in denen ich nicht gespielt habe. Ich war auch fast nie verletzt. Meine Jugendzeit lief relativ glatt durch. Das erste Mal, dass es schwieriger wurde, war, als Jürgen Klinsmann mir bei Bayern nicht die Einsatzzeit gab, die ich mir selber gewünscht hätte. Heute habe ich ein anderes Verständnis für seine Entscheidung und verstehe es auch total. Aber damals war es völlig neu für mich, nicht gefragt zu sein. Ich kannte das Gefühl nicht, vermeintlich noch nicht gut genug zu sein, um zu spielen. Ich habe das damals auch anders gesehen als der Trainer, und dementsprechend groß war natürlich auch die Frustration. Womöglich war ich mit siebzehn, achtzehn Jahren ein bisschen zu ungeduldig. Wobei es auch schwer ist, geduldig zu sein, wenn alle rundherum einen als Supertalent bezeichnen. Da möchte man selbst ja auch beweisen, was in einem steckt. Und dann darf man es nicht. Das war verdammt hart zu akzeptieren.«

An einem Mittwoch Ende September 2007 begann die Geschichte von Toni Kroos so richtig. Etwa ein Jahr, nachdem die Bayern ihn für zwei Millionen Euro von Hansa Rostock gekauft hatten, durfte er sein Profidebüt geben. Es war in der 72. Minute, als Bayern-Trainer Ottmar Hitzfeld Zé Roberto vom Platz holte, um Kroos zu bringen. Es dauerte keine drei Minuten, dann schlug er erst einen Haken und dann eine Flanke, die präziser nicht hätte sein können, und die zu Miroslav Klose flog, der sein Tor erzielte. Und weil es so schön war, wiederholte sich dies eine Minute vor dem Ende, und auf ziemlich ähnliche Art entstand ein weiterer Treffer dank Kroos und Klose.

»Der ist schon ein Weltklassespieler«, sagte Klose hinterher, fügte allerdings sogleich hinzu: »Aber man darf ihn nicht zu sehr loben, nicht dass er abhebt.« So oder so ähnlich redeten sie dann alle bei den Bayern über Toni Kroos: Uli Hoeneß, damals Manager, bezeichnete ihn als »außergewöhnlichen Spieler«. Hermann Gerland befand, »der Ball ist bei ihm sicher«.

Der *Tagesspiegel* schrieb: »Toni Kroos behandelt den Ball wie ein Haustier, er streichelt ihn, schickt ihn manchmal weg und passt dennoch stets gut auf ihn auf, und dabei spielt er so unaufgeregt, als sei er schon zwanzig Jahre im Geschäft. Er schlägt mal spektakuläre Pässe und mal gewöhnliche, er dribbelt nur, wenn es die Situation erfordert – wenn er aber dribbelt, dann verändert er das Spiel.«

Vierzehnmal wechselte Hitzfeld Kroos in der Liga, im Uefa-Cup und DFB-Pokal in dieser Saison ein. Sechsmal gehörte er sogar zur Startelf. Dann verließ Hitzfeld Bayern, Klinsmann kam, und die Einsatz-Zeiten wurden geringer, sodass Kroos im Winter nach Leverkusen ausgeliehen wurde.

Bereits nach kurzer Zeit spielte er, anfangs noch unter Trainer Bruno Labbadia, gegen Werder und Wolfsburg über 90 Minuten durch. Zur neuen Saison kam dann Jupp Heynckes zu Bayern, der vor allem mit dem jungen Talent arbeitete und es förderte. »Es war auch unter ihm nicht immer alles nur lieb und nett, wie es vielleicht manchmal rüberkommen mag. Er war einer, der mir sehr klar gesagt hat, dass ich mehr arbeiten muss – also vor allem das Drumherum vom Fußball, also was Kraftraum und so weiter betrifft. Und auch mehr arbeiten auf dem Platz: defensiv mehr mithelfen und so weiter. Das waren schon Sachen, die er mir ganz knallhart mit auf den Weg gegeben hat. Ich erinnere mich an Einzelgespräche, die es in sich hatten. In denen hat er mehr Biss gefordert, mir erklärt, was er unter Leidensfähigkeit versteht und welche Arbeit er von mir für die Mannschaften erwartet. Er hat mir immer wieder gesagt, wie hart man arbeiten muss, um Profi zu werden und vor allem zu bleiben.«

Die Erfahrung rund um Klinsmann sei, so sagt Kroos rückblickend, »extrem wichtig gewesen. Weil ich nicht beleidigt war, sondern die richtigen Schlüsse daraus gezogen habe.«

Über eine halbe Stunde hörten die Kölner Jugend-Meister Toni Kroos begeistert zu. Dann gab es Fotos. »Danke«, sagte Heck zum Schluss. »Ich bin sicher, dass viele Jungs diesen Nachmittag ganz lange in Erinnerung behalten. Und sich vor allem an deine offenen Worte erinnern werden, wenn sie hoffentlich selbst zum ersten Mal in eine Profi-Kabine kommen oder mal daran zweifeln, ob sie eine Übung noch mal wiederholen sollen.«

Kapitel 4

Marco Richter

Während Toni Kroos eine relativ einfache Zeit in der Jugend hatte, verlief der Weg von Marco Richter in die höchste deutsche Spielklasse extrem holprig. Mehrfach stand er kurz vor dem Ende seines großen Traums. Vor allem im Sommer kurz vor seinem vierzehnten Geburtstag.

Mit seinen Eltern Christian und Daniela und beiden Schwestern lebte Marco in einem 197-Einwohner-Dorf irgendwo in der Peripherie zwischen München und Augsburg.

Im Dorf gab es die Katharinenkapelle, einen Landmaschinenhändler und den Landgasthof Zum Hirschen. Ringsherum waren Felder und Wiesen. Zum Einkaufen mussten sie in den Nachbarort nach Ried fahren. Das nächste Krankenhaus war über eine halbe Stunde entfernt.

An einem heißen Sommertag war Marco Richter mit seinen Kumpels mal wieder draußen beim Spielen. In einem nahe gelegenen Waldstück hatten sie ein Indianer-Tipi gebaut. Stundenlang hatten sie dafür passende Äste gesucht, auf die richtige Länge gebrochen und mit Hilfe von Schnüren so verbunden, dass es auch einem kleinen Sturm standhalten würde.

Gegen Abend holte sie der Opa von einem der Kinder ab, der mit dem Traktor vorbeikam. Alle sprangen hinten in eine halb offene Holzkiste, die auf der Hydraulik befestigt war, und ratterten gutgelaunt über den holprigen Feldweg zurück ins Dorf. So hatten schon zahlreiche Abende hier in Zillenberg geendet, wo es eigentlich nur vier richtige Straßen gibt.

Daheim im Garten setzten Christian und Daniela gerade Sträucher um, als sie die Jungs zurückkommen sahen. Der Traktor hielt, und sofort sprangen alle aus der Kiste auf die Straße. Nur Marco, der vor sich herumträumte, sprang nicht. Gutgelaunt ließ er seine Füße baumeln, manchmal schlug er dabei mit seinem Hacken an die Unterseite der Kiste.

Er bekam gar nicht mit, dass der Opa vorne auf dem Traktor begonnen hatte, die Kiste per Hydraulik herabzulassen. Erst als Marcos Fuß so unter der Kiste eingequetscht war, dass er ihn nicht mehr herausziehen konnte, merkte er, was geschah. Er schrie auf, während sein rechtes Bein zwischen Kiste und Boden eingeklemmt wurde. Doch der Opa, leider schwerhörig, bekam von seinen verzweifelten Hilferufen nichts mit.

Im Garten mussten die Eltern mit ansehen, wie das rechte Bein ihres Sohnes immer mehr eingeklemmt wurde. Wie in einem Schraubstock, der unaufhaltsam enger gedreht wurde.

Mama Daniela kletterte über den Zaun, um zu dem Traktor zu rennen. Papa Christian schrie so laut er konnte, während er eine Schaufel gegen einen Eimer schlug, um den schwerhörigen alten Mann irgendwie auf sich aufmerksam zu machen. Und tatsächlich vernahm der schließlich die verzweifelten Versuche und stoppte die Maschine.

Während Mama Daniela sich um ihr verletztes Kind kümmerte, rief Vater Christian die »First Responder«, so nennt man in ländlicheren Regionen die ausgebildeten Helfer vor Ort. Doch weil die dachten, es sei nur eine Übung, fuhren sie erst gemächlich nach dem zweiten Anruf, der zehn Minuten später erfolgte, auch wirklich los. Der echte Rettungswagen kam erst nach weit über einer halben Stunde.

Auf der Fahrt zum Krankenhaus in Augsburg fiel dann auch noch der Motor des Sprinters mehrfach aus. Vater Christian verzweifelte. Während sein Sohn erstversorgt und mit starken Schmerzmitteln ruhiggestellt wurde, liefen dem großen, starken Mann Tränen über die Wange. Aus Angst um seinen Sohn und weil er sicher war, dass hier und jetzt gerade ein großer Traum zerplatzte.

Sechs Jahre zuvor stand Marco in einem Bayern-Trikot auf dem Rasen der Münchner Allianz Arena, die Nummer neun hinten drauf. Direkt neben ihm stand Seal, der damalige Mann von Model Heidi Klum, in langer Lederhose und sang während der Eröffnungszeremonie des neuen Stadions. Marco Richter, der höchst talentierte Jugendspieler, kickte wie seine Mannschaftskollegen ein bisschen dazu – als Background-Fußballer sozusagen.

Thomas Gottschalk war kurz zuvor spektakulär in einem Hovercraft über den Arena-Rasen geglitten, ehe er begann, die 66.000 Zuschauer und ein Millionenpublikum beim ZDF in der neuen Heimat des FC Bayern München (und damals auch noch der Löwen von 1860 München) willkommen zu heißen.

Irgendwann textete dann noch Sarah Conner, die die Nationalhymne singen durfte, Hoffmann von Fallersleben um, sodass aus »Blüh im Glanze« plötzlich »Brüh im Lichte dieses Glückes« wurde.

Nationaltrainer Jürgen Klinsmann, mit dem sich Marco fotografieren ließ, musste in diesem besonderen Spiel auf Oliver Kahn, Michael Ballack, Bastian Schweinsteiger, Torsten Frings und Sebastian Deisler verzichten, die ausnahmsweise für Bayern und gegen Deutschland spielten.

Vier Wochen später war Marco dann wieder in der Arena: als Einlaufkind an der Hand von Thomas Hitzlsperger, der mit dem VfB Stuttgart die Bayern im Liga-Pokal niederkämpfte.

Alle diese Momente saugte Richter, damals sieben Jahre alt, auf wie ein Schwamm. Auf einem Talenttag war er 2004 von Heiko Vogel und Hermann Hummels, damals Jugendtrainer bei Bayern, entdeckt worden. Der Verein überzeugte Daniela und Christian Richter, ihren Sohn in der Jugend des Rekordmeisters, damals noch nicht am schicken Bayern-Campus, sondern an der Säbener Straße ansässig, trainieren zu lassen.

Erst dreimal, später viermal die Woche brachten sie ihren Sohn zum Training und zu Spielen aus ihrem Dorf an die Säbener Straße. 57 Kilometer pro Weg. Je eine Stunde Fahrzeit. Inklusive Wartezeit während des Trainings, Duschen und Umziehen waren es für Mama Daniela jeweils vier Stunden pro Trainingstag. Sieben Jahre lang ging das so: 80 000 Kilometer im Auto, erst im Fiat 500, später in einem Citroën Berlingo. Verzicht auf eigene Interessen für den großen Traum des Sohnes.

Dafür durfte der bald bei internationalen Turnieren in halb Europa spielen. In Frankreich ging es gegen die besten Nachwuchsteams der Welt. Und Marco Richter war immer dabei. Er spielte gegen die Jungs von Atlético Madrid, Chelsea und von der Elfenbeinküste.

Er war so talentiert, dass er von der U8 bis zur U13 durch sämtliche Jugendteams der Bayern problemlos durchrauschte. Während andere Kinder den Sprung in den nächsten Jahrgang nicht packten, gehörte er immer weiter zum erlesenen Kreis. Bis die Spielzeit in der U13 rasant weniger wurde.

Plötzlich waren andere Kinder deutlich größer als Marco. Sie schossen in die Höhe, wurden schneller als er, sodass er körperlich nicht mehr mithalten konnte. Antoni Vatany, sein Jugendtrainer, achtete nur auf den Ist-Zustand und nicht auf das Potenzial, sodass Marco kaum noch Einsatzzeit bekam.

»Man hat ihm schnell angemerkt, dass er traurig war«, sagt Christian Richter. »Er hat innerhalb weniger Monate die Freude am Fußball verloren. Er wollte einfach nur spielen, durfte aber nicht mehr.«

Im Frühjahr 2010 saßen die Eltern mit ihrem Sohn zusammen und besprachen, ob es noch das Richtige sei, stundenlang im Auto zu hocken, um bei Bayern vornehmlich auf der Bank zu sitzen. In einem Gespräch kurz zuvor hatte Michael Tarnat, der wenig später sportlicher Leiter der Nachwuchsabteilung wurde, bereits angedeutet, es könne sein, dass man Marco aussortieren werde.

Die Familie entschied, einen Verein zu finden, bei dem Marco wieder mit Freude spielen würde. Und landete nach einem gelungenen Probetraining unter André Meyer bei Augsburg. Dort wollte Marco wieder voll angreifen.

Doch nun lag er im Rettungswagen mit einem zerquetschten Bein. Endlich im Klinikum angekommen, hatte Marco das Glück, an einen sehr erfahrenen Chirurgen zu geraten, der zuvor jahrelang in einem Skigebiet gearbeitet hatte und mit der Notfallversorgung von verletzten Beinen vertraut war.

Wegen der Quetschung fürchtete der Sportmediziner, dass die Arteria Tibialis Posterior beschädigt worden war, was eine massive Einblutung zur Folge hätte haben können. Doch zum Glück war das, wie sich beim Ultraschall zeigte, nicht passiert. Trotzdem ordnete der Arzt im Zwanzig-Minuten-Takt weitere Ultraschall-Kontrollen an.

»Marco hatte unglaubliches Glück. Etwas mehr Druck, und er hätte durchaus sein Bein verlieren können. So ist durch die Quetschung lediglich großflächig Fleisch abgestorben, das schwarz wurde und irgendwann bei einem lokalen Eingriff rausgeschabt wurde«, sagt Christian Richter.

Das nächste Dreivierteljahr spielte Marco auch beim FC Augsburg nur eine untergeordnete Rolle. Er hatte Trainingsrückstand wegen des Unfalls und nahm gleichzeitig alles ein wenig zu locker.

»Ich dachte«, gibt er heute als Erwachsener zu, »dass es leicht sei, bei Augsburg mitzuhalten. Schließlich kam ich von Bayern München. Ich war ein wenig zu überheblich und dachte, dass ich auch mit einer etwas lockereren Gangart mithalten könne. Dafür wurde ich mit entsprechend geringer Spielzeit abgestraft.«

Doch nach und nach legte Richter, was sein Trainings-Engagement betraf, mehr Ernsthaftigkeit an den Tag, sodass er bald wieder unangefochtener Stammspieler wurde. Auch seine Leichtigkeit und sein Spielwitz auf dem Platz, die bei Bayern zuletzt verloren gegangen waren, kehrten zurück.

Marco Richter spielte einfach mit Freude, durchlief die Jugendmannschaften locker bis zur U17, kam dann in die U19, dem Profifußball Stück für Stück näher. Manchmal brauchte er kleinere Dämpfer, wenn er zu lässig kickte.

Beim U19 Indoor-Cup in Linkenheim, einem hochkarätig besetzten Jugendturnier in der Nähe von Karlsruhe, bekam Augsburg im Spiel gegen Hoffenheim einen Siebenmeter zugesprochen. Richter trat an, spekulierte darauf, dass der Torwart in eine Ecke hechten würde, und probierte daher sehr lässig einen Lupfer in die Mitte. Andrea Pirlo hatte mit dieser Variante im Elfmeterschießen im EM-Viertelfinale England gegen Italien 2012 getroffen. Statt stramm zu schießen hatte der Italiener gefühlvoll gelupft; Englands Keeper Joe Hart erkannte die Posse erst, als er seinen wuchtigen Körper schon zu weit in die Horizontale gebracht hatte.

Doch bei Richter segelte der Ball übers Tor. Und nicht nur sein Trainer Alexander Frankenberger bekam schlechte Laune, auch Julian Nagelsmann, damals Jugend-Trainer der TSG schüttelte irritiert mit dem Kopf.

Nach dem Spiel schnappte sich der gegnerische Trainer den Jungen, der ihn bis auf den Strafstoß nicht nur wegen der zwei Tore aus dem Spiel heraus beeindruckt hatte, im Flur der Realschule Linkenheim, wo das Turnier ausgetragen wurde, und sagte: »Falls du mal unter mir spielen solltest, wird es so etwas nicht geben.«

Ein halbes Jahr später durfte Richter erstmals, damals achtzehn Jahre alt, mit den Profis ins Trainingslager nach Estepona an der Costa del Sol in Spanien.

»Da war alles aufregend. Der Flug, die Busfahrt, das Hotel. Obwohl ich ja auch schon als Nachwuchsspieler geflogen bin, in Bussen saß und in Hotels übernachtet habe. Aber es war irgendwie größer, bedeutender. Ich weiß noch, wie ich im Flieger saß und Raúl Bobadilla angestarrt habe. Es war so unwirklich! Aber zum Glück gleichzeitig nicht erdrückend oder beängstigend. Schon auf dem Flug habe ich mich einfach nur darauf gefreut, mit den großen Jungs, den echten Profis, zu kicken.«

Gleich im ersten Training tunnelte Richter, wie er behauptet, »aus Versehen« Dominik Kohr. Der damals Einundzwanzigjährige hatte bei Leverkusen und Augsburg bereits die Erfahrung von achtundfünfzig Bundesliga-Einsätzen gesammelte und war ziemlich bedient. Wegen seiner robusten Spielart trägt er den Spitznamen »Hard-Kohr«. Entsprechend dauerte es nicht lange, ehe sich Kohr für die, wie er fand, freche Aktion mit einer kompromisslosen und für Richter schmerzhaften Grätsche revanchierte.

Bei den zwei Testspielen gegen Dresden und Basel probierte Augsburgs Trainer Markus Weinzierl viel aus, nur nicht Marco Richter.

»Ich wusste ehrlich gesagt nie, woran ich war. Weinzierl hat weder vor noch im noch nach dem Trainingslager mit mir gesprochen. Kein einziges Wort. Weder Lob noch Rüffel. Kein Lächeln und auch kein Schulterklopfer. Es war, als wäre ich Luft für ihn.«

Mit der Rückkehr nach Deutschland endete für Richter ziemlich abrupt sein Intermezzo bei den Profis. Fortan trainierte er bei der U23 unter Christian Wörns, der als Spieler 2002 mit Borussia Dortmund Deutscher Meister geworden war.

»Die erste Begegnung werde ich nicht vergessen«, sagt Richter. »Das erste Training unter ihm war im Januar 2016 auf einem Kunstrasenplatz in Gersthofen. Ich war, obwohl ich ja von den Profis runtergeschickt worden war, voller Selbstvertrauen. Ich war einfach total geil auf Kicken und wollte die anderen Jungs richtig herspielen. Ich war überall und jederzeit anspielbar, wollte jeden Ball. Dann habe ich es aber ein bissl mit Hacke-Spitze-einszweidrei übertrieben, sodass Wörns irgendwann durchgedreht ist. Er hat sich vor mir aufgebaut und mit weit aufgerissenem Mund losgeschrien. Am Anfang war ich total erschrocken. Aber irgendwie ist daraus eine Hassliebe geworden.«

Mindestens einmal die Woche gab es für Richter »Lack«, wie er sagt. »Aber genauso oft hat er mich in den Arm genommen. Eigentlich war es immer emotional, sobald wir uns begegnet sind.«

Wörns fand genau den richtigen Umgang mit dem Straßenfußballer Richter. Mal hielt er ihn an der ganz kurzen Leine, dann ließ er wieder locker. Er schrie oft und impulsiv, vergaß aber nie, Richter auch wieder Wertschätzung und Vertrauen spüren zu lassen. »Bei uns war kein Tag normal«, sagt Richter.

Am meisten fürchtete er den Dienstag. »Da hat uns Wörns durch den Todes-Parcours, wie ich ihn nenne, gejagt. Vierzig Minuten nur Sprints. Mal über 30 Meter, mal über 20, mal in Side-Steps, mal im Zickzack-Kurs, mal mit abschließendem Kopfball. Diese Läufe werde ich nie vergessen.«

Die nächsten Wochen und Monate wurden für Richter zu einer mentalen Herausforderung. Seine Mannschaft spielte gegen den Abstieg aus der Regionalliga Bayern. Die gesamte Zeit dümpelte Augsburgs Reserve auf einem der hinteren vier Plätze herum. Letztlich musste das Team von Christian Wörns gegen den Bayernligisten TSV 1860 Rosenheim in der Aufstiegsrunde spielen.

Das Hinspiel verloren die Augsburger mit 1:2. Wenige Tage später führten sie im Rückspiel ab der 64. Minute mit 1:0 dank Kevin Danso. Wörns entschied, den Torschützen runterzunehmen und Richter für die letzten dreiundzwanzig Minuten zu bringen. Der aktuelle Spielstand würde den Augsburgern reichen, um in der Klasse zu bleiben.

Wieder und wieder stürmten die Rosenheimer wild vors Tor. Ein Anschlusstreffer, und sie würden aufsteigen. In der 88. Minuten entschied Wörns, Erik Thommy vom Platz zu holen und Efkan Bekiroglu zu bringen, um die berühmte Zeit von der Uhr zu nehmen. Wenig später zeigte der Assistent einen weiteren Wechsel beim FCA an. Richter sollte runter, David Spies für ihn kommen.

»Das war ein schlimmer Moment. Ein- und wieder ausgewechselt zu werden tut so weh. Da beginnt man, sich komplett zu hinterfragen. Für mich hieß dieses Zeichen des Trainers, dass er mir null vertrauen würde. Dass ich ein

Sicherheitsrisiko für die Mannschaft war, obwohl ich frisch und ausgeruht war.«

Als der Schiedsrichter wenig später abpfiff, feierten alle Augsburger außer Marco Richter. Der verschwand in der Kabine, in der er wie ein Häufchen Elend hockte. Er zweifelte an seinem Können. »So schlecht bin ich doch wirklich nicht«, dachte er sich, während sich die Kabine nach und nach in eine Party-Hochburg verwandelte.

»Fußball kann für den Kopf brutal sein«, sagt Richter heute. »Man muss lernen mit diesen extremen Dingen umzugehen.«

Vierundsechzig Tage nach dem Ein-und-Auswechsel-Drama erlebte Richter das andere Extrem. Gegen den SV Seligenporten traf er so oft, dass der Platz auf der Anzeigentafel nicht mehr reichte. Sieben Treffer in einem Spiel, fünf Tore binnen zwanzig Minuten.

Als Siebzehnjähriger hatte Richter schon mal in einem A-Jugend-Bundesligaspiel gegen Waldhof Mannheim vier Tore erzielt. Aber diese Leistung übertraf alles. »Ich bilde mir schon ein, dass ich in meiner Karriere einiges erlebt habe, aber so etwas noch nicht«, gestand Christian Wörns hinterher.

Marco Richter hatte aus der Distanz getroffen, nach Abstaubern, einen Ball feuerte er Volley ins Tor. Alles, was er an diesem Nachmittag veranstaltete, war genial. Zwei weitere Tore bereitete er vor, einmal klatschte ein Schuss von ihm nur ans Lattenkreuz.

Bundesweit wurde über ihn berichtet. Die *Frankfurter Allgemeine Zeitung* schrieb: »Spontan tut Richter Dinge, die in keiner Fußballakademie gelehrt werden, weil sie so unvernünftig erscheinen.«

Ins Sommertrainingslager nach Malta durfte der Rekord-Richter, wie er nun medial genannt wurde, dennoch nicht mit. Erst ein Jahr später, als der Trainer nicht mehr Dirk Schuster, sondern Manuel Baum hieß und Richter weitere vierundzwanzig Tore in siebenundzwanzig Regionalliga-Spielen erzielt hatte, bekam er die Chance und durfte mit den Profis ins Trainingslager fahren.

Doch anstatt dann am 19. August mit nach Hamburg zu reisen und vor 49.449 Zuschauern im Volksparkstadion zu spielen, kickte Richter mit der zweiten Mannschaft vor zweihundertdrei Besuchern gegen Nürnberg II. Auch eine Woche später fand er sich erneut bei der Reserve wieder. So ging es bis in den Oktober. Bis Richter am 14.10.2017 mit nach Hoffenheim reisen durfte.

Trainer der TSG war mittlerweile ein gewisser Julian Nagelsmann, an den sich Richter nicht nur wegen des Strafstoß-Rüffels nur zur gut erinnerte. Einmal hatte Nagelsmann, da war er unbekannt und noch im Nachwuchs tätig, Richter etwas ausrichten lassen. Er war auf dem Münchner Oktoberfest und traf dort zufällig Richters jüngere Schwester Vivien, die mit der Frau von Sascha Mölders unterwegs war. Sie kamen ins Gespräch, und Nagelsmann sagte ihr: »Richte deinem Bruder mal aus, dass er auf die Ernährung achten muss. Das gehört dazu. Aktuell ist er zu dick.«

Nun lächelte Nagelsmann, als er Richter bei den Profis entdeckte, ihm verschmitzt zu. Die TSG ging in der 52. Minute in Führung. Richter sah den Treffer von Benjamin Hübner aus dem Augenwinkel. Manuel Baum hatte ihn losgeschickt, um sich warm zu machen.

»Ich hatte mir bestimmt schon hundertmal vorgestellt, wie das erste Mal sein würde. Mein Wunsch danach war so intensiv, dass sich meine Fantasie schon richtig echt anfühlte.«

Richter dehnte sich, sprintete und hüpfte. Er bereitete sich top-professionell auf seinen Moment vor, der gleich kommen würde. Nur wenige Meter neben ihm brüllten die Zuschauer. Sie sangen, schrien, pöbelten, litten und jubelten. Ein Geräusch-Mix, wie er ihn in dieser Intensität noch nie vernommen hatte. Auf der anderen Seite spielten Mark Uth und Kerem Demirbay. »Ich wollte ständig nach links oder rechts schauen«, erinnert sich Richter. »Da waren so viele potenzielle Ablenkungen, aber ich habe versucht, alles auszublenden und mich top zu präparieren.«

Um die 70. Minute herum wurde Richter zu Baum gerufen. Im Vollsprint rannte er zu seinem Cheftrainer, um sich die letzten Instruktionen abzuholen. Zwanzig Minuten waren ungefähr noch zu spielen. Nur noch wenige Sekunden bis zu einer Einwechslung. Richter spürte die Hand von Baum auf seinem Rücken. Er wollte gerade etwas sagen, als Philipp Max den Ball zu Michael Gregoritsch spielte und der mit links ins Tor traf. Baums Hand war von Richters Rücken wieder verschwunden. Alle, natürlich auch Richter, jubelten. Doch statt ihn zu bringen, raunte Baum ihm nur ein knappes »Sorry, jetzt geht's doch nicht« zu. Stattdessen wechselte er wenig später Jan Morávek ein, um mit dessen Robustheit die Defensive zu stärken.

»Das war so frustrierend! Die ganze Vorfreude zerplatzte in wenigen Sekunden.« Richter setzte sich auf die Bank und starrte konsterniert einfach nur geradeaus. Was vor ihm geschah, nahm er kaum wahr. Es hätte der schönste Tag seiner Karriere werden können. Er war so nah dran – und wurde so brutal seiner Chance beraubt. Plötzlich rüttelte Jonas Scheuermann, einer der Co-Trainer, an ihm und riss ihn so aus den Gedanken. »Los, Marco, jetzt. Du kommst.«

»Ich habe erst gar nicht verstanden, was der gesagt hat. Ich wusste nicht einmal, wie viel Zeit noch zu spielen war. Das lief alles total unterbewusst. Plötzlich war ich an der Seitenlinie. Und dann, ohne dass ich mich genau daran erinnern könnte, war ich wirklich auf dem Spielfeld.«

In der 87. Minute hatte Baum Kevin Danso ausgewechselt. Und so kam Richter doch noch zu seiner Bundesliga-Premiere. Zwar nur für drei Minuten, aber immerhin.

»Das war der Anfang. Ich hatte es tatsächlich geschafft. Ich war Bundesliga-Profi.« Das Datum des ersten Spiels hat sich Richter auf seinen Körper tätowieren lassen.

Inzwischen hat er über siebzig Mal in der Bundesliga gespielt, hat gegen Bayern und Dortmund getroffen. Bei der U21-Europameisterschaft 2019 hat er auf dem Weg der deutschen Mannschaft bis ins Finale drei Treffer erzielt und zwei vorbereitet.

»Ich habe viele harte Lektionen lernen müssen. Auch, dass es nicht nur darauf ankommt, seinen Körper zu trainieren, sondern auch im Kopf klar zu sein. Im Fußball stecken so viele Emotionen. Wunderschöne, aber auch brutale. Man darf nie die Kontrolle über die Emotionen verlieren. Man muss seine Emotionen kontrollieren und darf sich nicht von ihnen rumschubsen lassen. Man muss auch lernen, mit der Bank umzugehen. Und ein Nein oder ein Später zähneknirschend zu akzeptieren. Ich habe ein paar Arschtritte gebraucht, um Lektionen zu begreifen. Und ich habe verstanden, dass man kein Profi wird, wenn man nur den leichten Weg geht. Profi-Fußball ist knallhart. Und neben zahlreichen schönen Momenten gibt es auch welche, die Scheiße sind. Aber am Ende lohnt es sich, wenn man immer wieder aufsteht und weiterkämpft.«

Kapitel 5

Gürkan Karahan

Stoisch bleibt Gürkan Karahan auf seinem Platz sitzen. Weder nutzt er die Halbzeitpause, um zur Toilette zu gehen, noch um sich an der langen Schlange am Kiosk im Stadion des Bayern-Campus anzustellen.

Wer ihn anspricht, was mehrfach passiert, wird freundlich, aber knapp abgefertigt. Denn Karahan kann jetzt keine Störungen gebrauchen. Und obwohl es so wirken mag, als machte er gar nichts, ist er doch gerade mit äußerst wichtigen Beobachtungen beschäftigt. »Vor und nach den Spielen und vor allem in der Halbzeitunterbrechung beobachte ich die Marketing-Touren von Eltern auf der Tribüne«, sagt er. »Ich will wissen, mit wem sie sich unterhalten. Es gibt Eltern, die tingeln von Berater zu Berater, von Scout zu Scout, von Vereinsvertreter zu Vereinsvertreter, weil sie glauben, dass sie damit ihren Kindern helfen. Die meinen, sie holen das Beste für ihr Kind raus, indem sie alle zu beeinflussen versuchen. Sie heben die Qualitäten ihres Kinders hervor. Oder machen andere Kinder runter. Auf den Tribünen finden harte Stimmungsmach-Wettkämpfe statt.«

Es gebe auch die Eltern, die diese Marketing-Touren gar nicht für ihr Kind machen würden, sondern, so Karahan, »weil sie damit ihr eigenes Ego beflügeln wollen, in der festen Überzeugung, es würde sie wichtiger machen, weil sich so viele vermeintlich entscheidende Personen mit ihnen unterhalten.«

Und dann gebe es natürlich noch die Helikopter-Eltern, die im Fußball, genau wie in Kindergärten, Arztpraxen oder in der Schule, vermehrt vorzufinden seien. Diese Eltern, die niemandem mehr zutrauen, ihre Premiumkinder perfekt zu fördern.

»Natürlich hat es Einfluss auf meine Gesamt-Bewertung, wie sich die Eltern verhalten. Aus dem Sozialverhalten der Eltern kann man häufig etwas über die Kinder ableiten. Die Redewendung ›Wie der Herr, so's Gescherr‹ kommt nicht von ungefähr.«

Karahan hat bei Türkgücü München, dem heutigen Drittligisten, als Trainer im U19- und Herren-Bereich angefangen. Nach einer Hospitation in der U16 von Bayern München ging es zum FC Augsburg, wo er zunächst U17-Trainer war und schließlich bis Sommer 2019 zum Chefscout des Nachwuchses aufstieg.

Zuvor hatte er nach seinem berufsbegleitenden Studium im Risikomanagement eines Versicherungsunternehmens gearbeitet. Während sich Karahan dabei auf Formeln und mathematische Berechnungen verlassen konnte, muss er bei der Suche nach Top-Talenten auf ganz andere Variablen setzen. Und zunächst einmal auf sich selbst achten.

»Streng genommen bin ich als Scout so was wie ein Personalchef. Ich suche die besten Leute für den Job. Ein Personalchef macht das zum Beispiel im Auftrag einer Anwaltskanzlei, ich suche für einen Fußballverein den besten passenden Rechtsverteidiger. Um das zu können, sollte man zunächst einmal mit sich im Reinen sein – und sich intensiv mit sich selbst beschäftigt haben. Man muss die Mechanismen der eigenen Person verstehen. Denn meines Erachtens trifft es auf alle Leute zu, die im Personalwesen und im Fußball unterwegs sind, dass ihre Entscheidungen von ihrer Biografie beeinflusst werden. Also muss ich als Scout erst einmal wissen, wofür ich stehe. Was bin ich für ein Typ? Wo ist mein blinder Fleck? Diesen blinden Fleck hat jeder. Jemand, der früher selbst als Fußballer durch Schnelligkeit und Körperlichkeit geglänzt hat, neigt zum Beispiel oft dazu, nicht so sehr auf die technischen Fähigkeiten eines Talents zu achten.«

Als Scout wie auch als Personalchef müsse man auch meinungsstark sein. »Scouts werden dafür bezahlt, eine Prognose abzugeben. Sie sollten dabei häufiger treffen als danebenliegen. Gleichzeitig darf man keine Angst haben, dass man sich irrt. Das ist in der Personalpolitik einfach so. In jedem Unternehmen hat man mal einen Mitarbeiter, der keine Bereicherung ist. Aber grundsätzlich ist es so, dass wir mit der Entdeckung und Entwicklung von Talenten die Vereinsinvestitionen in ein Nachwuchsleistungszentrum rechtfertigen.«

Neben dem Blick auf sich selbst muss Karahan mit großer Sorgfalt das Team um sich herum zusammenstellen. »Ein Scouting-Team muss immer ausgeglichen sein. Man muss sehr genau abwägen, welche Typen von Entscheidern man einstellt. Sie müssen zusammenpassen. Es gibt nämlich, um mal zwei völlige Extreme gegenüberzustellen, zwei Sorten von Scouts. Es gibt diejenigen, die keinen einzigen Spieler im Spiel sehen. Die aus dem Wochenende wiederkommen und sagen: ›Hab ich doch gewusst, dass bei der Begegnung keiner dabei ist. Da muss ich gar nicht mehr hinfahren.‹ Damit nehmen sie die einfachste Haltung ein, die man haben kann. Schließlich schaffen es viel mehr Talente nicht. Und dann gibt es noch diejenigen Scouts, die denken, dass bei jedem Spiel, das sie schauen, einer dabei ist, der es schaffen kann. Die damit – womöglich auch unterbewusst – rechtfertigen wollen, warum sie wichtig sind.«

Scouten, also das Erkennen von Talenten, ist eine der kompliziertesten Disziplinen, die es im Fußball gibt.

Rasmus Ankersen hat in seinem Buch *Der Goldminen-Effekt – Vom Talent zum Star* – das nahezu jeder, der im Nachwuchsfußball etwas auf sich hält, gelesen hat –, über die Entdeckung von Talent geschrieben: »Es ist offenbar außerordentlich schwer, Superstars zu erkennen, und man kann praktisch auf jedem Gebiet frustrierte Talentsucher finden.« Die Kunst, das Außergewöhnliche zu identifizieren, sei eine extrem harte Disziplin. Aus Verzweiflung über die vielen Fehlentscheidungen im letzten Jahrzehnt sei die Talentsuche immer aufwendiger und komplexer gestaltet worden.

»Uns stehen riesige Datenbanken zur Verfügung. Spezialsoftware erlaubt es uns, in Sekundenschnelle Fähigkeiten zu sortieren und Prioritäten zu setzen, und als wäre das noch nicht genug, können wir auch noch unter zahlreichen psychologischen Tests wählen, die uns über Reaktionsmuster, Persönlichkeit und Erfolgschancen Auskunft geben sollen.«

Ankersen hat sich bei seinen Recherchen mit Talentschmieden für Läufer in Äthiopien und Jamaika beschäftigt, er war bei Golfern in Südkorea und Tennisspielern in Russland. Eines der schlimmsten Beispiele dafür, blindlings auf die Leistung zu starren und die Geschichte dahinter zu übersehen, findet sich laut seiner Aussage im Fußball. »Die Leute nehmen an, dass sie Talent wahrnehmen, während sie in Wirklichkeit körperliche Überlegenheit sehen. Mit anderen Worten: Was man sieht, ist nicht immer das, was man bekommt. Sie sind jetzt gut, aber das deutet häufig nicht auf ein hohes Potenzial hin, sondern lässt sich auf den augenblicklichen körperlichen Vorteil zurückführen. Ich nenne dieses Phänomen ›Hintergrundblindheit‹. Die meisten Leute, die mit der Aufgabe betraut sind, Talente zu entdecken und zu entwickeln, gehören zu einer vollkommen farbenblinden Schule. Sie können nur einen momentanen Schwarz-Weiß-Schnappschuss von einem Spieler sehen.«

Ernst Tanner, einer der renommiertesten Nachwuchsexperten Deutschlands (mehr zu ihm in Kapitel 6), unterstreicht die Behauptung: »Schon in den jüngsten Altersbereichen werden die falschen Spieler ausgesucht und unterstützt. Es werden schon im Altersbereich U10 diejenigen eingesammelt, die körperlich am weitesten sind und sich daher auch am besten durchsetzen. Und dann wundern wir uns, warum von der U10 bis zur U19 gerade mal fünf Prozent der ursprünglichen Spieler übrig bleiben. Es werden von klein auf vielfach nicht die Besten geholt, sondern die körperlich am stärksten Entwickelten. Die sogenannten Herbstkinder, also die, die weit in der zweiten Jahreshälfte geboren werden, haben bei uns fast gar keine Chance. Anstatt sie zu fördern und ihnen eine faire Chance zu geben, sortieren wir sie bisher einfach nur aus, weil sie körperlich unterlegen sind. Die meisten Spieler, die in den Jugendmannschaften sind, sind in den ersten drei Monaten des Jahres geboren oder zumindest in der ersten Jahreshälfte. Danach kommt kaum noch einer. Wir sollten diesen Spielern mehr Chancengleichheit geben. Daher bin ich dafür, eine Stichtag-Veränderung vorzunehmen.«

Manuel Baum, der sowohl für Augsburg und Schalke im Profi-Bereich als Trainer gearbeitet hat, als auch im Nachwuchs der Fuggerstädter und als U18- und U20-Trainer beim DFB, hat sich einmal sehr drastisch über das Scouting-Verfahren in Deutschland geäußert. Er sagte: »Unsere Nachwuchsspieler werden überscoutet. Wir scouten unsere Talente tot.« Er habe, erklärte Baum, den Eindruck, dass im deutschen Nachwuchsfußball so lange gescoutet werde, »bis etwas Negatives gefunden wird. Ich glaube, dass oft der Fehler gemacht wird, die Arbeit von Scouts erst dann als gut zu bewerten, wenn sie möglichst viele Schwächen bei Talenten aufzeigen. Nach dem Motto: ›Was für ein toller Scout, der entdeckt wirklich alle Schwachstellen.‹ Aber letztlich kann das dazu führen, dass wir unsere deutschen Talente kaputt scouten und Spieler aus dem Ausland holen, die weniger akribisch gescoutet sind und daher attraktiver erscheinen.«

Karahan unterstützt Baums Statement mit absoluter Zustimmung. Außer, dass er eine andere Begrifflichkeit für sich nutzt. »Ich würde es nicht Überscouten nennen, sondern

Negativscouten. Es wird tatsächlich sehr häufig auf die Schwächen geschaut, und dabei werden Stärken auch übersehen. Es gibt heutzutage oft nur noch Schwarz oder Weiß. Also nur noch Stärken und Schwächen. Die Entwicklungsfelder dazwischen werden meist ignoriert. Man verbeißt sich oft in die Schwächen von Talenten, anstatt konsequent ihre jeweiligen Stärken anzuerkennen und sie zu absoluten Waffen zu machen.«

Karahans plakativer Vergleich: »Das ist so, als wenn man eine sehr attraktive Frau kennenlernt. Die dazu noch total lustig ist. Und zuhören kann. Aber anstatt sich auf sie einzulassen und die Beziehung wachsen zu lassen, sucht man weiter und weiter nach negativen Dingen, die man natürlich zwangsläufig irgendwann findet. Dann wird das nächtliche Knirschen mit den Zähnen oder die offen gelassene Zahnpastatube plötzlich zu einem Ausschlusskriterium – was eigentlich albern ist. Genauso überambitioniert gehen wir leider viel zu oft ans Nachwuchsscouting in Deutschland ran, sodass wir uns unsere Talente am Ende zu schlechtreden.«

Karahans ist der Überzeugung, man müsse dringend die Besessenheit einiger abstellen, unbedingt Fehler finden zu wollen. »Die Kunst eines guten Scouts ist es, Potenziale zu erkennen. Und zwar dynamische, also veränderbare Potenziale. Er muss also eine Vorstellungskraft darüber haben, was passiert, wenn der Spieler mit einem anderen Trainer arbeitet. Genauso muss er sich vorstellen können, was passiert, wenn andere Mitspieler um ihn herum sind. Das alles sind schließlich Faktoren, die sich aufs Potenzial auswirken.«

Karahan hat nicht nur den *Goldminen-Effekt* gelesen, er hat auch zahlreiche Autobiografien von unterschiedlichsten

Sportlern verschlungen, um sich in ihre Denke hineinzuversetzen und um die Hintergründe ihrer Leidensbereitschaft zu ergründen. Die meisten Buchumschläge sind bei ihm eingerissen, so oft hat Karahan die Bände aus dem Regal geholt, um etwas nachzublättern. Aus der Autobiografie von Andre Agassi schauen gelbe Post-it-Klebezettel, um schneller wichtige Passagen zu finden. Ab Seite 45 sind die drei darauffolgenden Seiten zudem vollständig mit Textmarker angemalt. Es ist der Anfang des ersten Kapitels, in dem Agassi seine Beziehung zu seinem Vater geschildert hat. »Ich bin sieben Jahre alt und führe Selbstgespräche, weil ich Angst habe und weil ich der Einzige bin, der mir zuhört. Ganz leise flüstere ich: Hör auf, Andre, gib auf. Leg deinen Schläger weg und geh vom Platz, jetzt gleich. (…) Aber ich kann nicht. Nicht nur, weil mein Vater mich mit meinem Tennisschläger durchs Haus prügeln würde, sondern weil etwas tief in mir drin, irgendein unsichtbarer Muskel, es nicht zulässt. Ich hasse Tennis, hasse es von ganzem Herzen, und doch spiele ich weiter, schlage den ganzen Vormittag und den ganzen Nachmittag meine Bälle, weil mir nichts anderes übrig bleibt. Egal, wie sehr ich mich danach sehne, mit dem Tennisspielen aufzuhören, ich mache weiter.«

Agassi beschreibt weiterhin, wie er als kleiner Junge die von seinem Vater konstruierte Ballmaschine wahrnahm. Sie sei wie ein feuerspeiender Drache, der aus einem von Agassis Comic-Heften entsprungen sei. Mit furchteinflößender Stimme, immer dann, wenn ein Ball aus seinem Inneren fliege. »Wenn der Drache mich ins Visier nimmt und den Ball mit 170 km/h auf mich abschießt, stößt er ein blutrünstiges Gebrüll aus, und ich zucke jedes Mal vor Schreck zusammen.

Mein Vater hat den Drachen absichtlich so gestaltet, dass er möglichst furchteinflößend aussieht. Er hat ihn mit einem extralangen Hals aus Aluminiumrohr und mit einem schmalen Aluminiumkopf ausgestattet, der jedes Mal, wenn das Ungetüm einen Ball abschießt, wie eine Peitsche zurückschnellt. (…) Mein Vater will, dass der Drache mich überragt – nicht nur, damit er mir Aufmerksamkeit und Respekt abverlangt. Er will, dass die Bälle vor meinen Füßen landen, als würden sie aus einem Flugzeug abgeworfen.«

Das würde dazu führen, dass Agassi die Bälle unmöglich auf normale Weise annehmen könne. »Ich muss sie gleich nach dem Aufprallen beim Anstieg erwischen, sonst springen sie über mich hinweg. Aber selbst das ist meinem Vater nicht schnell genug. Schlag früher, schreit er. Schlag früher. Mein Vater schreit alles zweimal, manchmal dreimal, manchmal zehnmal. Härter, schreit er, härter. (…) Es wird von mir erwartet, dass ich jeden Ball treffe, und jeder Ball, den ich verfehle, ist ein Drama.«

Der Vater habe Agassi vorgerechnet, so hat es sich Karahan notiert, dass wenn er jeden Tag zweieinhalbtausend Bälle schlage, es am Ende des Jahres fast eine Million seien. Und ein Kind, so die Behauptung, das so viele Bälle schlage, werde unbesiegbar.

Die letzten Sätze, die in dieser Passage per Textmarker hervorgeholt sind, lauten: »Jetzt rückt mir mein Vater auf die Pelle. Er schreit mir direkt ins Ohr. Es reicht nicht, dass ich die Bälle erwische, die der Drache mir entgegenspeit. Mein Vater will, dass ich härter und schneller zuschlage, als der Drache spucken kann. Er will, dass ich den Drachen besiege. Der

Gedanke versetzt mich in Panik. Ich sage mir: Den Drachen kannst du nicht besiegen. Wie willst du etwas besiegen, das nie Ruhe gibt? Wenn ich es mir recht überlege, ist der Drache meinem Vater sehr ähnlich. Nur dass mein Vater noch schlimmer ist. Der Drache steht wenigstens vor mir, wo ich ihn sehen kann. Mein Vater steht hinter mir. Ich sehe ihn nie, ich höre ihn nur, Tag und Nacht – höre, wie er mir in die Ohren brüllt.«

Agassi hat trotz – oder wegen – seiner Sorgen eine unglaubliche Karriere hingelegt. Hunderteins Wochen war er die Nummer eins der Weltrangliste. Er hat acht Grand-Slam-Turniere gewonnen. Achthundertsiebzig Einzelsiege geholt. Trotz oder wegen seines Vaters.

Es sei beim Scouting ganz entscheidend, sagt Karahan, die Geschichten der Spieler zu hören. »Ich möchte wissen, warum sie so geworden sind, wie sie sind. Ich möchte quasi in ihre Seelen schauen, um eine Vorstellung zu bekommen, was sie bereit sind, für ihre Träume zu tun. Spielen die Kinder aus Lust und Leidenschaft? Oder weil Eltern es wollen? Deshalb muss ich nicht nur gut reden können, sondern vor allem gut und aufmerksam zuhören. Und nicht nur die offensichtlichen, sprich lauten, Aussagen aufnehmen, sondern auch die leisen Zwischentöne mitkriegen. Bei der Suche nach Talenten kommt es ganz oft nicht nur auf die schriftlichen Berichte an.«

Aber natürlich auch. So schaut Karahan, wenn er scoutet, auf zahlreiche Faktoren, die relevant sind. »Es ist utopisch zu sagen: Wenn die und die Parameter passen, dann wird jemand Bundesliga-Profi, Zweitliga-Spieler oder Champions-League-Akteur. Aber es gibt Punkte, die eine Aussage über eine gewisse Grundwahrscheinlichkeit ermöglichen.«

Zunächst einmal schaut Karahan daher auf Dinge, die theoretisch auch von Laien wahrgenommen werden können. »Ich gucke, ob jemand schnell ist, körperlich präsent in Zweikämpfen, wie hoch seine technische Begabung ist, wie sein allgemeiner Bewegungsablauf. Als Erstes scanne ich also seine motorischen Fähigkeiten. Dann wird es spezifischer. Ich schaue, ob er Fersenläufer ist oder eher über die Zehenspitzen, also den Vorderfuß, läuft. Das verändert nämlich seinen Körperschwerpunkt. Wer über die Hacke läuft, hat den weiter hinten, dementsprechend zunächst einen Drang nach hinten, der geschwindigkeitshemmend ist.«

Über die Knie wandert Karahans Blick zu den Oberschenkeln, schließlich zur Hüfte, um den körperlichen Entwicklungsstand zu kontrollieren. »Ich sehe mir Muskelansätze an, damit ich weiß, ob bei dem Jungen noch von Längenwachstum auszugehen ist oder ob er nur noch in der Breite zulegen wird. Dabei muss ich mir natürlich auch noch ein Urteil darüber bilden, ob die medizinische Beschaffenheit überhaupt für den Leistungssport reicht.«

Ein weiteres Bewertungskriterium ist der Aspekt »Fußball-Intelligenz«. Der habe nichts mit allgemeiner Intelligenz zu tun, sondern damit, ob jemand Verständnis für Spielsituationen habe. »Je höher das ist, desto wahrscheinlicher ist es, dass man oben ankommt«, sagt Karahan.

Die weiteren Faktoren hängen, so erklärt der langjährige Chef-Scout, auch davon ab, welche Art von Beobachtung man gerade macht. »Scouting ist ja nicht gleich Scouting. Es gibt die Zielspieler-Beobachtung, die Bedarfssichtung und die Informationssichtung. Je nachdem schaue ich anders auf ein

Spiel. Bei der Zielspieler-Beobachtung geht es darum, einen bereits auf dem Zettel stehenden Spieler noch einmal nachzusichten, um eine finale Entscheidung zu treffen. Dabei achte ich nur auf diesen Kerl, habe schon ein umfangreiches Bild und achte nur noch auf Aspekte, bei denen ich mir in der Beurteilung noch nicht zu hundert Prozent sicher bin. Bei der Bedarfssichtung weiß ich, dass wir einen Rechtsverteidiger benötigen, und gucke dementsprechend gezielt, aber noch offen, nach einem geeigneten Kandidaten.«

Am schwierigsten sei die Informationssichtung. »Das ist eine Marktbeobachtung, wo es darum geht, ohne konkrete Vorgaben eine Mannschaft und die Entwicklung einzelner Spieler zu verfolgen. Man ist komplett offen und muss dabei vor allem auch Fantasie haben.«

Schließlich sei es noch ein Unterschied, für welchen Verein man sichtet. »Der Sechser in einer Kontermannschaft hat ein ganz anderes Anforderungsprofil als einer, der in einer Ballbesitz-Truppe spielt. Letzterer muss technisch sehr gut sein, eine überragende Ballkontrolle haben. Er ist das Gehirn auf dem Platz, die Schnittstelle zwischen Offensive und Defensive. Er muss im Voraus denken können. Es ist wichtig, dass sein peripheres Sehen gut ist, dass er also die Wahrnehmungsfähigkeit besitzt, was um ihn herum passiert, auch dort, wo er nicht direkt hinschaut. Die wichtigsten Eigenschaften eines solchen Sechsers sind: Sehen – Differenzieren – Handeln!

Der Sechser einer Kontermannschaft dagegen hat ein völlig anderes Profil, ein Scout muss also auf grundsätzlich andere Dinge bei seiner Sichtung achten. Hier muss der Spieler vor allem Fähigkeiten gegen den Ball haben. Er muss also in erster

Linie Balleroberer sein, schnell sein. Zweikampfstark, kopfballstark, widerspenstig, kompromisslos, aufopferungsvoll. Er hat, wenn man so will, einen ganz wichtig psychischen Auftrag, indem er nämlich den Gegner durch entsprechende Signale zerstört und ihm die Spielfreude nimmt.«

Als Beispiel für komplett unterschiedliche Sechser-Typen nennt Karahan den langjährigen Chelsea-Spieler N'Golo Kanté und Real-Madrid-Star Luka Modrić beziehungsweise Italiens Weltmeister von 2006 Gennaro Gattuso und Thiago, der bis 2020 bei Bayern München spielte.

Wie unterschiedlich zwei Spieler auf der gleichen Position sind, könne man auch bei Brasiliens Linksverteidiger Marcelo sehen, der eine ganz andere Rolle dort verkörpert, als es Benedikt Höwedes bei der WM 2014 getan hat. Karahan: »Marcelo ist eine Kampfmaschine. Sein Defensivverhalten ist auf vertikales Verteidigen angelegt. Um es ganz plakativ zu machen: Marcelo ist ein Aufräumer, der zur Not auch vor den Klub stürmt, wenn es dort eine Rangelei gibt. Höwedes wartet eher, nach dem Motto: Was vor dem Klub passiert, ist mir egal. Aber du kommst nicht an mir vorbei. Er verteidigt also in der Tiefe den torgefährlichen Bereich am eigenen Strafraum.«

Alle diese Aspekte müsse er beim Scouten beachten. Und am Ende müsse er nicht nur helfen, die Spieler vom Klub zu überzeugen, sondern auch die Trainer für den jeweiligen Spieler begeistern. »Man muss Überzeugungsarbeit in beide Richtungen leisten.«

Einmal, im Jahr 2009, war Karahan beim Spiel der U16 von Augsburg gegen die TSG Thannhausen. Auf der Sportanlage Süd sah er einen Spieler, der anders war als der Rest. Gerade mal 1,58 Meter groß, ein absolutes Fliegengewicht. »Dieser Spieler war kleiner und leichter als alle anderen auf dem Platz. Aber er hat sich in die Zweikämpfe geschmissen, als hätte er überhaupt keine Furcht. Dem war es egal, wie viel größer oder stärker sein Gegner war, er hat jeden attackiert. Und zwar schlau und mit einem Übermaß an Mut. Hinzu kamen sein technisches Vermögen und eine hohe Spielintelligenz.«

Erik Thommy, so hieß der kleine Kerl, bereitete an diesem Nachmittag ein Tor vor und machte eins selber. Karahan war hin und weg. Seine Fantasie ging mit ihm durch. Doch zunächst rannte er beim FCA gegen verschlossene Türen: Der Knirps werde nie Zweikämpfe in der U17 gewinnen können hieß es. »Den schiebt jeder Gegner einfach zur Seite, egal wie mutig der ist.« Doch Karahan ließ nicht locker, bis Thommy in Augsburg landete.

»Er hat etwas in mir gesehen, was zuvor viele übersehen haben«, sagt Thommy heute. Inzwischen ist er 1,75 Meter groß und hat über siebzig Mal für Augsburg, Düsseldorf und Stuttgart in der ersten Bundesliga gespielt.

Zum Scouten gehört also eine ganze Menge Arbeit, viel Fantasie und eine gehörige Portion Empathie. Karahan hat sich, so berichtet er, auch schon mehrfach mit Vätern, die dem von Andre Agassi gleichen, rumgeschlagen. »Solche Geschichten gibt es im Fußball auch. Diese verbissenen Väter, die ihre talentierten Jungs drangsalieren, weil sie sich durch eine Fußballkarriere einen sozialen Aufstieg erhoffen.« Zum Vorbild sollte sich aber niemand die Geschichte von Agassi und seinem Vater nehmen. »Weil die Mehrzahl der Kinder an solchen Eltern zerbricht.«

Am hilfreichsten sei es, so kann Karahan aus seiner lang-jährigen Erfahrung nur raten, wenn Eltern für ihre Kinder als fleißige und ehrgeizige Vorbilder durch Leben gehen, wobei sie gleichzeitig Spaß am Leben und ihrem Job zeigen sollen. »Eltern dürfen gerne Demut einfordern und vorleben, was es heißt, sich auf Ziele zu fokussieren. Sie sollten nicht zu viel Schutz bieten und auch nicht jegliche Kritik von ihren Kindern fernhalten. Denn nur wenn sie Kritik wahrnehmen, lernen sie schließlich, damit umzugehen. Das Profigeschäft ist irgendwann erbarmungslos. Wenn du deine Kinder darauf vorbereiten willst, darfst du sie zuvor nicht komplett in Watte packen.«

Wichtig sei es zudem, Fußball, zumindest ab einem gewissen Altersbereich, nicht als »Fantasiewelt oder Märchenwelt anzusehen, in der es nur ein Happyend oder ein böses Erwachen gibt. Spätestens ab der A-Jugend sollten Eltern und Talente verstanden haben, dass das, was sie machen, auch bereits in einem Nachwuchsleistungszentrum, ein Beruf ist. Und wie in jeder Berufslaufbahn fängt man als Auszubildender an, wird irgendwann Geselle und arbeitet sich langsam hoch. Aber wenn man in der A-Jugend-Bundesliga spielt, ist man noch meilenweit davon entfernt, Meister zu sein.«

Was ihn manchmal erschreckte, wenn er sich mit Eltern traf, um sie für das Augsburger Nachwuchsleistungszentrum zu begeistern, war, wie schlecht vorbereitet einige Eltern waren. »Warum haben Eltern keine Checkliste, wenn sie sich damit beschäftigen, in welches Nachwuchsleistungszentrum ihr Kind gehen soll? Wenn man heute sein Auto verkaufen möchte, also als Privatperson, dann gehen die meisten zum

ADAC rein und holen sich einen Verkaufsvertrag. Darunter sind ganz viele Tipps, die man beachten sollte. Wenn es um den Verkauf eines Autos geht, wird dieser Aufwand betrieben. Aber wenn es um die Karriere des eigenen Kindes geht, wird sich oftmals schlechter darauf vorbereitet.«

Und dann würden halt auch mal Entscheidungen für die falschen Nachwuchsleistungszentren gefällt. »Oftmals ist es doch so, dass Eltern sich mit mehreren verschiedenen NLZ-Vertretern treffen. Die realisieren aber gar nicht, dass die etwas verkaufen wollen. Die wollen das Wettbieten um ihren Jungen gewinnen und stellen dafür auch Sachen besser dar, als sie am Ende sind. Jeder Scout gleicht, wenn er sich mit Eltern trifft, einem Versicherungsvertreter, der sein Produkt blendend darstellt.«

Am schlimmsten habe er es immer gefunden, wenn die Frage nach der Übertragungsrate des Internets wichtiger war als die Spielphilosophie des Trainers.

Wenn Karahan selber Spieler von Augsburg überzeugt hatte und die ins NLZ einzogen, hat er ihnen oft noch eines mit auf den Weg gegeben: »Träumt nicht davon, Profi zu werden. Träumen hat etwas mit einer nicht vorhandenen Idealwelt zu tun. Sondern strebt danach, Profi zu werden. Was man träumt, kann man nur schwer beeinflussen. Und man kann ganz schnell aus Träumen gerissen werden, weil man aufwacht oder aufgeweckt wird. Aber wie hoch eure Strebsamkeit ist, entscheidet ihr am Ende selbst. Also träumt nicht, sondern seid strebsam. Und seht zu, dass ihr die besten Lehrmeister habt. Denn auf die Lehrer kommt es an. Vom besten Chirurgen zu lernen bringt dir ja auch mehr, als wenn du einem Schlachtermeister über die Schulter schaust. Lerne von den besten Meistern. Je besser dein Meister, desto besser deine Entwicklung. Und miss dich mit den Besten, mit denen, die dich fordern. Nur wer an seine Grenzen geht, und darüber hinaus, wird irgendwann den Gipfel erklimmen.«

Kapitel 6

Ernst Tanner

Ganz unten, im Keller der Fußball-Akademie von Red Bull Salzburg, lagerte ein besonderer Schatz. Ernst Tanner hatte ihn dort eine Weile versteckt, kurz bevor seine Tätigkeit als Akademie-Leiter endete. Nur wer einen Chip am Handgelenk trug, hatte überhaupt Zutritt zu diesen Räumlichkeiten.

Der Schatz war in einer unscheinbaren Pappkiste ganz hinten in einem Materialraum versteckt. Es waren nur wenige Flaschen eines besonderen Rotweins, den Tanner nicht in seinem Büro aufbewahren wollte aus Angst, dass er sie sonst zu seinem Abschied nach sechs Jahren bei Salzburg zu großzügig hätte verteilen müssen.

Tanner hatte diesen Wein selbst mit seinen sechs besten und ältesten Freunden mit Hilfe eines Jung-Winzers im österreichischen Burgenland erzeugt. Auf dem Etikett, das seine Tochter Laura kreiert hatte, stand »In Vino Amicitas«, was so viel heißt wie »Im Wein liegt die Freundschaft«.

Tanner ist ein Mann mit sehr wenig Freizeit. Doch wenn er mal nicht mit Fußball beschäftigt ist, dann liest er schon mal Verkostungsberichte von Wein.

Er weiß, dass im Pomerol die Böden aus Kies sind und nur an einer Stelle nach einem Meter eine eisenhaltige Lehmschicht beginnt. Er kann mitreden, wenn jemand anfängt, über ein Bouquet von Pflaumen, Veilchen, Leder oder rotem Fleisch zu sprechen. Wenn jemand sagt, dass mürbes Tannin den Mund vollständig auskleide, der Wein ständig neue Facetten zeige.

Einen besonderen Wein zu trinken, zum Beispiel eine Flasche Château Petrus Jahrgang 1986, kann Zauber und Magie sein. Das kann besondere Gefühle erzeugen. So wie der Fußball manchmal auch.

Wenn Cristiano Ronaldo zum Beispiel, der allerdings mehrere dieser magischen Momente in seiner Karriere hatte, abhebt, und in einer Höhe von 2,38 Metern einen Fallrückzieher vollzieht, dann mühen sich selbst begnadetste Schriftsteller, passende Worte für das Gesehene zu finden. Dann wird ein Tor schon mal zur »Mona Lisa«, also etwas für die Ewigkeit, das immer weiterlebt.

Einen besonderen Wein zu erzeugen erfordert Geduld und viel Erfahrung. Es ist eine Wissenschaft für sich. Allein die Weinlese ist ein kompliziertes Unterfangen. Überdurchschnittlich hohe Tagestemperaturen oder unterdurchschnittlich niedrige Regenmengen verändern den Reifepunkt der Trauben. Ein Zuviel an Sonne hat ebenso Einfluss wie plötzliche Temperaturstürze, die bis tief in die Wurzeln der Reben wirken. Es bedarf zahlreicher Herstellungsprozesse bis zum fertigen Wein, und am Ende braucht er auch noch eine gewisse Lagerzeit, damit er seinen eigenen Charakter entwickelt. Und je nach Qualität und Leistung von Winzern, auch ein bisschen abhängig von unbeeinflussbaren Faktoren wie dem Wetter, kommt am Ende etwas Besonderes heraus oder eben ein Massenprodukt, das nicht sonderlich verzückt.

Irgendwie ist das alles ganz ähnlich wie bei der Ausbildung von Fußball-Talenten.

Als Hobby-Winzer erzielt Tanner durchaus passable Ergebnisse. Als Entwickler von Fußball-Talenten gehört er zu den besten Fachleuten überhaupt. Insgesamt fünfzehn Jahre war er für den Nachwuchs bei den Löwen verantwortlich. Damals schwärmte man deutschlandweit von der »deutschen Talentschmiede«, die zum Beispiel die Bender-Brüder oder Kevin Volland hervorbrachte. Hoffenheim warb ihn ab, später landete er bei Salzburg. Über zwanzig Jahre widmete er sich der Talententwicklung, ehe er sich seinen großen Traum erfüllte und als Sportdirektor in die USA ging: nach Philadelphia.

Tanner kann, wenn er will, sehr hart und deutlich sein in dem, was er sagt. Aber nicht als Nörgler, sondern weil ihm die Verbesserung der Nachwuchsarbeit extrem am Herzen liegt. Er ist einer, der permanent Botschaften sendet. Kleine und große.

Einer, der Tanner zum Beispiel nie vergessen wird, ist Dayot Upamecano, der hochgelobte Innenverteidiger von RB Leipzig. Im vergangenen August ließ er die Angreifer von Atlético Madrid im Viertelfinale der Champions-League verzweifeln; die halbe Fußball-Welt bewunderte ihn anschließend. Englands Stürmerlegende Gary Lineker meinte hinterher: »Highlight des Spiels war es, dem überragenden Dayot Upamecano zuzuschauen. Dieser junge französische Verteidiger hat eine gewaltige Zukunft vor sich.«

2015 kam Upamecano aus Frankreich in die Akademie nach Salzburg.

An einem seiner ersten Tage im Nachwuchsleistungszentrum fuhr er zusammen mit ein paar Mitspielern, darunter Konrad Laimer, mit dem Aufzug aus dem Wohntrakt zum Frühstücksraum. Ernst Tanner sah es und bekam schlechte Laune. Er schnappte sich die Jungs und stellte sie zur Rede. »Ihr behauptet doch, Sportler zu sein. Ihr wollt Profis werden und seid zu faul, die Treppe zu gehen? Das will ich nie mehr sehen. Wir haben so ein wunderschönes Treppenhaus. Benutzt es doch. Ich mag es nicht, wenn Spieler sich so in der Komfortzone bewegen.«

Damit auch ja jeder Spieler die Treppe verwenden würde, ließ er daraufhin einen Code im Fahrstuhl installieren, ohne den nichts ging. Nur die Trainer und Sozialpädagogen kannten ihn.

»Die Ansage hat gesessen«, erinnert sich Upamecano noch Jahre später. »Ich wollte gar nicht bequem sein. Hab gar nicht darüber nachgedacht. Der Fahrstuhl war da, und ich bin eingestiegen. Aber tatsächlich denke ich bis heute jedes Mal daran und entscheide mich dann meist für die Treppe.«

In einem Nachwuchsleistungszentrum wandle man, sagt Tanner, immer auf einem sehr schmalen Grat. Einerseits habe man »ab dem Moment, wenn man einen Spieler übernimmt, eine unglaubliche Aufgabe. Du hast eine Fürsorgepflicht dem Spieler gegenüber. Du hast eine erzieherische Pflicht dem Spieler gegenüber. Du musst Sorge dafür tragen, dass sich die Jungs vernünftig ernähren. Dass sie diszipliniert durchs Leben gehen. Eltern vertrauen dir ihre Kinder an – und übergeben damit auch verdammt viele Pflichten, denen man gerecht werden muss.«

Auf der anderen Seite dürfe man die Kinder auch nicht zu sehr verwöhnen. »Ein NLZ ist kein Jugendhotel«, sagt Tanner. Er habe mal vor Jahren die alte Akademie von Barcelona angeschaut. Das berühmte Bauernhaus, die Original-Residenz aus Backstein aus dem 18. Jahrhundert. »Es gab keine Einzelzimmer. Es hatte Stockbetten, und die Jugendlichen schliefen mit mehreren anderen in Schlafräumen. Das war total spartanisch. Als ich anschließend wieder in unser eigenes Internat gegangen bin, damals war ich bei 1860, dachte ich nur: ›Unser Internat ist wie eine Insel der Glückseligkeit.‹ Wir müssen bei der Gestaltung eines Internats immer daran denken: Wenn wir es ihnen zu schön und zu komfortabel machen, dann müssen wir zumindest personell dafür sorgen, dass sie Widerstände bekommen, dass es Reibung gibt.«

Auch deshalb werde den Jungs nicht alles abgenommen. »Sie sind selber dafür verantwortlich, ihr Zimmer in Ordnung zu halten. In Salzburg gab es nur einmal die Woche eine Grundreinigung. Wir müssen die Talente so unterstützen, dass sie sich vernünftig auf Fußball konzentrieren können. Aber wir sollten sie nicht verhätscheln. Wir müssen also auf der einen Seite aufpassen, dass wir den Spielern nicht zu viel abnehmen. Gleichzeitig dürfen wir sie aber auch nicht überfordern. Die Jungs haben auch nur eine begrenzte Aufnahmekapazität. Die meisten verbringen sechs oder sieben Stunden in der Schule, dann kommen täglich drei, vier, manchmal fünf Stunden rund um den Fußball hinzu. Essen und Hausaufgabenbetreuung kosten auch noch Zeit. Und ein

Leistungssportler sollte dann auch noch acht Stunden schlafen. Das kann dann auch mal ein pickepackevoller Tag werden, der extrem anstrengend ist und eine große Herausforderung an den Kopf darstellt.«

Dann allerdings, wenn einige nach der mittleren Reife beschließen, sich voll auf den Fußball zu konzentrieren, sei das Angebot von einigen Akademien nicht entsprechend. »Wir müssen die Spieler in den NLZs sinnvoll beschäftigen. Es gibt Talente, die viel Zeit hätten. Aber weil kein Frühtraining angeboten wird, liegen die dann bis mittags im Bett. Die erste Mahlzeit ist das Mittagessen. Abends sind sie todmüde und schlafen erst weit nach Mitternacht. Das ist ein gefährlicher Rhythmus. Das ist nämlich nicht das Leben eines Hochleistungssportlers. Um einen gesünderen Rhythmus hinzukriegen, muss man aber bei den Trainern ansetzen und sie frühmorgens aus dem Bett holen. Auch wenn es natürlich schöner ist auszuschlafen, um sechzehn Uhr zum NLZ zu fahren, vier Stunden zu arbeiten und ab zwanzig Uhr fünfzehn daheim vor dem Fernseher zu sitzen. Aber so funktioniert keine Talentförderung. Die Jungs brauchen einen klaren, festen Rhythmus. Der Nachwuchs muss beschäftigt werden.«

Abends schlenderte Tanner oft durch die Akademie, möglichst unauffällig und still. »Ich habe mir regelmäßig angeschaut, wie sich die Kinder verhalten, wenn sie sich unbeobachtet fühlen. Wie sie Tecball spielen oder Basketball.« Wenn er Jungs entdeckte, die noch in der Turnhalle bolzten, wusste er, dass vieles richtig lief. »Das zeigt dann, dass der innere Spieltrieb eines Jugendlichen noch vorhanden ist. Dass wir ihnen nicht zu viel abverlangen und sie immer noch

Bewegungsdrang verspüren. Diese Leichtigkeit darf man in einem NLZ nicht verlieren.«

Doch genau das passiert aus Tanners Sicht viel zu oft. Aus verschiedensten Gründen geht die Leichtigkeit verloren. »Wir müssen den Kindern einen möglichst langen, möglichst unbeeinflussten Weg gönnen. Dieses frühzeitige Exponieren tut ihnen nicht gut.«

Entsprechend würde Tanner auch empfehlen, teilweise die U-Nationalmannschaften abzuschaffen. »Meines Erachtens braucht man keine U15 Nationalmannschaft. Auch keine U16 oder U17. Das sind Kategorien, die ich vollständig abschaffen würde. Damit fördert man keine Talente, sondern befriedigt höchstens das Ego von Spielern, Eltern und Beratern. Was sollen denn diese ganzen Scouting-Veranstaltungen wie bei den Dreizehnjährigen in Bad Blankenburg? Wenn man da schon anfängt die Kinder verrückt zu machen, sind sie völlig kirre, bis sie in der U17 sind.«

Gleichzeitig appelliert Tanner auch an die Eltern, ihren Umgang mit ihren talentierten Kindern zu hinterfragen: »Diejenigen, die alle Steine aus dem Weg geräumt kriegen, die schaffen es eher nicht. Aber das wissen die Eltern nicht. Eltern, die alle Hindernisse wie so ein Bulldozer aus dem Weg räumen und denken, sie tun etwas Gutes, machen das Gegenteil. Wenn die Jungs nicht im Jugendbereich lernen, Hindernisse zu überwinden, dann schaffen sie es später auch nicht.«

Das größte aller Probleme sei, so Tanner, »wenn Talente schon in jungen Jahren mit Geld überfüttert werden. Das hemmt jegliche Entwicklung. So wird ein Talent doch sofort aufs Monetäre konditioniert. Sie gewöhnen sich daran, dass

Monat für Monat das Geld kommt. Zu früh zu viel Geld tötet Talente.«

Aber dieser Kreislauf sei nicht so leicht zu durchbrechen. »Das Problem ist, dass es heutzutage zwei ganz große Kämpfe im Jugendbereich gibt. Zum einen sind die Bemühungen von Beratern bereits in den jüngsten Altersstufen knallhart. Sie stehen untereinander in einem gnadenlosen Wettbewerb. Deshalb loten Berater für ihre Klienten die bestmöglichen finanziellen Angebote aus, verhandeln hart um das meiste Geld für ihre Spieler. Denn wenn sie es nicht tun, müssen sie Angst haben, dass ein anderer Berater ihnen womöglich ihren Spieler wegschnappt, weil er mit einem besseren Vertrag um die Ecke kommt. Im Profibereich ist das gut für die Spieler – und auch nachvollziehbar. Aber beim Jugendspieler schadet man ihm mehr, als dass man Gutes tut. Mehr Geld führt zu einer voreiligen Sättigung, die letztlich Talente verbrennt.«

Gleichzeitig, so führt Tanner weiter fort, »befeuern die NLZs diesen Wettkampf. Sie überbieten sich selber ständig, blasen damit die Gehälter auf. Und wenn sie dann einen Spieler haben, lassen sich manche Zentren zu lange auf der Nase rumtanzen. Es wird selbst bei verheerenden Verfehlungen darauf verzichtet, Spieler rauszuschmeißen, weil ja schon so viel Geld in sie investiert wurde. Ich kenne Fälle, da wurde erst nach der siebenundzwanzigsten Verfehlung reagiert.«

Auf dem Weg zum Fußball-Profi gebe es, so Tanner, einiges, was man falsch machen könne. »Es kommt auf die richtigen Ansätze und das Verständnis von Eltern an. Dann braucht man einen verdammt guten Berater mit tiefen Einblicken, damit der ein Talent nicht in die falsche Richtung lenkt. Die

NLZs müssen sich ihrer Verantwortung bewusst sein und richtig gut ausbilden. Und dann kommt es auf die Einstellung des Spielers selbst an. Nur wenn alle Komponenten irgendwie sinnvoll miteinander verschmelzen oder aufeinander aufbauen, gibt es am Ende einen Spieler, der es nach oben schafft.«

Und der vielleicht sogar magische Momente für die Ewigkeit schafft. So wie sie auch ein besonderer Wein im Gaumen hinterlassen kann.

Rasmus Ankersen hat in seinem bereits erwähnten Buch *Der Goldminen-Effekt – Vom Talent zum Star* vom Frust der Talentsucher geschrieben. Die Kunst, das Außergewöhnliche zu sehen, sei eine extrem harte Disziplin. Und besonders schwierig sei dies im Fußball.

Ernst Tanner sieht das Problem, wie in Kapitel 5 schon angesprochen, vor allem bei den jungen Altersklassen, wo die körperliche Entwicklung der Spieler zum Teil erheblich auseinanderklafft. Ein Mittel, um dagegen etwas zu tun und auch den »Herbstkindern« eine Chance zu geben, wäre eine Veränderung der Stichtagsregelung. »Ich würde in den Altersklassen mit rollierenden Stichtagen spielen, z.B. in der U11 mit 1. Januar und dann in der U13 mit 1. Juli und dann wieder zurück zum 1. Januar und so fort. Natürlich ist das mit organisatorischem Aufwand verbunden, mit unterschiedlicher Verweildauer in den einzelnen Altersstufen, aber man zwingt die Vereine dazu, perspektivisch zu denken. Eine andere Möglichkeit wäre, das ›Bio-Banding‹ zu forcieren. Dabei werden die Mannschaften nach dem biologischen Alter der Spieler zusammengestellt. Gerade in den Altersklassen rund um die Pubertät ist das eine sehr sinnvolle Methode, aber natürlich

viel aufwendiger und vor allem mit großem Interpretationsspielraum bei der Einschätzung des biologischen Alters verbunden.«

Kapitel 7

Peter Knäbel

In seinem Büro hat Peter Knäbel, Schalkes Technischer Direktor für Entwicklung, einen Flipchart aufgestellt. Die Zeichnung, die er auf der ersten Seite angefertigt hat, könnte bei nur kurzer Betrachtung als abstrakte Kunst durchgehen, so komplex scheinen die Kreise, Linien und Farbwechsel. Doch bei genauerem Hinsehen wird deutlich, dass alles einen Sinn ergibt. In der Mitte des Papiers steht das eingekreiste Wort »Knappenschmiede«. Drum herum hat Knäbel Dinge notiert, wie man die berühmte Nachwuchsschule der Schalker verbessern kann. Aspekte wie »Kameras« stehen dort, mit Pfeilen und Strichen mit dem Stichwort »Leistungsdiagnostik« verbunden. Vom Punkt »Talent-Prognostik« zweigen zahlreiche Unterpunkte ab.

Dabei mag es Knäbel eigentlich ganz einfach: »Der Nachwuchsfußball hat sich durch die zunehmende Professionalisierung immer weiter verselbstständigt und teilweise von seinem ursprünglichen Kern entfernt. Es ist eine Industrie drum herum entstanden. Woche für Woche bekommt man neue, vermeintlich innovative Produkte empfohlen, die einen angeblich noch besser machen oder von den anderen NLZs abheben sollen. Es findet ein industrielles Wetteifern statt, in dem man sich verzetteln kann. Im Kern geht es nur um den kleinen Jungen, der gerne diese Pille beherrschen will, der an den Lippen seines Trainers hängt und alles aufsaugt, was ihm dabei hilft, sein geliebtes Spiel zu spielen. Aber wenn über Nachwuchsfußball gesprochen wird, reden wir ganz oft über die äußeren Zwiebelschalen, die um den Kern entstanden sind. Über die Optimierungen in der Sportpsychologie, der Sporternährung und der Digitalisierung der Spielanalyse bis hin zu Bio-Banding und dem *Relative Age Effect*. Das sind viele und wichtige Verbesserungen in den begleitenden Fachbereichen. Im Zentrum muss aber immer der Junge mit dem Ball stehen.«

Außerdem äußerten sich zu oft Leute, die gar nicht wirklich in der Materie Nachwuchsfußball drinstecken. »Ich habe für mich entschieden, nur mit Leuten vertieft über das Thema Nachwuchs zu diskutieren, die eine komplette Saison lang mit einer Jugendmannschaft gearbeitet und gelebt haben. Die wirklich erfahren haben, was Nachwuchsfußball bedeutet. Die wirklich verstehen, dass Nachwuchsarbeit nicht eine billige Kopie des Profi-Fußballs sein darf. Man kann den Profi-Fußball nämlich nicht einfach runterkopieren und versuchen, die gleichen Mechanismen in den Nachwuchsabteilungen anzusetzen, die in der Spitze des Fußballs funktionieren.«

Knäbel will dabei auf keinen Fall wie ein Marktschreier rüberkommen, der rumläuft und behauptet, alles besser zu wissen. »Wenn ich aber gefragt werde, dann antworte ich. Und zwar bei diesem Thema ohne Tabus. Denn in einem so wichtigen Bereich wie der Nachwuchsarbeit gibt es nur Klartext, weil es um das Wichtigste überhaupt geht: Es geht um die Zukunft. Um die Zukunft der Spieler und um die Zukunft des Spiels. Und wenn wir über die Zukunft junger Menschen reden, egal, ob sie nun Schüler, Musiker, Leichtathleten oder Fußballer sind, dann ist es doch unsere Verantwortung, mit Klarheit wachzurütteln, zu sensibilisieren und Anregungen zu geben, damit wir ihnen bestmögliche Voraussetzungen für ihren weiteren Weg schaffen.«

Neunzehn Jahre lang hat Knäbel selbst Profi-Fußball gespielt, angefangen beim VfL Bochum. Als er siebzehn Jahre alt war, verhalf ihm Hermann Gerland zu seinem Debüt. Gegen Borussia Mönchengladbach stand es nach vierundfünfzig Minuten 0:4. Gerland, der auch auf der Bank saß, sagte zu Rolf Schafstall, dem Trainer: »Bringt den Knäbel doch mal. Jetzt macht der Kleine auch nichts mehr falsch.« – »Seitdem weiß ich, dass Zukunft Helfer braucht, und so verstehe ich auch meine Rolle.«

Es folgten vierzig weitere Spiele. Dann ging es zum FC St. Pauli, zum 1. FC Saarbrücken, zu 1860 München, dann zum 1. FC Nürnberg und schließlich in die Schweiz zum FC Winterthur. Hundertacht Mal spielte Knäbel in der Bundesliga, hundertzwanzig Mal in der Zweiten Liga.

Seit 2003 arbeitet er im Nachwuchsbereich, zunächst beim FC Basel, dann beim Schweizer Fußballverband. Er gestaltete beim HSV die Neuausrichtung des Nachwuchses mit, anschließend ebenso beim VfB Stuttgart. Bei so viel Expertise muss Knäbels Wort Gewicht haben.

Man könne sich stundenlang über den Neid von Eltern untereinander unterhalten. Er habe Hunderte Geschichten erlebt, bei denen man nur mit dem Kopf schütteln könne. »Ich habe schon zwei Torhüter-Eltern bei mir gehabt, wo die einen behauptet haben, der Sohn des anderen schieße den Ball beim Einschießen beziehungsweise beim Einwerfen absichtlich am Tor vorbei, damit sich ihr Junge nicht gescheit aufwärmen könne und folglich schlechter spiele. Aber darüber zu sprechen führt uns viel zu weit vom Kern weg.«

Knäbel hat in der Schweiz miterlebt, was passiert, wenn im Kinderfußball die Tabellen abgeschafft werden. »Dann haben die Eltern einfach ihre eigenen geführt. Und wussten dann trotzdem, wenn das Spitzenspiel zwischen Basel und dem FC Reinach anstand. Das Wettbewerbs-Gen, das ist im Menschen drin. Das bleibt es auch.« Aber auch darüber brauche er sich nicht lange auszulassen.

Ebenso wenig wie über seinen Ärger, dass in der B-Jugend zweimal vierzig Minuten gespielt werde. »Sechzehn-, siebzehnjährige Jungs, die vier- bis sechsmal pro Woche trainieren und reglementarisch schon in der Bundesliga spielen dürfen, sollen nicht neunzig Minuten gegen Gleichaltrige spielen dürfen? Das kann mir keiner erklären«, schimpft er und legt nach.

»Fußball zu spielen erlernt man nur, indem man Fußball spielt. Und deshalb müssen wir alles tun, um mehr Spielzeit für alle zu ermöglichen.«

Aber all diese Themen seien zu klein. »Ich möchte nicht über die äußeren Zwiebelschalen sprechen, sondern über die unverzichtbaren, die ganz nah am Jungen dran sind.« Und deshalb betont Knäbel noch einmal: »Wir haben es mit Kindern und Jugendlichen zu tun, die uns anvertraut werden, die wir zunächst einmal beschützen und für die wir uns aufrichtig interessieren müssen.«

Norbert Elgert, Schalkes U19-Trainer, so sagt Knäbel, schaffe es, »innerhalb von einer Woche jedem Spieler so viel Interesse entgegenzubringen, dass sie ihm und seiner Arbeit vertrauen. Das ist die Grundvoraussetzung. Jeder sollte bei der Frage anfangen: Wen habe ich denn da überhaupt vor mir? Bevor ein Schreiner an seiner Skulptur schnitzt, beschäftigt der sich auch erst einmal intensiv mit dem Rohstoff. Und weil es so wichtig ist, wiederhole ich es auch noch einmal: Es geht um den kleinen Jungen mit dem Ball, der zu uns kommt, der sich uns anvertraut. Der kommt übrigens auch freiwillig. In die Schule muss er, zum Fußball will er unbedingt. Und dementsprechend haben wir die Pflicht, den Jungen besser zu machen und ihm all unsere Aufmerksamkeit zu schenken. Aber selbst wenn er es bei uns in der Knappenschmiede nicht zum Profi schafft, dann ist es genauso wichtig, dass er am Ende sagt: ›Das war ein wichtiger und richtiger Schritt in meinem Leben.‹ Allein schon, weil er wahnsinnig viel Zeit investiert hat. Er hat uns ganz viel Lebenszeit anvertraut. Also muss er auch etwas von uns zurückbekommen, etwas Gescheites und Kluges, das er auf seinem weiteren Weg gut gebrauchen und von dem er zehren kann.«

Norbert Elgert selbst, der die Karrieren von Leroy Sane, Thilo Kehrer, Benedikt Höwedes, Mesut Özil, Manuel Neuer, Julian Draxler und vielen mehr maßgeblich begleitet hat, hat dazu in seiner Autobiografie *Gib alles – nur nie auf* geschrieben:

Ich sehe mich wie ein Gärtner. Einer, der es mit jungen Pflänzchen zu tun hat, die gegossen, getrimmt, geschnitten, gepflegt, mal umgetopft, mal veredelt oder auch mal wieder aufgepäppelt werden müssen. Das alles mit dem Ziel, den Pflänzchen zum Idealwuchs zu verhelfen und dafür zu sorgen, dass sie eine tiefe, feste Wurzel bekommen. Oder, wenn man es noch anderes verbildlichen will, bin ich wie ein Diamantenschleifer, der mit seiner Handwerkskunst dafür zu sorgen hat, dass ein Rohdiamant nach aufwendiger Verarbeitung sein unnachahmliches Funkeln entfaltet. Um das zu gewährleisten, um als Diamantenschleifer und Gärtner erfolgreich zu sein, muss ich viel mehr sein als nur ein Trainer. Dafür reicht es nicht aus, sich immer neue Trainingsformen zu überlegen. Mal Rondo spielen zu lassen, mal das Gegenpressing oder den Abschluss zu verbessern.

In der Öffentlichkeit mag der Irrglaube vorherrschen, der Lebensrhythmus junger Fußballer gleiche einem magischen Kreisverkehr. Man stehe auf, trainiere, esse, trainiere wieder, lasse sich behandeln, schlafe, absolviere Spiele und mache das so lange, bis man bereit sei, die Ausfahrt zur Profikarriere zu nehmen. Dass es bis dahin noch viele weitere Abzweigungen gibt, Bodenschwellen, Absperrungen oder Umleitungen, wollen viele nicht wahrhaben.

Damit die »Diamanten« zum Funkeln kommen, muss ein guter Coach unter anderem auch ein guter Zuhörer sein, ein detaillierter Beobachter und auch ein begeisternder Motivator. Wir müssen nicht nur den Fußballer weiterbringen, sondern auch den Menschen dahinter. Denn wir Ausbilder – und das sollten sich alle immer wieder klarmachen – bilden nicht nur künftige Profis für den Fußball aus. Sondern auch Profis fürs Leben. Unser Anspruch ist es, den Kopf der Jungs mindestens genauso intensiv zu trainieren wie ihre Füße. Denn jeder weiß – der Kopf gewinnt.

Trainer müssen ihre Rolle sehr genau einschätzen können und sich ihrer Wirkung auf die Spieler bewusst sein. John Wooden, eine der *faszinierendsten Trainerpersönlichkeiten überhaupt, hat einmal in einem seiner Vorträge einen Vers zitiert, der da lautete: »Kein geschriebenes Wort, kein mündlicher Appell kann unsere Jugend lehren, was sie sein soll. Auch nicht all die Bücher in all den Regalen. Vorbild sind nur die Lehrer selbst.«*

Aber viel zu oft eifern die Trainer von heute sofort ihren eigenen Vorbildern nach. Knäbel sagt: »Anstatt dass Trainer die Arbeit in den Nachwuchsleistungszentren als ihre Berufung sehen, stürmen Jahr für Jahr unzählige Sportstudenten los, bereit, als 450-Euro-Kräfte als Jugendtrainer zu arbeiten, und im felsenfesten Glauben, das Tedesco-Gen in sich zu tragen und ihren Weg zu gehen – mindestens so schnell wie er.«

Mit zweiundzwanzig Jahren war Tedesco, dessen eigene fußballerische Laufbahn weitestgehend in der Kreisliga – mit kurzem Ausreißer in die Landesliga – stattfand, in seinem Heimatklub ASV Aichwald Trainer der F2-Bambini. Mit siebenundzwanzig Jahren betreute er die U17 des VfB Stuttgart. Von dort ging es über die U19 der TSG Hoffenheim nach Aue in die Zweite Liga, wo er den Klub vor dem Abstieg bewahrte. Nach nur elf Spielen, von denen er sechs gewann, wurde er zu Schalke geholt, die er in seiner ersten Saison auf Platz zwei der Bundesliga führte und ins DFB-Pokal-Halbfinale. Tedesco wurde »Trainer des Jahres« und galt als »die Entdeckung«.

Solche Karrieren sind selten. Aber sie inspirieren Zehntausende Jugendtrainer. Knäbel plädiert daher »für eine alters- und stufengerechte Ausbildung und für eine dementsprechende Wertschätzung in den NLZ. Diese Trainer dort müssen wertgeschätzt und dementsprechend auch bezahlt werden. Sie müssen die bestmögliche Ausbildung bekommen, spezialisiert auf den Aufbaubereich, den Grundlagenbereich. Aber anstatt der Ausbildung der Talente mit Top-Trainern die oberste Priorität zu zollen, sieht die Realität wie folgt aus: Da wurde im Jahr 2020 versucht, ein Spiel einer U13 zu verschieben, wegen eines einzigen Corona-Falls im Team. Also nicht, weil die Mannschaft in Quarantäne musste, was logischerweise ein angemessener Grund gewesen wäre. Sondern weil einzig und allein der zweitbeste Spieler fehlte. Also letztlich, weil es die Angst gab, dass man das Spiel ohne diesen Jungen hätte verlieren können. Und damit haben fünfzehn Kinder das Nachsehen, weil es dem Trainer nur ums Ergebnis geht.«

Ehrliche, aufrichtige und korrekte Feedbacks sind ein weiterer wichtiger Aspekt. »Die Chance darauf ist klein, weil niemand – egal ob Klub, Trainer oder Berater – einen Fehler begehen und den Spieler verlieren möchte. Deshalb fällt den Eltern eine entscheidende Rolle zu. Es ist vor allem ihr Kind, dessen Potenzial entwickelt werden soll, und sie brauchen fundierte Expertenmeinungen, um wegweisende Entscheidungen für ihren Sohn und damit letztlich für die gesamte Familie zu treffen. Und da hilft die Brautschau, das Werben um die sogenannten Top-Talente, nur bedingt. Kaum ein NLZ wird im Werben um einen Spieler über dessen Schwächen reden, wenn sie ihn verpflichten möchten. Dabei ist die ganzheitliche Betrachtung – Stärken- und Schwächen-Profil im zukünftigen Kontext des neuen Klubs – ein elementarer Bestandteil des Starts, damit spätere Enttäuschungen vermieden und zielgerichtet mit dem Potenzial gearbeitet werden kann. Und auch Berater sind in einer Zwickmühle. Auch sie wollen die Spieler nicht verlieren und fürchten, ein Top-Talent zu verpassen und an die Konkurrenz zu verlieren. Da bleibt wenig Raum für kritische Rückmeldungen und Auseinandersetzungen. Umso wichtiger ist es, sich von Beginn an klar zu positionieren und keine Luftschlösser zu bauen. Konkrete Zielsetzungen und Planungen für einen realistisch absehbaren Zeitraum von zwei bis drei Jahren. Alles andere ist Kaffeesatzleserei, weil man die Entwicklungen schlichtweg nicht mit Bestimmtheit voraussehen kann. Zudem muss den Spielern und ihrem Umfeld klar sein, dass es nicht reicht, die vereinsinterne oder die nationale Konkurrenz hinter sich zu lassen, sondern dass die gleichaltrige Konkurrenz gerade in Lissabon, London, Madrid oder Paris auf dem Platz steht. Es gibt nur wenige Plätze, und um die ist längst ein weltweiter Kampf entstanden, den unsere Talente nur gewinnen können, wenn sie Top-Trainer haben, die ihnen persönlich wertschätzende, aber auch konstruktiv kritische Rückmeldungen geben, die dann von ihnen konsequent, beharrlich und leidenschaftlich umgesetzt werden.«

Wenn Knäbel selbst an Elternabenden neuer Jahrgänge teilnimmt, versucht er, ein Höchstmaß an Ehrlichkeit und Realitätssinn einzubringen. Er sagt den Müttern und Vätern, die beim Elternabend des Grundlagenbereichs in der Hoffnung sitzen, ihr Junge werde der nächste Bundesligaspieler: »Ein Prozent von allen Spielern, die wir hier auf dieser Stufe haben, schafft es.«

Knäbel berichtet, was es mit dem Kopf machen kann, wenn jemand in einem Nachwuchsleistungszentrum ist. »Als ich beim FC Basel war, hatte ich mal ein Erlebnis, das ich nicht vergessen werde. Wir waren gerade mit der U16 Schweizer Jugendmeister geworden. Yann Sommer war in diesem Jahrgang, Ivan Rakitić. Wobei der beste Spieler an dem Tag ein anderer Junge war. Das Finale fand am Samstag statt, am darauffolgenden Montag hatten wir die Halbjahresgespräche mit den Jungs terminiert, in denen wir mit ihnen über die jeweilige Perspektive sprechen. Ehe wir dabei etwas äußern konnten, sagte der Junge, der so gut im Finale gespielt hatte, etwas zu uns: ›Ich wollte nur sagen, ich höre auf. Ich will aus der Sportklasse raus, ich will in die normale Klasse rein. Ich will nicht mehr den ganzen Tag über Fußball reden und mir von ihm meinen Alltag bestimmen lassen. Nach den Wochenenden und dem Morgentraining bestimmt der Fußball und alles, was auf dem Platz geschah, meine Welt. Die Mitschüler fragen als Erstes nach dem Spiel. Die Kollegen ziehen einen auf, wenn man im Training einen Beinschuss bekommen hat oder im Spiel ausgewechselt wurde. Es gibt in meinem Leben gefühlt nichts anderes. Und das will ich nicht mehr. Es war toll, dass mitzuerleben. Aber mir reicht es, einmal in der Jugend beim FC Basel gewesen zu sein.‹«

Aus dieser Geschichte hat Knäbel wichtige Rückschlüsse gezogen, die ihn auf seinem weiteren Weg begleiteten. Eltern, so Knäbel, sollten mit ihren Kindern reden und fragen, was die denn überhaupt wollen, ehe sie irgendwann – vermeintlich im Interesse ihres Kindes – zehn NLZ-Vertreter nach Hause einladen und anschließend noch mal zehn Berater. »Der kleine Junge, der den Ball beherrschen möchte, der will das vielleicht gar nicht. Der will einfach mit seinen Kumpels von nebenan Fußball spielen. Und er will ganz sicher nicht, dass da zehn Erwachsene hintereinander mit einem Wimpel oder einem Geschenk auftauchen. Der Junge will vor allem eins – ungestört Fußball spielen. Und irgendwann will er sich, wenn er wirklich talentiert ist, messen – dann aber mit den Besten. Kinder wollen nicht die ganze Zeit gegen den leichtesten Gegner ein Tor schießen. Die wollen gegen die Besten antreten. Irgendwann kommt also der Moment, wo die Berater- und NLZ-Auswahl ansteht. Aber nicht zu früh. Und vor allem muss die Entscheidung mit dem Jungen, um den es geht, besprochen werden. Der Zeitpunkt darf nicht einfach von den Eltern allein bestimmt werden. Die Jungs sollten das Signal senden, dass es für sie in Ordnung ist, wenn Eltern sich mit dem Thema Berater beschäftigen. Und sie sollten involviert sein. Und wenn der Berater den Jungen kennt, kann er dann auch eine verantwortliche Vereins- und vor allem Trainervorauswahl treffen, die zu dem Spieler passt. Es muss alles in einem gesunden Rahmen sein. Keine Deutschland-Tour durch zwanzig Akademien. Denn in dieser wichtigen Entwicklungszeit verbessert sich der Junge, der vor allem spielen und sich messen will, ganz sicher nicht, wenn er sich nur zig NLZs anschaut.«

Knäbel ist niemand, der all diese äußeren Zwiebelschichten wegreißen möchte und in einem Früher-war-alles-besser-Zustand verharrt. Er weiß genau, wie wichtig die fortschreitende Arbeit im Nachwuchsfußball etwa ab dem Jahr 2000 – in dem die deutsche Nationalmannschaft bei der Europameisterschaft als Vorrunden-Letzter ausschied – war.

»Was anschließend passiert ist, war gut und wichtig für den deutschen Fußball. Alles wurde hinterfragt, vor allem auch die Jugendarbeit. Das war ein Meilenstein, total wichtig. Der sportliche Misserfolg im Jahr 2000 hat die Arbeit im NLZ-Bereich verändert, insbesondere dank hervorragender Analysen. Daraus sind mehr Trainingsumfänge im Jugendbereich entstanden, ein besseres Bewusstsein ist entstanden, ein umfangreicher Arbeitsmarkt. Maßgeblich eingeleitet von Matthias Sammer, hat die erste Generation den Markt revolutioniert. Aber diese erste Generation ist inzwischen nicht mehr da. Und wir haben uns schwergetan, nachhaltig zu arbeiten. Es hat ein paar Fehlinterpretationen gegeben, und an einigen Stellen hat sich auch ein Selbstverständnis eingeschlichen, dass es immer so weitergeht. Aber das tut es nicht. Wir sind jetzt wieder dabei, Dinge in die richtigen Bahnen zu lenken. Es werden ein paar Zwiebelschalen entfernt und ein paar neue hinzukommen. Aber den Kern sollten wir nie wieder vernachlässigen.«

Kapitel 8

Bernhard Peters

Bernhard Peters hat von seiner Frau Britta, obwohl glücklich verheiratet, schon ziemlich oft den Vogel gezeigt bekommen. Zumeist dann, wenn er wieder viel später als vereinbart von der Arbeit nach Hause gekommen ist und sich mit der Begründung entschuldigte, dass er nach seinem Zehn-Stunden-Tag noch das Training der U17 anschauen musste. »Meine Frau hat darüber immer den Kopf geschüttelt. Aber ich finde, dass diese Konsequenz dazugehört, wenn man ein Nachwuchsleistungszentrum verantwortet. Das hat etwas mit Führung zu tun, wenn ich als Verantwortlicher den Jugendtrainern regelmäßig bei ihrer Arbeit zuschaue.«

Doch genau das vermisse er bei der überwiegenden Zahl der Nachwuchsakademien in Deutschland. »Oft ist es doch so, dass jeder Trainer einfach vor sich hintrainiert und macht, was er will, es gibt kaum Führung. Keiner bekommt Leitlinien an die Hand. Wir kümmern uns viel zu wenig um diejenigen, die unsere Spieler besser machen sollen: um die Multiplikatoren. Stattdessen reibt sich ein NLZ-Leiter damit auf, mit Beratern und Eltern zu sprechen und sich um organisatorische

Details wie die Hotel-Unterbringung zu kümmern, anstatt die handelnden Personen mit guter Führung zu unterstützen. Dementsprechend sind bei uns auch eine Vielzahl von Trainern total im Tagesgeschäft gefangen, anstatt auch mal über Entwicklung nachzudenken. Bei uns in Deutschland herrscht in den NLZs eine totale Dysbalance zwischen strategischer Kompetenz und Tagesgeschäft, weil die Trainer einfach allein gelassen werden. In England gibt es hundertzwanzig Trainer-Entwickler! So etwas brauchen wir hier auch. Wir haben viel zu viele Verwalter, zu viel Mittelmaß, sowohl auf Vereins- als auch auf Verbands-Ebene.«

Peters selbst hat, so bescheinigte es ihm zumindest das Magazin *Der Spiegel* »eine der spektakulärsten Trainerkarrieren Deutschlands« hingelegt. Er ist der einzige Trainer, der seine Mannschaft im Hockey bei zwei aufeinanderfolgenden Weltmeisterschaften zum Titel führte, nämlich 2002 und 2006. Er machte sie zu Europameistern und Champions-Trophy-Siegern und holte 2004 mit ihnen die Bronzemedaille bei den Olympischen Spielen in Athen.

Er wechselte in den Fußball, arbeitete beratend für den DFB, von 2006 bis 2014 vornehmlich als Nachwuchschef bei der TSG 1899 Hoffenheim, später vier Jahre in ähnlicher Funktion beim HSV.

Anfangs war er als Hockey-Trainer autoritär und humorlos, hat seine Spieler mitunter angeschrien und beleidigt. Dann arbeitete er an seinem Führungsstil, hinterfragte sich und spiegelte sein Wirken mit Sportpsychologen. »Ich habe einen Entwicklungsprozess durchgemacht. Auch dank einiger Spieler, die mich immer wieder zum Nachdenken angeregt haben. Tolle Persönlichkeiten, die mich ziemlich hart und offen kritisiert haben, manchmal vor der Gruppe, manchmal im Vier-Augen-Gespräch. Ich habe mich dann jahrelang von den Sportpsychologen Uli Kuhl, Hans-Dieter Hermann und später Lothar Linz, mit denen ich zusammengearbeitet habe, aufnehmen lassen, also mein Training aufnehmen lassen, das Spiel aufnehmen lassen, die Spielbesprechung aufnehmen lassen, Halbzeitbesprechung – das haben wir dann gemeinsam angeschaut, hinterfragt, verbessert. Davon habe ich am meisten gelernt.«

Inzwischen – nach über siebenunddreißig Jahren Erfahrung inklusive einer fundierten Ausbildung an der Sporthochschule und Trainerakademie sowie ständigen Weiterbildungen – zählt Peters zu den wichtigsten Ratgebern im Fußball. DFB-Sportdirektor Oliver Bierhoff sucht regelmäßig den Austausch. Antonio Percassi, Präsident von Atalanta Bergamo, bittet ihn zum Gespräch. DFL-Präsident Christian Seifert hört ihm genauestens zu. Und als im Herbst des vergangenen Jahres sein Buch *Zwei gegen eins – Starke Entscheider auf dem Platz* erschien, wurde es von Bierhoff als »kleine Bibel für alle Fußballer« bezeichnet, und Julian Nagelsmann lobte es als »wichtigen Leitfaden und Ratgeber«.

Peters hat sich das Recht erarbeitet, knallhart sein zu dürfen. Entsprechend fällt auch seine Bewertung der Nachwuchsarbeit aus. »Das ist vielerorts mehr Schein als Sein. Ein Marketingprodukt, das vorne glänzt, hinten aber etliche Mängel hat. Ich provoziere gerne, um Leute aus ihrer Komfortzone zu holen, das war schon als Trainer mein Spezialgebiet. Daher sage ich: Mit der Ausbildung von Leistungssportlern hat diese

Arbeit wenig zu tun. Das ist leider oftmals eher eine ineffiziente Geldverschwendung, wenn man es mal hart sagen will. Denn angesichts des eingesetzten Geldes kommt da viel zu wenig raus.«

Während seiner Zeit beim HSV hatte es sich Peters zur Aufgabe gemacht, die vorhandenen Trainer zu führen und fortzubilden. »Mir macht es viel zu oft den Anschein, dass über falsche Dinge gesprochen wird. Ob die Kabine zwanzig Quadratmeter groß ist oder dreißig, das ist nicht der entscheidende Punkt. Sondern der entscheidende Punkt ist der erzieherische Faktor, wie ich den Willen, die Gier, die Leistungsbereitschaft immer wieder provozieren kann bei den Jungs. Und dafür muss ich Könner haben als Trainer.«

In Hamburg hat Peters entsprechende Führungs-Workshops für Trainer eingeführt, die alle fünf Wochen durchgeführt worden sind. Dabei haben sie unter anderem auch die Aufgabe bekommen aufzuschreiben, was ihnen neben dem reinen Fußballspezifischen das Wichtigste ist. Anschließend wurde darüber in der Gruppe diskutiert, und alle verständigten sich auf die wichtigsten Werte, die niedergeschrieben wurden: Teamgeist, Siegeswille, Leistungsbereitschaft, Bescheidenheit. »Dann bin ich dazwischengepoltert und habe ihnen provozierend um die Ohren gehauen: ›Ganz klasse. Diese Werte hat jedes Nachwuchsleistungszentrum so oder ganz ähnlich dick und fett auf seiner Homepage stehen. Das ist doch so beliebig! Und ich hasse Beliebigkeit.‹ Ich akzeptiere diese Werte nur, wenn wir es hinkriegen, sie zu leben. Wie kriegen wir die durch Beispiele ans Leben? Dann mussten unsere Trainer erst mal auf der Verhaltensebene für sich festlegen, wie sich denn eigentlich Leistungsbereitschaft auf und neben dem Feld darstelle. Was Teamgeist wirklich ist. Wie kriegen wir den Wert Bescheidenheit in die Köpfe der Jungs?«

In dieser Phase ist eine der Gruppen, bei der es um Bescheidenheit ging, irgendwann bei Dirk Nowitzki und seiner Vita gelandet und hat sich intensiv mit Deutschlands erfolgreichstem Basketballer beschäftigt. Sie haben sich klargemacht, wie dieser Mensch so gut werden konnte. Die Nachwuchstrainer haben festgestellt, dass es bei ihm mehrere richtungsweisende Komponenten gab. Zum einen hat Nowitzki längere Zeit neben Basketball auch Handball und Tennis auf Wettkampfniveau gespielt, was ihn zu einem Bewegungstalent machte. Entscheidend war dann, dass er bereits im Alter von gut vierzehn Jahren den perfekten Individualtrainer in Holger Geschwindner fand. Der dachte unkonventionell, baute in seine Arbeit stets eine kreative Note ein. Er verglich Basketball mit Jazz, ließ seine Spieler sogar im Rhythmus der Musik dribbeln. »Wir werden alles geben, was wir noch nie gekonnt haben« wurde zur Grundeinstellung der zwei.

Anfangs wurde Geschwindner für seine Methoden belächelt. Er nahm es mit Humor und nannte sein Büro daraufhin »Institut für angewandten Unfug«. Er berechnete die perfekte Flugkurve des Balles und den idealen Einfallswinkel zum Korb – bezogen auf Nowitzkis körperliche Komponenten. Er schuf ein Bewusstsein bei Nowitzki, sodass er täglich zusätzlich Yoga-Übungen wie den herabschauenden Hund, die halbe Taube oder den Frosch machte. In der Sommerpause nahm Nowitzki auch nach Jahren in der NBA noch Tausende Würfe, um seine Trefferquote und Technik noch weiter zu verbessern. Sie nannten es, »Dirks Werkzeugkiste füllen«. In den Augen seiner Mitspieler wurde Nowitzki so zu einer »Turnhallen-Ratte«. Er selbst sagte dazu: »Talent und Glück machen zwanzig Prozent aus. Achtzig Prozent sind Wille und harte Arbeit.«

Donnie Nelson, General Manager der Dallas Mavericks, und Rick Carlisle, der Headcoach, erkannten früh, dass es klug sei, Holger Geschwindner als Privattrainer von Nowitzki zu akzeptieren, den beiden viele Freiheiten zu lassen und ihnen zu vertrauen. Sie stellten ihr Ego hintenan – im Sinne der Sache.

Mehrfach verzichtete Nowitzki für den Erfolg, wie die Nachwuchstrainer im sehenswerten Film *Der perfekte Wurf* sahen, auch auf Gehalt, um den Mavs so hochkarätige Transfers zu ermöglichen. 2011 führte er Dallas zum Gewinn der NBA-Meisterschaft. Nowitzki wurde MVP, also erfolgreichster Spieler der regulären Saison und später auch der Finalserie. Er erzielte über 30.000 Punkte, machte über 10.000 Rebounds, mehr als 1000 Blocks und 1000 Drei-Punkte-Würfe.

Bei der Meister-Parade jubelte ihm eine Viertelmillion Menschen zu. Der damalige US-Präsident Barack Obama beglückwünschte ihn. Trotz allem sagt Nowitzki: »Ich kann relativ gut einen Ball in ein Körbchen werfen, weil ich 2,13 Meter groß bin. Aber es gibt wahrscheinlich tausend andere Leute, die in ihrem Sektor, in ihrem Job genauso gut sind wie ich, die aber keine Sau kennt. Es ist irgendwie surreal, dass Leute von mir Autogramme und Bilder wollen, weil ich ein bisschen Ball-ins-Netz-Schmeißen kann.«

Angesichts all dieser Aspekte schnitten die Trainer einen Film, den sie in eine PowerPoint-Präsentation einarbeiteten.

Diese begann mit einem Bild von drei HSV-Talenten, über dem das Schlagwort »Bescheidenheit« stand. Darunter war die HSV-Raute zu sehen und dann der Text: »Ich nehme mich nie selbst wichtiger als mein Team und den HSV.«

Der Film, der dann folgte, zeigte Nowitzki beim Yoga; Kobe Bryant sprach über das unglaubliche Ballgefühl des Deutschen. Man sah Jubelbilder und Momente der Qual. Nowitzki gestand, wie hart es war, dorthin zu kommen. Am Ende wurde ein Zeitungsinterview aus der FAZ eingeblendet, in dem er sagte: »Ich habe mich nie als Star gesehen. Ich bin ein Basketballspieler, der halt ganz gut den Ball in den Korb schmeißen kann. Aber diese Fähigkeit macht mich nicht irgendwie besser als andere Leute, die andere Jobs machen. Deshalb habe ich immer versucht, derselbe zu bleiben, der damals aus Würzburg weg ist. Natürlich hat sich mein Leben verändert, aber die Werte bleiben dieselben.«

»Um Bescheidenheit wirklich zu erleben, sind in der Folge Jugendspieler des HSV beim SV Lurup im Nordwesten Hamburgs, um dort einmal die Woche mit Kindermannschaften zu trainieren: Auf einem schlechten Platz mit winzigen Kabinen, mit armseligen Bällen und so weiter. Denn genau unter diesen Voraussetzungen haben unsere Talente auch angefangen. Aber das vergessen sie viel zu schnell wieder. Und so wollten wir dem entgegenwirken«, erklärt Peters. Eine andere Mannschaft fuhr zu den Norderstedter Werkstätten; dort wurde mit Behinderten gearbeitet und Sport gemacht. »Das ist für mich die beste Art, Persönlichkeitsbildung zu betreiben. Und solche Sachen haben wir immer wieder thematisiert.«

Als Peters in Hoffenheim und beim HSV das Sagen hatte, hat er auch immer wieder seinen Trainern eingebläut, dass es ihm »eher egal« sei, »ob du Vierter oder Sechster wirst in deiner Liga. Du kriegst nicht den Kopf ab, wenn du nicht erster oder zweiter in deiner Liga wirst.« Entscheidend sei ausschließlich, »dass wir die besten drei, vier in jedem Jahrgang so unterstützen, dass sie irgendwann oben ankommen. Das ist unser Job. Die anderen fünfzehn Spieler sind dafür da, dass die vier aussichtsreichsten Talente gut spielen können, um es hart zu sagen. Den Besten müssen wir helfen, inhaltlich und mental Fortschritte zu machen. Und sonst geht es um nichts.«

Peters hat großen Wert darauf gelegt, die Trainer besser zu machen, aber auch darauf, dem Nachwuchs Eigeninitiative beizubringen. »Wir haben unsere Perspektivspieler gebeten, selber ihre letzten drei Spiele zu analysieren und die Szenen zusammenzuschneiden, in denen bessere Lösungen möglich gewesen wären. Diese Auseinandersetzung mit sich selbst ist unheimlich wichtig. Und vor allem ist Eigeninitiative wichtig für mich. Wenn du keine Eigeninitiative zeigst, dann bist du in einem NLZ falsch, dann musst du wieder durch die Tür hinausgehen.«

Besonders genervt ist Peters von Talenten, die einmal am Tag trainieren und sonst nichts machen. »Einmal Training und sonst nur RTL II gucken, davon wird niemand Profi. Wenn die Jungs keine Identität aufbauen, wo sie auch in ihren anderen Lebenskompetenzen ein bisschen reflektierter werden, wie etwa beim Anmieten einer Wohnung, beim Einrichten eines Kontos oder bei Dingen wie selber Ordnung zu halten, dann wird das sowieso nichts. Es ist möglich, seine

Schule oder Ausbildung neben dem Fußball zu machen. Jeder, der was anderes sagt, rennt Hirngespinsten hinterher, die ihm eingeflüstert werden. Warum schaffen es Ruderer oder Hockeyspieler, Olympiasieger zu werden und gleichzeitig zu studieren? Die haben, das weiß ich, einen höheren Trainingsaufwand als Fußballer – trotzdem schaffen sie es zeitlich. Viele Nachwuchsfußballer sind bequem und auch naiv, setzen nur auf diese Karte und sind dann dem Druck nicht gewachsen.«

Dass gleichzeitig auch noch das Mindestalter, ab dem Talente im deutschen Profifußball eingesetzt werden dürfen, nach einem Beschluss der Deutschen Fußball Liga (DFL) Anfang 2020 auf sechzehn Jahre herabgesetzt wurde, löst bei Peters keine Begeisterung aus. »Generell finde ich es eine bedenkliche Entwicklung, dass man meint, man müsste das Hochleistungsalter immer weiter Richtung achtzehn, siebzehn, sechzehn nach unten schieben. Das ist gar nicht erstrebenswert, weil wichtige Persönlichkeitseigenschaften, die eine Mannschaft zur Führungsstärke braucht, erst mit fünfundzwanzig, sechszwanzig und später kommen. Erst dann kann ein Spieler von seiner ganzen Ausstrahlung, von seinem ganzen Können, mit seiner ganzen Erfahrung eine Mannschaft führen. Wenn die mit sechzehn, siebzehn schon im Hochleistungsbereich sind, dann werden es viele mental wie physisch nicht schaffen, weil sich dann die Verletzungen weiter potenzieren werden. In meinen Augen werden die viel zu früh nur spezialisiert trainiert, haben deswegen auch etliche Asymmetrien in ihrem gesamten Bewegungsapparat neben der mentalen ständigen Belastung und der Drucksituation und, und, und. Das sind alles Dinge, die nicht zur Folge haben, dass sie eine lange und vor allem eine ganz erfolgreiche Karriere machen. Man sollte das systematischer aufbauen. Das Verhältnis der ständig steigenden Anzahl von Spielen zu aufbauendem Training, das stimmt nicht.«

Peters würde sehr gerne ein wenig entschleunigen und viel mehr auf nachhaltige Karrieren setzen. Vor allem was Normal-Performer betrifft. »Der Übergangsbereich, also die Phase, in der man aus der Jugend herauskommt und in den Männerbereich wechselt, ist der komplizierteste überhaupt. Weil man plötzlich im knallharten Wettbewerb ankommt. Und weil man nun noch viel mehr auf die Gunst des Profi-Trainers angewiesen ist, für den es zumeist nicht um die Entwicklung von Talenten geht, sondern nur ums nackte Ergebnis und den Erfolg. Es gibt Trainer, denen Talente völlig egal sind. Und es gibt scheinheilige Trainer, die Talente für die Galerie einsetzen, also damit sie öffentlich gut dastehen, denen der Nachwuchs in Wirklichkeit aber gleichgültig ist. Wobei man diese Haltung auch gar nicht pauschal verübeln darf, weil sie auch aus einer falschen Führung resultiert. Die meisten Trainer sind nur konditioniert: Wie schaffe ich die nächsten zwei Spiele ohne Niederlage? Denn sollten sie zwei, drei Spiele nicht gewinnen, dann wird der Aufsichtsrat oft schon nervös. Dementsprechend können sich viele Trainer kein Risiko mit Talenten erlauben. Nur die allerwenigsten Profi-Cheftrainer wollen wirklich mit dem Nachwuchs arbeiten und ihn wirklich verbessern. Dementsprechend werden Talenten zwar Debüts geschenkt, damit die Galerie-Trainer glänzen können, aber dann werden sie auch ganz schnell wieder vergessen und in die letzte Reihe geschoben. Der Weg bis zum fünfzehnten Ligaspiel ist also noch ewig weit. Das ist psychologisch ganz schwer zu verdauen, weil es oft auch nicht logisch ist. Man wird zwischen den Profis und der zweiten Mannschaft hin und her geschoben. Wird mal gewollt, dann wieder abgeschoben. Mal ist man geduldet, dann wieder überflüssig. Man braucht für diese Zeit in der Zwischenwelt, wie ich sie mal nenne, eine enge Begleitung, damit man das alles richtig einordnet.«

Grundsätzlich aber sei die Struktur in Deutschland nicht verkehrt, sagt Peters. »Nach der U19-Bundesliga noch mal auf den Acker in Cloppenburg zu müssen, um Regionalliga zu spielen, das schadet nicht. Da wird denen schlagartig klar, wie anders die Welt im Männerfußball ist. Wenn sie das erste Mal von einem achtundzwanzig-, neunundzwanzig- oder dreißigjährigen Amateur richtig weggerammt werden, werden die Jungs sich erst mal schütteln.« Dann werde ihnen bewusst, dass sie noch nichts sind.

Bernhard Peters hat den von ihm hochgeschätzten Holger Geschwindner einmal zu einem Vortrag ins NLZ eingeladen. »Der hat uns einen Satz um die Ohren geknallt, der sehr wahr ist: ›Ruderer sind, bevor sie Medaillen gewinnen, einmal um den Erdball gerudert.‹ Beim Fußball denken viele, zwei gute Jahre in der Jugend reichen, um jemand zu sein. Die Jungs sind leider oft zu bequem. Und einige NLZ-Leiter sind überlastet oder ebenfalls etwas bequem, denn sonst würden Jugendtrainer besser gefördert und folglich den Talenten die notwendige Bereitschaft abverlangen und eintrichtern. Doch wenn Trainer nicht gut geführt werden, können wir auch nicht verlangen, dass sie selbst gut führen.«

Kapitel 9

Tim Walter

Ganz hinten, wo der Gang endet, auf der linken Seite, ist in der vornehmen Käfer-Schänke eines der wichtigsten Außen-»Büros« des FC Bayern. Kein anderer Gast kommt hier vorbei. Selbst wer zur Toilette muss, biegt vorher rechts ab, sodass man hier wirklich ungestört sein kann.

16 Quadratmeter groß. In den Vitrinen sind Bestecke aus Silber und Elfenbein ausgestellt. Sie sollen von der Tischkultur vergangener Zeiten zeugen. Wenn die Bosse des deutschen Rekordmeisters wichtige Termine mit besonderen Menschen haben, empfangen sie ihre Gäste gerne hier, um bei guten Weinen und sehr gutem Essen zu verhandeln – in edelstem Ambiente und nicht in klassischen Konferenzräumen.

Der italienische Trainer Carlo Ancelotti saß vor seinem ersten Arbeitstag bei Bayern München in dieser Stube und verhandelte, plante und diskutierte mit Karl-Heinz Rummenigge. Trainer-Ikone Pep Guardiola wurde selbstverständlich auch in diesem Raum empfangen. Ex-Ministerpräsident und Aufsichtsratmitglied Edmund Stoiber hatte genauso diverse Termine hier mit Uli Hoeneß wie der frühere Sportdirektor Matthias Sammer.

Im Frühsommer 2018 bestellte Uli Hoeneß Tim Walter hierher. Es gab Spargel mit kleinem Wiener Schnitzel und dazu Grünen Veltliner.

Im Sommer 2015 hatten die Bayern Tim Walter aus Karlsruhe geholt. Nach zwei überzeugenden Jahren mit der U17, die auch Deutscher Meister wurde, wurde er zum Trainer der zweiten Mannschaft befördert. Am Ende sprang Rang zwei heraus, Spieler wie Manuel Wintzheimer, Franck Evina, Adrian Fein oder Niklas Dorsch machten entscheidende Entwicklungsschritte.

Die Fans der Amateure bedankten sich mit einem meterlangen Plakat, das über fünfundzwanzig Sitzschalen reichte, für die geleistete Arbeit: »Der FC Bayern sagt Danke Tim Walter!«

Auch Hoeneß wollte es sich nicht nehmen lassen, Walter, der ein Angebot aus der Zweiten Liga von Holstein Kiel bekommen hatte, persönlich zu verabschieden. Und er wollte ihm noch einen Rat mitgeben: »Es war immer wieder aufregend mit Ihnen. Sie haben eine eigene Meinung und vertreten diese auch vehement. Das hat mich persönlich beeindruckt. Aber ich glaube, dass es auf Ihrem weiteren Weg durchaus auch mal sinnvoll sein kann, etwas kompromissbereiter, bedachter und ruhiger an Aufgaben ranzugehen. Da sollten Sie, selbst wenn Sie inhaltlich recht haben, manchmal zurückhaltender und geschickter sein.«

Hoeneß' Rat ist Walter in Erinnerung geblieben. Ab und zu hat er ihn auch bei seinen späteren Stationen in Kiel und dann beim VfB Stuttgart befolgt. Aber wenn es um ein so relevantes Thema wie Nachwuchsarbeit geht, werde er definitiv keine Rücksicht nehmen, sondern Dinge klar benennen, sagt Walter.

»Viele Nachwuchsprobleme fangen im Kopf an. Und zwar auf allen Ebenen. Egal, ob es in den Köpfen der Talente selbst ist, der Eltern, der Berater, der Trainer oder der NLZ-Leiter. Jeder behauptet, wenn man ihn fragt, es ginge ihm nur um die Ausbildung. Aber keiner lebt wirklich danach. Da ist so viel Gaukelei.«

Als Walter 2013 in Karlsruhe anfing, sei die Nachwuchswelt noch eine andere gewesen, erzählt er. »Da haben die Spieler in einer Baracke gehaust, mit Ratten im Keller. Das war das Lausigste vom Lausigsten. Das war so schäbig und so dreckig! Und trotzdem haben wir es geschafft, Hakan Çalhanoğlu (*heute beim AC Mailand, Anm. des Autors*) aus der Jugendabteilung des SV Waldhof Mannheim zum KSC zu holen. Wir hatten Kevin Akpoguma (*heute Hoffenheim*), Lars Stindl (*heute Gladbach*) oder Daniel Brosinski (*heute Mainz*) in Karlsruhe. Die sind alle da groß geworden. Weil es um den Fußball an sich ging. Um das Spiel. Und nicht um die WLAN-Stärke auf dem Zimmer oder wie bequem die Bettmatratzen sind. Diese Jungs haben es auch akzeptiert, wenn wir ihnen gesagt haben, dass sie noch nicht in der U17 spielen können, sondern in der U16 bleiben müssen. Heute kann so eine Aussage ja schon zu einem weitreichenden Konflikt führen. Da wird dann gleich die Wertschätzung des Vereines oder des Trainers hinterfragt. Dann wird damit gedroht, dass man halt woanders hingehen werde. Heute gibt es so eine große Anzahl von Nachwuchsleistungszentren und Beratern, dass Spieler sich einfach ganz schnell anders orientieren, sobald ihnen irgendetwas mal nicht in den Kram passt. Sie rennen weg und glauben, dass es woanders besser ist. Anstatt sich zu hinterfragen, sind immer die anderen schuld. Aber weil wir diese Akademien so austauschbar gemacht haben, funktioniert es. Die Welt der Nachwuchsleistungszentren ist wie ein Selbstbedienungsladen geworden. Wenn mir ein Verein nicht mehr gefällt, dann nehme ich halt einen anderen. Oder wenn mir der Berater nicht gefällt, dann nehme ich halt den Berater, der mir sagt, was ich hören will. Talenten und auch deren Eltern ist eine Fähigkeit abhandengekommen: Zufriedenheit! Ihnen ist nichts gut genug. Anstatt auf sich zu achten, befinden sie sich auf einer ständigen Suche, in einer permanenten Unruhe, weil vermeintlich etwas anderes ja besser sein könnte. Kaum jemand kann mit dem, was er hat, zufrieden sein. Dabei wäre das in der Ausbildung entscheidend.«

Gleichzeitig, so Walter, habe er den Eindruck, dass zahlreiche Talente sich zeitlich total unter Druck setzen und auch gesetzt werden. »Keiner kann früh genug irgendwo sein. Jeder denkt, seine Zeit laufe ab, und jeder meint, er müsse so schnell wie möglich alles schaffen. Ich habe schon so viele Talente erlebt, die dachten, sie seien gescheitert, weil sie mit achtzehn Jahren noch nicht bei den Profis mittrainiert haben. Aber es ist natürlich auch umgekehrt so, dass sie zeitlich unter Druck gesetzt *werden*. Beim Nachwuchsfußball ist es also ähnlich paradox wie in der Berufswelt. Jeder fordert einen jungen Menschen, der innovativ und voller Elan ist, mit dem höchsten Abschluss, den es überhaupt gibt – und der gleichzeitig noch zehn Jahre Berufserfahrung mitbringt. Das geht nicht. Wir fordern teils Unmögliches von unseren Kindern.«

Darüber hinaus gibt es eine weitere Sache, die Walter wirklich große Bauchschmerzen bereitet: »Heutzutage ist es verpönt, Entscheidungen zu treffen«, sagt er und erklärt: »Als ich noch in Karlsruhe gearbeitet habe, habe ich eigentlich acht Jobs gleichzeitig gemacht. Ich war Fahrdienst, Nachhilfelehrer, Betreuer, Team-Manager, Scout, Sozialpädagoge, Athletiktrainer und Trainer zugleich. Ich konnte im Training laut oder leise sein, mich ausprobieren, ohne dass alles hinterfragt wurde. Ich konnte selbst Spieler holen, ohne mit vier Scouts und drei Kaderplanern debattieren zu müssen. Ich bin hingefahren, habe meine Mannschaft selber zusammengestellt. Ich habe jeden Spieler, der bei mir gespielt hat, angeguckt und von Karlsruhe überzeugt. Die einzigen, die mir Feedback gegeben haben und mit denen ein Austausch stattgefunden hat, waren meine NLZ-Leiter Markus Kauczinski und Rüdiger Böhm. Wir waren ein ganz kleines Team, in dem schnell und unkompliziert Entscheidungen getroffen wurden.«

Mit der Weiterentwicklung und Professionalisierung der Nachwuchsleistungszentren seien peu à peu weitere Jobs geschaffen und neue Entscheidungsebenen eingezogen worden. »Die neu geschaffenen Stellen sind eine gute Sache und natürlich hilfreich. Aber jetzt gibt es ganz viele Mitarbeiter, und kaum einer will oder darf Entscheidungen treffen. Es gibt ja immer einen, der obendrüber steht und der gefragt werden muss. Dann geht alles durch ein winziges Nadelöhr bei dem einzigen Entscheider, was alles ungemein verkompliziert. Das ist nicht gut. Ich bin es als Trainer gewohnt, Entscheidungen zu treffen. Auch wenn ich dann mal Fehlentscheidungen treffe; damit kann ich gut leben, das gehört dazu. Aber es ist nicht mehr gewollt, dass auf den Zwischenebenen Entscheidungen getroffen werden. Und wenn es doch jemand macht, dann wird dem schnell vorgeworfen, nicht kollegial zu sein. Mit all diesen Mikro-Kompetenz-Bereichen, die es zuhauf in NLZs gibt, habe wir schwerfällige, entscheidungsarme Monster geschaffen, die teils inneffektiv laufen.«

Außerdem bemängelt Walter den Neid unter den einzelnen Trainern. »Das Ich vieler Einzelner ist viel zu stark ausgeprägt. Wenn heute ein U15-Trainer bei der U17 zuguckt, dann wünscht er sich insgeheim nur, dass der U17-Trainer verliert, damit er in die U17 aufrückt. Das ist leider Gottes oftmals der Fall. Erstens, der Ruhm oder der Erfolg und das Geld ist größer in den oberen Mannschaften. Und zweitens, die Identifikation mit dem Verein, die ist nicht mehr gegeben. Genau das ist das Problem. Die Qualität an sich – ich glaube nicht, dass die fehlt. Aber die Bereitschaft, die Jungs besser zu machen! Wenn ich es gut mache in der U15, dann ist doch scheißegal, ob der U17-Trainer gut ist oder nicht, dann freue ich mich doch mit ihm für seine Erfolge! Und all diese Dinge ziehen sich durch. Eigentlich wäre es theoretisch klasse, wenn der Cheftrainer der Profis einmal die Woche die U19 trainieren würde. Aber der U19-Trainer will das nicht, aus der Panik heraus, dass irgendwelche Schwachstellen in seiner Arbeit aufgedeckt werden könnten. Anstatt sich zu freuen und die Chance für die Talente zu sehen, würden die meisten denken, ›jetzt kommt der von oben‹ und fühlen sich in ihrer Ehre gekränkt. Jeder macht aus seinem Kompetenzbereich einen abgeschotteten Raum, von dem nichts preisgegeben werden soll. Und jeder fühlt sich sofort auf den Schlips getreten.

Wenn der U19-Trainer beim Training der Profis zuschauen möchte, kommt es auch vor, dass der Profi-Trainer denkt: Der Kerl könnte mir irgendwann den Job wegnehmen. Und schon schottet auch er sich ab, anstatt den jungen Burschen fortzubilden und ihm Einblicke zu gewähren.«

Im derzeitigen Nachwuchsfußball laufen, so fasst Walter es bewusst provokant zusammen, »entscheidungsunfähige Neidhammel rum, die einheitliche, fremdgesteuerte Roboter ausbilden, denen noch dazu jegliche Eigenmotivation genommen wird, weil wir ihnen alles und immer vorgeben, was sie wann und wo und wie zu tun haben«.

Dabei sei es doch eigentlich ganz einfach. »Wenn sich alle ein bisschen in ihrer Denke verändern, würde das schon viel bewirken. Ich habe es immer so gesehen: Ich als Trainer bin erst einmal scheißegal! Denn ohne meine Spieler bin ich gar nichts. Und wenn ich meine Spieler gut behandle, wenn ich sie gut ausbilde und die dadurch gut Fußball spielen und erfolgreich sind, dann bin ich doch von ganz allein zwangsläufig auch erfolgreich und rücke ins Zentrum. So einfach ist das. Ich habe nur eine verflixte Aufgabe: meine Jungs jeden Tag besser zu machen und sie jeden Tag auszubilden.«

Kapitel 10

Erik ten Hag

Als Schiedsrichter Björn Kuipers in der 92. Spielminute die gelbe Karte aus seiner Brusttasche fingerte und in Richtung von Matthijs de Ligt zeigte, wusste Ajax-Trainer Erik ten Hag genau, was er zu tun hatte. Während der Großteil seiner Mannschaft beim 2:3 bei Vitesse Arnheim eine sehr durchwachsene Leistung gebracht hatte, sich kaum gegen die Niederlage wehrte, war de Ligt knallhart und kompromisslos in jeden Zweikampf gegangen. Mit seinen gerade einmal achtzehn Jahren hatte er die Mitspieler um sich herum verbal angefeuert und versucht wachzurütteln, selbst den acht Jahre älteren Joël Veltman.

Während gestandene Profis nach dem Abpfiff miteinander über den schlechten Rasen im Arnheimer Gelredome diskutierten, suchte de Ligt keine Ausreden, sondern schaltete sogleich in den Analyse-Modus für die drei Gegentreffer.

»Ich war zu dem Zeitpunkt gerade erst seit zwei Monaten Chef-Trainer von Ajax Amsterdam. Es war unser achtes Spiel – und ich hatte die ganze Zeit über schon das Gefühl, dass etwas mit unserer Mannschaft nicht passte. Mir gefiel unser Bewusstsein nicht. Wir haben, vor allem gegen Arnheim, nicht alles gegeben, um zu gewinnen. Unsere Mannschaft war nicht bereit, Rückschläge auf dem Platz anzunehmen. Wir wollten nur leichten, eleganten Fußball auf einem guten Rasen spielen, aber uns fehlte der Kampfgeist. Deshalb hatte ich mich die ganze Zeit gefragt, wie ich die Mentalität der Mannschaft verändern könne. Und als ich Matthijs gesehen habe, wie er sich gegen die Pleite gewehrt hat, wie er versucht hat, alle mit seinem Willen anzustecken, da wusste ich, was ich machen sollte.«

Im Alter von siebzehn Jahren, drei Monaten und fünfzehn Tagen hatte Matthijs de Ligt unter ten Hags Vorgänger Peter Bosz sein Debüt in der Eredivisie, also der ersten holländischen Liga, gegen Heerenveen gefeiert. Er wurde immer wieder eingewechselt, bekam sogar in der Europa League Spielzeit. Nun beschloss Erik ten Hag, ihn an Stelle von Joël Veltman zum Kapitän der Mannschaft zu machen.

»Ich habe ihm die Binde gegeben, obwohl er der Jüngste war. Das war keine Entscheidung gegen den Spieler, dem ich die Binde weggenommen habe. Er war gut und verlässlich, aber er hatte eben nicht die Mentalität, wie sie de Ligt hatte. Ich habe Veltman meine Entscheidung ruhig erklärt, und er hat sie akzeptiert. Ich wollte einen Spieler, der immer vorangeht, mit dem sich immer alle identifizieren können. Der von überall klar als unser Kapitän wahrgenommen wird. Und der bereit ist, jeden Widerstand zu überwinden und jede noch so schwierige Herausforderung anzunehmen. Ich habe mir de Ligt nicht nur in diesem Spiel genau angeschaut, sondern auch zuvor. Ich war ein Beobachter, der ihn genauestens unter die Lupe genommen hat. Bis ich sicher war, dass er mein Kapitän ist.«

Ajax schloss mit Kapitän de Ligt die Saison als Zweiter ab, qualifizierte sich für die Champions League. In der darauffolgenden Saison folgte prompt de Ligts Debüt in der Königsklasse, in einem Gruppenspiel bei Bayern München. Er war gerade einmal neunzehn Jahre, einen Monat und zwanzig Tage alt.

Ab dem Moment spielte er weitere zehn Mal über die volle Spielzeit in der Champions League. Ganz gleich, ob die Gegner Benfica Lissabon, Real Madrid, Juventus Turin oder Tottenham hießen.

Wenig später schenkte ten Hag auch Sergiño Dest, der sieben Jahre lang sämtliche Jugendmannschaften bei Ajax durchlaufen hatte, gegen Emmen sein Liga-Debüt. Auch in der Champions League vertraute ten Hag dem Achtzehnjährigen: gegen Lille.

Als Ryan Gravenberch sechzehn Jahre, vier Monate und sieben Tage alt war, schmiss ihn ten Hag im Spitzenspiel gegen PSV Eindhoven rein. Zwei Jahre später durfte er sein Champions-League-Debüt gegen keinen Geringeren als Champions-League-Sieger Liverpool geben.

»Ich schaue mir diese Jungs, bevor ich sie erstmals einsetze, immer ganz genau an. Ich habe eine imaginäre Checkliste in meinem Kopf, die ich durchgehe, um für mich zu entscheiden, ob derjenige schon so weit ist oder nicht. Ich checke zum Beispiel, ob er im eigenen Strafraum dribbelt. Ob er hohes Risiko im gegnerischen Strafraum geht. Ob er, wenn alle unsere Spieler in der Vorwärtsbewegung sind, trotzdem dribbelt.

Ob er aus Leichtfertigkeit in der eigenen Hälfte ein Risiko eingeht, wenn alle unsere Spieler in der Vorwärtsbewegung sind. Damit sage ich übrigens nicht, dass ich keine Dribblings will. Im Gegenteil, ich fordere sie! Aber mein Spieler muss die Entscheidung abwägen, ob er mit seinen technischen Fähigkeiten und mit seiner Schnelligkeit jemanden überdribbeln kann. Am wichtigsten ist es mir zu erkennen, dass er sich seiner Verantwortung gegenüber der Mannschaft bewusst ist. Dass er versteht, was passiert, wenn er den Ball verliert. Ich checke auch, welche Entscheidung er im letzten Drittel trifft, wenn er in eine Drei-gegen-eins- oder Drei-gegen-zwei-Situation kommt. Will er selbst das Tor machen, um sein Ego zu befriedigen? Oder nutzt er die Überzahl dafür, dass die Mannschaft das Tor macht? Oder ich gucke: Was macht er, wenn er den Ball verliert? Schaltet er sofort um oder bleibt er erst mal ein, zwei, drei Sekunden stehen? Was macht er, wenn die Mannschaft schlecht spielt? Kämpft er sich rein oder lässt er seinen Kopf hängen? Fördert er seine Mitspieler und geht selbst voran? Oder beschuldigt er sie und zieht sie runter? Ich bin Entscheidungs-Beobachter. Und ich höre meinen Spielern gut zu, denn auch daraus lässt sich erkennen, wer Verantwortung hat.«

Es ist, das weiß ten Hag nur zu genau, auch immer ein Wagnis, junge Spieler reinzuwerfen. »Das kann ein Risiko sein. Denn wenn er keine Leistung bringt, kann es dazu führen, dass die Mannschaft den Jungen nicht akzeptiert. Und die Außenwelt, also die Medien, auch nicht.«

Daher kontrolliere er im Training zuvor nicht nur die bereits genannten Dinge, sondern auch, wie das Talent vom

Rest aufgenommen werde. »Ich höre ihnen sehr genau zu, wie die Älteren mit den Jungen reden. Und höre mir an, wie die Alten untereinander reden, wenn der Junge weg ist und sie sich unbeobachtet fühlen. Lästern sie? Oder reden sie respektvoll? Ich schaue auf die Körpersprache von beiden.«

Vieles könne man aus dem Kreisspiel ablesen. »Die einfache Regel ist: Wer einen Fehler macht, muss in die Mitte. Da immer zwei Spieler an einer Aktion beteiligt sind, kommt es da schon mal zu Diskussionen, wer nun verantwortlich ist. Oftmals ist es dann so, dass bei nicht ganz eindeutigen Situationen die jungen Spieler in die Mitte müssen. Manchmal werden sie sogar reingeschickt, obwohl ein älterer Spieler klar den Fehler gemacht hat. Aber irgendwann kommt die Situation, dass ein älterer Spieler, selbst bei einer kniffligen Entscheidung, in die Mitte geht und damit den Fehler auf sich nimmt. Das ist immer ein Signal, dass der Junge von der Mannschaft akzeptiert wird.«

Letztendlich, sagt ten Hag, ginge es den Profis immer nur um eines: das Gewinnen. »Und wenn sie erkennen, dass der junge Spieler dabei helfen kann, dann akzeptieren sie ihn. Die meisten meiner Spieler haben einen guten Charakter, sind hilfsbereit und haben einen gesunden Egoismus. Gesunder Egoismus ist, wenn es einem ums Gewinnen geht und man dabei erkennt, dass einem andere helfen können. Nur die wenigsten haben falschen Egoismus. Falscher Egoismus ist, wenn man Talenten nicht hilft, weil man fürchtet, sie könnten einem den eigenen Platz wegnehmen. Aber wir haben und hatten zum Glück Spieler wie Dusan Tadic, Daley Blind oder Hakim Ziyech, die junge Talente immer verantwortungsvoll an die Hand genommen haben.«

Ten Hag ist vorbildlich darin, Talente zu integrieren. Bei ihm in Holland nennen sie das, was bei uns in Deutschland als Durchlässigkeit bezeichnet wird, *Durchstrom*.

»In Holland ist es ein bisschen einfacher, Talente in der ersten Liga einzusetzen«, sagt ten Hag, der zwischen 2013 und 2015 als Trainer der zweiten Mannschaft von Bayern München arbeitete. »Die Intensität ist geringer als in der Bundesliga. In Holland wird etwas naiver gespielt. In Deutschland sind die Räume enger, Zweikämpfe werden härter geführt. Deswegen ist es schwierig, in der Bundesliga zu debütieren. Außerdem sind die Etats von Profivereinen in Holland niedriger, und die meisten Kader sind kleiner.«

Zudem sei die Verzahnung bei Amsterdam zwischen Nachwuchs und Profis extrem gut organisiert. »Wir sind ein kleiner Haufen, den ich mal als technisches Herz bezeichne.« Dazu gehören der Sportdirektor Marc Overmars, der Ausbildungsleiter Saïd Ouaali und Erik ten Hag. Diese drei treffen gemeinsam die Entscheidungen.

Darüber hinaus ist das Besondere, dass ten Hag nicht nur für die Profi-Mannschaft verantwortlich ist, sondern auch für die U23. »Ich entscheide bei jedem Spiel mit darüber, wer spielt und auf welcher Position. Wir diskutieren darüber auch mal. Aber diese Mitsprache ist wichtig, weil ich die Jungs ja bei den Profis übernehme. Und darauf müssen wir sie vorbereiten. Die Spielprinzipien, die wir oben haben, werden auch bei der U23 angewandt. Ich schaue mir etwa siebzig Prozent der Spiele von unserer U23 an.«

Die Fußball-Schule von Amsterdam wurde als »Harvard der Fußball-Nachwuchsakademien« verglichen. In ihr lernten bereits Legenden wie Frank Rijkaard, Marco van Basten, Clarence Seedorf und Patrick Kluivert das Fußballspielen in Perfektion.

»Ich habe das Glück, Spieler von sehr guten Jugendtrainern zu übernehmen. Sie haben die wichtigsten Botschaften verstanden und verinnerlicht. Mir ist es zum Beispiel wichtig, dass jeder Jugendtrainer versteht: Das Talent eines Spielers ist nicht Eigentum des Trainers oder des Vereins, sondern es gehört dem Jungen ganz allein. Und wenn mir ein Spieler dieses Talent anvertraut, dann habe ich als Trainer in der Ausbildung eine verdammt hohe Verantwortung. Jugendtrainer müssen dem Talent und dem Menschen, in dem es steckt, Raum für eigene Entscheidungen geben. Man muss ihnen gestatten, ihre eigene Identität zu entwickeln.

Ich finde zum Beispiel, um nur eine Sache zu benennen, dass in der Jugend das Training überorganisiert ist. Bei uns muss immer alles perfekt sein. Ich fände es gut, wenn Nachwuchsspieler viel mehr selbst übernehmen und auch helfen, den Trainingsplatz vorzubereiten. Warum nehmen wir ihnen das ab? Warum stellen die Trainer und Betreuer alle Pylonen und Stangen auf? Warum verteilen wir keine Dienste und Aufgaben, damit Spieler ein bisschen mitmachen? Wir können sie auch mal selber ein Training organisieren lassen. Wir nehmen ihnen in den Akademien ohnehin schon so viel vom Drumherum weg, weil wir uns um Busse und Abholdienste und alles kümmern. Wir berauben sie ihrer Selbstständigkeit. Das ist für mich ein Problem.«

Matthijs de Ligt wurde in Amsterdam nie seiner Selbstständigkeit beraubt. Im Gegenteil: Erik ten Hag hat ihm mit der

Kapitänsbinde eine große Portion Verantwortung in die Hand gedrückt, sodass er selbstständig führen musste. Im Sommer 2019 wechselte er für 75 Millionen Euro von Amsterdam zu Juventus Turin. Er steht als Beweis, wie gut *Durchstrom* funktionieren kann, wenn man als Trainer jungen Spielern die Chance gibt und sie entsprechend fördert.

Kapitel 11

Bayern-Gipfel

Miroslav Klose, Jochen Sauer und Holger Seitz im Gespräch

Am 1. August 2017 wurde der Bayern Campus nach knapp zwei Jahren Bauzeit bezogen. Auf über 30 Hektar gibt es acht Trainingsplätze und ein eigenes Stadion für zweieinhalbtausend Zuschauer. Es gibt einen Volleyballplatz und eine Kletterwand. Der Athletik-Bereich ist 1000 Quadratmeter groß. Bis zu fünfunddreißig Talente können in den Internatszimmern wohnen. Karl-Heinz Rummenigge sprach bei der Eröffnung von einem »Meilenstein in der Klubgeschichte«. DFB-Vizepräsident Dr. Rainer Koch nannte den Campus ein »sichtbares Zeichen für den Fußball von morgen«.

70 Millionen Euro hat der Neubau gekostet. Der Leiter ist Jochen Sauer, zuvor in Berlin, Wolfsburg und Salzburg tätig. Holger Seitz hat beim Nachwuchs des deutschen Rekordmeisters bereits die U17, U19 und die U23 trainiert, ist mittlerweile

eigentlich sportlicher Leiter. Vorübergehend ist er auf den Trainerstuhl bei der zweiten Mannschaft zurückgekehrt.

Miroslav Klose hat vier Weltmeisterschaften gespielt und 2014 zwei Tore und eine Vorlage zum Titel beigesteuert. Zwischen 2004 und 2011 war er stets in der Champions League vertreten. Dreihundertdreißig Tore erzielte Klose in seiner gesamten Karriere. Rudi Völler bezeichnete ihn als »Geschenk« für den deutschen Fußball.

Zwischen 2018 und 2020 trainierte er die U17 des deutschen Rekordmeisters auf dem Campus. Anschließend wurde er, parallel zu seiner Ausbildung zum Fußball-Lehrer, Co-Trainer der ersten Mannschaft, mit der er an der Säbener Straße arbeitet.

Hier sprechen die drei über einen ganz besonderen Campus und die hohe Verantwortung, die sie gegenüber den Talenten haben.

Welches ist Ihr Lieblingsplatz auf diesem Campus?

Jochen Sauer: Wir haben im Hauptgebäude, in dem auch die Zimmer unserer Internatsspieler sowie sämtliche Trainerbüros liegen, einen Besprechungsraum, der einen schrecklichen, schrägen, aber gleichzeitig auch irgendwie inspirierenden Teppich hat. Der ist grün. Ich habe dort das Gefühl, auf dem Rasen zu sitzen – und nicht in einem Konferenzraum. Ich weiß gar nicht, ob das unbedingt die Intention der Architekten war, aber bei mir führt es dazu, dass ich auch wirklich in jeder Sitzung ans Wesentliche, also an Fußball, denke.

Miroslav Klose: Mein Lieblingsplatz ist eigentlich nicht schwer zu beantworten. Es war definitiv der Trainingsplatz, auf dem die U17 stand. Ich habe es geliebt, mit meinem Trainerteam und den Spielern auf dem Platz zu stehen und bei aller Anstrengung und Konzentration trotzdem ganz viel Spaß im Training zu haben. Auf dem Platz hatte ich die Jungs ganz alleine, ohne Zuschauer und ohne Druck von außen. Das sind die Zeitpunkte, in denen man ihnen maximal viel geben kann.

Holger Seitz: Ich bin am liebsten in unserem kleinen Stadion. Dort bekomme ich Samstag für Samstag, Sonntag für Sonntag, die neuesten Erkenntnisse darüber, wo wir stehen. Auf unseren Trainingsplätzen wird entwickelt. Das kleine Stadion ist, wenn man so will, unser Kontrollzentrum. Dort bin ich Beobachter, der sieht, ob die beigebrachten Dinge schon ineinandergreifen oder wo wir noch Potenzial haben.

Kontrollzentrum? Wollen Sie behaupten, dass es bei Bayern nicht vornehmlich um Ergebnisse geht?

Jochen Sauer: Also, ich kann sicher sagen, dass es, seit ich hier bin, noch bei keiner einzigen Vertragsverlängerung eines Trainers eine Rolle gespielt hat, ob derjenige Zweiter, Dritter oder Vierter war. Da geht es um ganz andere Dinge.

Holger Seitz: Das Spiel am Wochenende ist nur ein kleiner Teil der Ausbildung. Viel wichtiger sind die täglichen Trainingseinheiten. Wir verbringen deutlich mehr Stunden pro

Woche im Training als diese neunzig Minuten am Wochenende. Wir haben hier keinen unmittelbaren Ergebnis-Druck. Aber jeder, der für Bayern München arbeitet, muss sich darüber bewusst sein, dass wir auch in der Jugend eine besondere Qualität haben. Wenn man hier jeden einzelnen Spieler verbessert und ihn somit weiterbringt, dann gewinnt man normalerweise und spielt um Jugendmeisterschaften mit. Dennoch steht hier der Entwicklungsprozess über allem.

Das ist so ein Satz, den man oft hört. Viele behaupten das, aber nur die wenigsten leben es auch. Ganz oft ist es so, dass es Jugendtrainer viel mehr um ihr eigenes Weiterkommen geht, als eben um die Entwicklung und Ausbildung von Spielern.

<u>Holger Seitz:</u> Grundsätzlich habe ich die Erfahrung auch gemacht, da bin ich bei Ihnen. Nachwuchstrainer bekommen von ihren Verantwortlichen selten Feedback über die Entwicklung der Spieler. Viel zu oft wird über das Ergebnis gesprochen. Immer wieder hört man nach dem Spiel beispielsweise folgende Aussage: »Ihr habt verdient gewonnen.« Oder umgekehrt: »Ihr habt zu Recht verloren.« Das ist das Problem. Denn wenn die Trainer zu wenig Rückmeldung von den Leitern bekommen, ob sie eine gute oder schlechte Ausbildung machen, dann definieren sie sich nur über die Tabelle. Sie holen sich durch den Blick auf die Tabelle ihr Feedback, um sich zu beruhigen. Dementsprechend tun diese jungen Trainer alles, um Spiele zu gewinnen. Das erhöht dann den Ergebnisdruck für die Spieler.

Jochen Sauer: Da bin ich komplett bei Holger. Man macht im Nachwuchs gerne einen handwerklichen Fehler: Man stellt Leute ein und denkt, dass die total erfahren sind, weil sie eine A-Lizenz haben oder auch die Fußball-Lehrer-Lizenz. Man holt sie und lässt sie machen, in dem Irrglauben: »Der ist ein erfahrener Experte. Der wird den Kindern schon was beibringen.« Im Nachwuchs hat man es aber ganz oft mit sehr jungen Trainern zu tun, die noch am Anfang ihrer Karriere sind. Man vergisst zu oft, dass sie vielleicht achtundzwanzig Jahre alt sind und davor gar nicht auf höchstem Niveau Fußball gespielt haben, denn andernfalls wären sie ja noch Profi. Man vergisst, dass diese Jungs vielleicht auch erst wenige Jahre Trainer sind, meist noch bei einer ganz kleinen Mannschaft. Man darf nicht vergessen: Aktuell kann man schneller eine A-Lizenz oder B-Lizenz als Fußball-Trainer machen, als eine Ausbildung zum Bäcker, Elektriker oder Schreiner, die meist zwei, drei Jahre dauert. Mit allem Lernaufwand inklusive Praktika kann man es in wenigen Monaten zur A-Lizenz schaffen, mit der man bis zur U19-Mannschaft alles trainieren darf. Dementsprechend ist es elementar wichtig, diese Trainer zu unterstützen, ihnen Feedback zu geben, mit ihnen zu arbeiten. Das Thema hat Holger bei uns ja maßgeblich mit angeschoben, und daher wollte er ja auch vom klassischen Trainerjob weg, um als sportlicher Leiter unsere Trainer am Campus besser zu machen, ihnen unsere Ausbildungsidee und unsere Spielphilosophie zu vermitteln, sie fortzubilden.

Klingt prinzipiell gut. Aber warum waren Sie dann so inkonsequent und haben Holger Seitz wieder zum U23-Trainer gemacht?

<u>Jochen Sauer:</u> Ja, das war total inkonsequent. Aber seine Mission ist nur unterbrochen, nicht abgebrochen. Er wird diesen Weg ab dem kommenden Sommer fortsetzen. Wir waren in einer Situation, dass Sebastian Hoeneß ein Angebot von Hoffenheim hatte, das wir ihm nicht verbauen wollten. Gleichzeitig waren Danny Schwarz und Miroslav Klose parallel in der Fußball-Lehrer-Ausbildung, sodass sie nicht in Frage kamen. Wir hätten uns gewünscht, den richtigen Trainer für die U23 zu finden. Wären wir mit unserem Trainer-Entwicklungsprogramm zwei Jahre weiter, hätte ich kein Stress gehabt, dann hätten wir fünf Trainer auf dem Niveau gehabt, um Sebastian Hoeneß zu ersetzen. So macht es Holger nun noch mal, aber so, dass er trotzdem noch die ein oder andere Trainerfortbildung leiten kann.

<u>Holger Seitz:</u> Dieses Trainer-Thema ist tatsächlich eine Herzensangelegenheit von mir. Es sind, das muss man so klar sagen, viele Stellen im Jugendtrainer-Bereich falsch besetzt. Es gibt zu viele junge Trainer, die Existenz-Stress haben. Die fangen in einem Alter an, in dem sie selbst heiraten und eine Familie gründen wollen, aus ihrer kleinen Single-Wohnung in eine größere umziehen. Das wird aber bei ihrem U14-Trainer-Gehalt ziemlich knapp. Daher meinen sie, Ergebnisse liefern zu müssen, um in besser bezahlte Altersbereiche aufzusteigen. All diese Dinge sind nicht im Sinne der Talente. Denn

wir wollen ja eben nicht, dass sich Trainer über den Spieler stellen. Wir wollen nicht, dass Trainer den Fußball benutzen. Wir wollen nicht, dass Jugendtrainer durch ihr Verhalten dem Nachwuchs signalisieren, dass das Ergebnis vom Wochenende alles ist. All das hat nämlich die falsche Wirkung.

Sondern?

<u>Holger Seitz:</u> Der Trainer darf unter Stress nicht nervös werden. Der muss souverän sein, über den Dingen stehen. Der muss Weitsicht in seinem Auftreten und in seinen Entscheidungen haben. Wenn man zum Beispiel mit einer U17 ins Trainingslager fährt, muss die Umgebung einem Sechzehnjährigen angepasst sein. Das sollte nicht luxuriöser sein als das, was sich ein Großteil der Eltern im Urlaub leistet. Auf solche Dinge muss der Trainer achten. Eine U11 muss nicht mit einem ganz tollen Bayern-Bus zu einem Hallenturnier fahren. Da ist der Jugendtrainer der Entscheider. Was ist notwendig? Wo beginnt die Verhätschelung? Ein Trainer überträgt mit seinem Auftreten vieles. Er ist der wichtigste Wertevermittler.

<u>Jochen Sauer:</u> Trainer sind Führungskräfte mit einer brutal komplexen Aufgabe. Die müssen besser gemacht werden. Ich habe das zu meiner Zeit bei RB erlebt. Ralf Rangnick und Helmut Groß waren ständige Antreiber für Fort- und Weiterbildungen. Ich behaupte mal, dass Sebastian Hoeneß am meisten gelernt hat, als er als U17-Trainer bei Leipzig war und auch regelmäßig in interne Fortbildungen musste. In Salzburg

haben die oft am Wochenende von frühmorgens bis zu den Spielen stattgefunden. Da hat sich ein Marco Rose, der heute Trainer bei Gladbach ist, auch nicht immer total begeistert reingesetzt. Ralf Rangnick ist Pädagoge, Gymnasiallehrer, der will von seinem ganzen Wesen her anderen Menschen etwas beibringen. Von diesem Ansinnen und den Fortbildungsmaßnahmen haben sehr viele junge Trainer in Leipzig und Salzburg profitiert, die heute alle in den ersten Ligen in Europa einen hervorragenden Trainerjob machen.

Herr Seitz sprach gerade von Werten. Als die Kölner Mannschaft von Martin Heck einmal zum Halbfinale um die Deutsche B-Jugend-Meisterschaft auf den Campus gefahren ist, haben die Spieler um Florian Wirtz im Bus an der Scheibe geklebt und beeindruckt Fotos von dem Areal gemacht. Ist Ihnen klar, wie außergewöhnlich diese Anlage ist? Das ist ein Vorzeige-Campus, einem Fünf-Sterne-Hotel ähnlich. Ist das für die Wertevermittlung hilfreich?

Jochen Sauer: Es ist die Verpflichtung von einem Verein wie Bayern, die bestmögliche Infrastruktur zur Verfügung zu stellen, um gute Trainingsarbeit zu leisten. Es ist wichtig, gute und viele Trainingsplätze zu haben, dass auch die athletischen Möglichkeiten, der Kraftraum auf einem sehr hohen Niveau sind. Die Spieler können bei uns keine Ausreden haben. Aber ich verstehe, was Sie fürchten. Dadurch haben wir es hier natürlich schon schwerer, die Jungs auf dem Boden zu halten beziehungsweise ihnen das Gefühl zu nehmen, dass sie in diesem Luxusumfeld schon jemand sind. Dass sie bereits alles erreicht haben. Das gehört aber auch zur Führungsaufgabe, die wir am Campus haben: Trotz dieses Luxus den Spielern zu vermitteln, dass es keine Belohnung für sie ist, sondern ein Ansporn. In anderen Nachwuchsleistungszentren mag es leichter sein, Demut zu behalten. Wir wissen, dass wir einen Luxuspalast haben. Wir wissen aber auch sehr genau, dass es eine elementare Aufgabe der Trainer ist, unsere Talente entsprechend abzuholen. Wir vermitteln ihnen: »Profi zu werden ist wahnsinnig schwer. Bei Bayern München sogar fast unmöglich. Versucht die Möglichkeiten hier gut zu nutzen.« Man muss sich um jeden Spieler einzeln wieder und wieder kümmern.

Holger Seitz: Es ist hier jedem bewusst, dass wir einen Vorzeige-Campus haben. Und dass es etwas Besonderes ist, wenn man hier mitmachen darf. Gleichzeitig ist mit den Voraussetzungen aber auch eine große Erwartungshaltung verbunden, der wir, wie ich finde, bereits ein Stück weit gerecht werden. Wenn man schaut, wie viele Spieler von hier bei Erstligisten dabei sind: Jamal Musiala hatte schon Einsätze bei unserer ersten Mannschaft. Joshua Zirkzee hat unter anderem gegen Freiburg, Hoffenheim, Wolfsburg und Gladbach Tore erzielt. Hansi Flick hat Chris Richards vertraut. Angelo Stiller und Bright Akwo Arrey-Mbi durften schon Champions League spielen. Adrian Fein und Oliver Batista Meier sind von uns ausgeliehen, spielen regelmäßig in der ersten holländischen Liga. Wir vom Campus haben unserem Cheftrainer also bereits Talente anbieten können und bereiten fortlaufend weitere vor.

Herr Klose, für Sie muss es sich noch einmal ganz anders anfühlen angesichts Ihrer eigenen Vita. Sie haben noch im Alter von zwanzig Jahren auf Dachfirsten gearbeitet, Ihre Ausbildung zum Zimmermann abgeschlossen und Amateur-Fußball gespielt, ehe Sie in die Weltspitze hochgeschossen sind. Was denken Sie, wenn Sie heute auf den Bayern-Campus fahren? Ist es schwer, dort Werte vorzuleben und Demut in die Köpfe der Talente zu bekommen?

<u>**Miroslav Klose:**</u> Es war bei mir einfach eine ganz andere Zeit. Sie sprechen ja vom Jahr 1998. Deshalb kann man die Gegebenheiten nicht eins zu eins vergleichen. Wenn ich jetzt daran zurückdenke, auf was für Plätzen wir trainiert haben und wie die Umkleidekabinen waren, in denen wir uns teilweise umgezogen haben – das war verrückt, aber es war trotzdem einfach großartig! Der Campus hier ist beeindruckend, es ist eine der modernsten Jugendakademien weltweit. Es muss die Jungs stolz machen, hier leben und trainieren zu dürfen. Du hast hier als junger Spieler die Möglichkeit, wirklich alles für deine Entwicklung mitzunehmen, du musst es nur wirklich wollen! Der größte Fehler wäre es zu glauben: Jetzt bin ich hier, und jetzt geht alles von ganz alleine ... denn so ist es eben nicht! Hier herrscht ein anderer Druck, ein anderer Konkurrenzkampf, und es kommen nur die durch, die wirklich bereit

sind, mehr zu tun als die Konkurrenz! Und ganz wichtig: Nur weil hier vieles Hochglanz ist, verlieren wir Trainer und Verantwortliche nicht die wichtigsten Werte aus den Augen. Höflichkeit, Ehrlichkeit und Bescheidenheit sind Dinge, die mir sehr, sehr wichtig sind. Daher muss jedem Talent, dass hierherkommt, klar sein: Du hast noch nichts erreicht, nur weil du hier bist!

Wieso haben Sie eigentlich, Herr Klose, diesen Weg eingeschlagen, haben erst mal als U17-Trainer bei Bayern angefangen, ehe Sie nun neben der Ausbildung zum Fußball-Lehrer als Co-Trainer von Hansi Flick arbeiten?

<u>**Miroslav Klose:**</u> Sie haben es ja selber erwähnt. Ich bin ein Freund von grundsolider Ausbildung, habe während meiner aktiven Karriere Schritt für Schritt zurückgelegt. Daher finde ich es wichtig, auch bei der Trainerausbildung zunächst gründlich die Basis kennenzulernen und alle Ebenen zu kapieren. Es ist ganz wichtig zu verstehen, wie diese Jungs heute ticken, hautnah mitzuerleben, wie sie groß werden. Die Umstände ihrer Entwicklung sind, wie gerade schon angedeutet, definitiv andere als zu meiner Zeit. Social Media gab es bei mir gar nicht, das Internet stand am Anfang seiner rasanten Entwicklung, Ausrüster-Verträge gab es in der Jugend auch nicht. Ich lerne selber viel von den Spielern – die noch dazu eine Generation sind, die mich definitiv in den nächsten Jahren begleiten wird. Wissen Sie, was mir am meisten Spaß macht bei der Arbeit mit dem Nachwuchs? Wenn man

ihre Begeisterungsfähigkeit spürt, wenn man merkt, wie sie deine Idee vom Fußball aufsaugen und von ihr fasziniert sind. Besonders geil ist es, wenn man dann wirklich erkennt, dass sie Ratschläge annehmen, sich entwickeln und besser werden. Das schönste für einen Trainer ist es, wenn Spieler einem glauben und wirklich mitziehen.

Wofür bilden Sie denn eigentlich auf dem Campus aus? Für Bayern München? Oder prinzipiell Erstliga-Spieler?

<u>Holger Seitz:</u> Wir bilden für Bayern München aus. Wobei wir natürlich wissen, dass unsere Profi-Mannschaft über viele Bundesliga-Mannschaften noch mal eine Stufe drüber hinausragt. Und dass man schon außergewöhnlich gute Talente vorbereiten muss, wenn man sie dem Champions-League-Sieger zur Verfügung stellen will. Aber deshalb wissen wir auch, dass es verschiedene Wege zu Bayern München geben kann. Es kann eine sinnvolle Strategie sein, wenn ein Spieler nach der U19 bei uns erst mal nach Ulm oder zur SG Sonnenhof Großaspach in die Regionalliga Südwest geht, um dort erste Erfahrungen im Herrenfußball zu sammeln. Wir haben unterschiedliche Laufbahnplanungen.

Man sieht auf der anderen Seite der südlichen Fröttmaninger Heide die Allianz Arena. Wie oft behaupten Sie, wenn Sie neue Spieler für die Bayern-Jugend gewinnen wollen, dass Sie den Nachwuchs dorthin führen werden?

Holger Seitz: Da muss man seriös bleiben und den Talenten verdeutlichen, dass das im Bereich des Möglichen ist. Aber dass das auch das Wohnzimmer der besten Mannschaft Deutschlands ist, beziehungsweise aktuell sogar der besten Mannschaft Europas. Es wäre Gaukelei, ihnen zu versprechen, dass sie da reinkommen werden. Wir garantieren nur eines: eine gute Ausbildung. Das können wir zu hundert Prozent versichern. Wir können auch garantieren, dass einem vom Bayern München Campus aus viele Türen offen stehen, wie man zum Beispiel bei Flavius Daniliuc sieht, den wir so weit ausgebildet haben, dass er mit achtzehn Jahren in der ersten französischen Liga bei OGC Nizza spielt. Wir können eine U23-Mannschaft garantieren, in der wir vielfach bereits A-Jugendliche Herrenfußball spielen lassen.

Die Arena kann man sehen, die Stars der ersten Mannschaft nicht. Ist das ein Handicap des Campus, dass die Vorbilder so weit weg sind?

Holger Seitz: Ein bisschen schade ist das. Die Idee ist aber: Vom Campus zur zweiten Mannschaft, die ja an der Säbener Straße bei den Profis trainiert. Von der zweiten Mannschaft zur ersten Mannschaft. Wir sind ja auch bestens vernetzt, unter anderem dank Miro, der als Co-Trainer bei den Profis ist.

Wie wichtig ist diese Verzahnung zwischen Jugend- und Profi-Bereich? Sind Sie, Herr Klose, quasi Talent-Empfehler an der Säbener Straße?

Miroslav Klose: Der größte Vorteil für die Bayern-Talente ist Hansi Flick. Er gibt den Jungs ernsthafte Chancen, sofern sie es sich verdient haben. Für ihn spielt das Alter keine Rolle, sondern vor allem die Einstellung und der Charakter eines Spielers. Das ganze Trainerteam ist permanent im Austausch mit Holger und Jochen, und natürlich hilft es auch ein bisschen, dass ich viele Spieler schon aus der Jugend kenne. Wir haben einfach auch eine glänzende Ausgangssituation für unsere Toptalente, weil sie in unserer zweiten Mannschaft schon sehr früh richtigen Männerfußball in einer professionellen Liga lernen können.

Wie muss man sich die Spielphilosophie vom Bayern-Nachwuchs vorstellen? Wie lautet die Spielidee?

Holger Seitz: Wir wollen dominant in allen Spielsituationen sein. Also dominant mit Ball und ohne Ball. Wir wollen das Spiel mit Ball kontrollieren. Dazu gehört als ein Werkzeug ein vernünftiges, schnelles, sauberes Passspiel. Das Passspiel hat den Sinn, den Gegner so in Bewegung zu versetzen, dass ein Zielspieler in der Offensive irgendwann in eine Eins-gegen-eins-Situation kommt. Die Ballzirkulation dient wohlgemerkt nicht dazu, dass wir uns irgendwann feiern, dass wir 80 Prozent Ballbesitz haben – aber dafür keine Effektivität.

Das Passspiel ist notwendig für unser Spiel mit dem Ziel, einen Individualisten, der seine Qualität im eins gegen eins hat, in eine gewinnbringende Position zu bringen.

Das heißt, Spieler dürfen sich bei Bayern ins Dribbling trauen?

Holger Seitz: Wir fordern das sogar. Noch mal: In der Spieleröffnung und im Übergangsspiel benötigen wir grundsätzlich mal ein zielorientiertes Passspiel. Dann fordern wir die Eins-gegen-eins-Situationen ein, in dem Wissen, dass dabei zu fünfzig Prozent auch der Ball wieder verloren werden kann. Aber: Wir sind uns bewusst, dass die Topspiele nur durch Eins-gegen-eins-Situationen entschieden werden. Dafür braucht man mutige Spieler mit Instinkt, handlungsschnell, solche, die Fußball auch nach Bauchgefühl spielen. Im letzten Drittel wollen wir Mut. In allen Varianten. Eins-gegen-eins frontal, auf der kurzen und langen Distanz. Mit dem Rücken zum Tor. Dafür müssen wir unsere Spieler verstärken. Wir müssen ihnen aufzeigen, was sie gut machen. Selbstbewusste Spieler gewinnen dir die großen Spiele. Denken Sie mal an unsere Profi-Mannschaft. Serge Gnabry, Leroy Sané, früher Arjen Robben oder Franck Ribéry – das waren und sind Entscheider, weil sie das Eins gegen Eins beherrschen.

Wie verstärken Sie Ihre Spieler?

Holger Seitz: Ich habe in meiner Zeit als Trainer beim Bayerischen Fußballverband und als Co-Trainer der U-Teams des DFB festgestellt, dass sich unsere Jungs schwertun, in Entwicklungsgesprächen über sich und ihre Stärken zu reden. Sie können viel mehr über ihre Schwächen reden als darüber, was sie positiv ausmacht. Die Jungs haben teilweise gar kein Vertrauen in ihre eigene Leistungsfähigkeit. Weil zu viel mit ihnen über ihre Schwächen geredet wird. Ein Talent wird aber nicht zum Bundesliga-Spieler, weil man seine Schwächen aufgefangen hat. Der Junge wird dann für einen Bundesligatrainer interessant, wenn er etwas Besonderes hat, eine Waffe. Wir müssen die Besonderheiten, die jedes Talent hat, vorantreiben. Wir müssen Spieler in irgendwas besonders machen. Im Sport geht es doch vornehmlich um Begeisterung, um Freude. Beim Sport benötigt man eine hohe Motivation. Es ist doch bekloppt, immer über das zu sprechen, was man *nicht* kann. Selbstbewusste Spieler entscheiden Spiele. Deshalb erzählen wir ihnen hier am Campus schon, was sie können. Wir sind Verstärker.

Herr Sauer, Holger Seitz hat über falsche Trainer-Besetzungen im Jugendbereich gesprochen. Wo liegt Ihrer Meinung nach das dringlichste Problem im deutschen Nachwuchsfußball?

Jochen Sauer: Im Übergangsbereich aus dem Jugend- in den Profi-Bereich. Wir haben da auch noch keine wirkliche

Lösung gefunden, aus den sehr gut arbeitenden NLZs und Amateurvereinen, darunter zum Beispiel Hertha 03 Zehlendorf – die Pierre Littbarski oder Niko Kovač ausgebildet haben – mehr gut vorbereitete Talente durch den Flaschenhals in den Profibereich zu bekommen. Wenn wir die beste Bundesliga der Welt haben möchten und die beste Nationalmannschaft, dann müssen wir viel mehr aus dieser Masse hochbekommen. Stattdessen verschärft sich momentan noch das Problem. Stefan Kuntz beschwert sich nicht zu Unrecht, dass seine U21-Nationalmannschaft nicht wettbewerbsfähig ist. Wir geben den Spielern in diesem Altersbereich viel zu wenig Spielzeit auf höchstmöglichem Niveau. Ich glaube, dass wir im Ausbildungsbereich der U13, U14 bis zur U17 nicht besonders hinter anderen Ländern hinterherhinken. Da gibt es Kleinigkeiten, die die Engländer besser machen als wir, Nuancen, die wir besser machen als die Franzosen. Doch im Grunde sind wir auf einem Niveau. Aber dann, ab der U19, haben wir keine schlüssige Antwort. Da ist bei uns der Sprung zum Herrenfußball zu groß. Und da reicht es nicht, wenn wir den U19-Spieler härter trainieren lassen, noch eine Einheit mehr pro Woche veranstalten, noch ein Freundschaftsspiel gegen Dortmund einschieben …

Miroslav Klose: Da bin ich völlig bei Jochen. Es ist ganz wichtig, dass die Toptalente, sofern die Einstellung, die körperlichen Voraussetzungen und der Charakter stimmen, früh an den Männerfußball herangeführt werden. Das beinhaltet natürlich auch, die Chance zu bekommen zu spielen, selbstverständlich nur dann, wenn die Leistung passt. Da waren einige Länder in der Vergangenheit sicher etwas mutiger als wir; einige sind auch durch wirtschaftliche Zwänge darauf gekommen. Außerdem müssen wir noch früher mit der Individualisierung eines jeden Einzelnen beginnen, das heißt, sowohl fußballerische als auch athletische Trainingsinhalte individuell auf die Jungs zuzuschneiden.

Jochen Sauer: Ich frage mich ja, ob es wirklich sinnvoll ist, in der U19 zwei Jahrgänge zusammenzufassen. Man kann jetzt sagen, dass wir dadurch einen Konkurrenzkampf zwischen dem älteren und jüngeren Jahrgang entfachen, der dann auch im Profibereich ausgehalten werden muss. Wir könnten aber auch feststellen, dass wir dadurch einfach nur Zeit verlieren, weil es sinnvoller sein mag, dass der U19-Jahrgang bereits im Herrenbereich spielt. Wir müssen uns also – meines Erachtens – eine Frage stellen, die da lautet: Kann man die Ausbildung verbessern, indem wir keine U19 mehr haben?

Und was glauben Sie?

Jochen Sauer: In Österreich gibt es keine U19 mehr. Da ist nach der U18 Schluss mit Jugendfußball. Das führt dazu, dass ein Dayot Upamecano weit vor seinem neunzehnten Geburtstag schon über fünfzig Spiele im Herrenbereich bestritten hat. Wissen Sie: In Österreich hat die Mannschaft von Liefering, die in der zweiten österreichischen Liga spielt, ein Durchschnittsalter von 18,8. Bei der Reserve von Austria Wien liegt es bei 19,1 Jahren. Insgesamt ist das Durchschnittsalter aller

Zweitligisten bei 22,6 Jahren. Bei uns in Deutschland liegt es in der dritten Liga bei 25,2 Jahren. In der vierten Liga im Schnitt bei über vierundzwanzig Jahren. Dabei sollten sich doch junge Spieler Schritt für Schritt entwickeln können, von der vierten in die dritte Liga kommen, dann in die zweite und erste Bundesliga hoch. In meiner idealen Welt wäre es demnach so: In der Regionalliga müsste der Schnitt bei einundzwanzig Jahren liegen, in der dritten Liga bei zweiundzwanzig Jahren, in der zweiten Liga bei vierundzwanzig Jahren und in der ersten Liga gerne bei sechsundzwanzig Jahren. Das ist jetzt sehr pauschal und vereinfacht, aber solche Bedingungen müsste man versuchen zu schaffen. Hinzu kommt übrigens in Österreich noch ein Faktor, der hilfreich ist: Nämlich, dass ein großer Anteil des Fernsehgeldes danach ausgeschüttet wird, wie viele österreichische Spieler in der Startelf stehen. Den Höchstbetrag, den man in Österreich aus dem TV-Geld ausschöpfen kann, sind rund 1,5 Millionen Euro. Fast ein Drittel davon orientiert sich an den eingesetzten Österreichern. Übertragen Sie das mal auf die Bundesliga. Wenn ein Verein von seinen dreißig Millionen Euro zehn Millionen nur bekommt, wenn er mindestens acht Deutsche in der Startelf hat. Das wäre ein Talent-Booster! Bei RB Salzburg wurde, als ich da war, auf dieses Geld übrigens verzichtet, weil man lieber auch internationale Top-Talente wie Sadio Mané oder eben Upamecano wollte, um so die Gesamtqualität zu erhöhen. Das ausbleibende TV-Geld wurde dann über die Verkäufe der Spieler um ein Vielfaches reingeholt. Aber diese Regelung hat zum Beispiel dazu geführt, dass ein Mini-Nachwuchsleistungszentrum wie das von SKN St. Pölten Florian

Grillitsch und Christoph Baumgartner top ausgebildet hat. Leute, die heute in der Bundesliga spielen.

Gibt es noch etwas, das vor allem Sie, Herr Klose, jungen Talenten raten können?

Miroslav Klose: Du musst wirklich immer an dich glauben! Zu jeder Sekunde! Bei jedem Spieler wird es eine Phase geben, die schwer ist. Schwere Zeiten gehören dazu und sind auch wichtig in der Entwicklung. Nur wer lernt, mit Niederlagen und Tiefschlägen umzugehen, wird es langfristig schaffen. Mein wichtigster Rat daher: Lauft nicht davon, wenn es auch mal richtig schwer wird!

Kapitel 12

Meikel Schönweitz

Im Frühjahr 2020 hat sich Danny Galm für den Fußball-Lehrer-Lehrgang beworben. In einer der Aufgaben, die er bei seiner Bewerbung absolvieren musste, hieß es von Seiten des DFB: »Nachdem Deutschland jahrelang als Vorreiter im Weltfußball galt, wird seit einiger Zeit flächendeckend darüber diskutiert, dass einige Dinge bei uns nicht laufen. Diese Diskussion ist wichtig und gut, wenn sie auf Basis einer sauberen und tiefgründigen Analyse stattfindet und wenn Offenheit für grundlegende Veränderungen besteht. Nur dann können wir auf allen Ebenen effektive Ansatzpunkte für Verbesserungen finden, die uns mittelfristig sowohl auf Vereins- als auch auf Nationalmannschafts-Level wieder an die Weltspitze bringen. An dieser Stelle solltest du dich mit deiner Expertise einbringen.«

Die dementsprechende Aufgabe lautete: »Erstelle ein maximal einminütiges Video von dir selbst, in dem du kurz und prägnant auf folgende Themenstellungen eingehst:

1. Beschreibe ein grundlegendes Problem im deutschen Fußball und stelle dar, welche Auswirkungen es auf dich und

deinen Arbeitsbereich hat. Du musst dich dabei nicht direkt auf das eigentliche Spiel beziehen, sondern kannst dich hierbei auch auf alle anderen Einflussfaktoren beziehen, die auf den Fußball und die Beteiligten einwirken. Insofern bist du in der Entscheidung, auf welches Problem du dich fokussieren möchtest, sehr frei.

2. Stelle einen möglichen Lösungsweg für dieses Problem dar, den es aus deiner Sicht gäbe. Es geht dabei nicht darum, dass diese Lösung sofort umsetzbar sein muss – es kann auch eine Vision sein. Natürlich wissen wir, dass Probleme immer Teile des Gesamtsystems sind und nicht komplett isoliert betrachtet werden können. Versuche trotzdem, die Minute zu nutzen, um fokussiert auf ein Problem und einen Lösungsweg einzugehen.«

Galm stellte sich vor eine Taktiktafel und legte mit seiner Antwort los. Er redete exakt einundsechzig Sekunden. »Ich werde regelmäßig mit einem Thema konfrontiert: Dem Eins gegen Eins. In meiner täglichen Arbeit fallen mir große Defizite im offensiven und defensiven Eins gegen Eins auf. Zögern, Angst, schwaches Stellungsspiel oder wenig Überzeugung überwiegen in den Aktionen. Durch unser enges Verzahnungsprojekt bei den Profis bis runter zur U17 und dem damit verbundenen intensiven Austausch mit unserem Cheftrainer kommen wir immer wieder zu den gleichen Punkten: Kreativität, Mut und Unbekümmertheit in der Offensive; Härte, Leidenschaft, Duelle annehmen, unbedingt gewinnen wollen in der Defensive. Die Arbeit an der Basis muss sich schnellstmöglich ändern. Weniger Taktik. Mehr Raum für Kreativität im Aufbaubereich. Und regelmäßig individuelle Trainingseinheiten im Mann gegen Mann, auch jahrgangsübergreifend im Leistungsbereich. So werden wir unsere Spieler schon frühzeitig auf ein Eins-gegen-eins-Level heben und sie somit besser und gezielter auf den Profibereich vorbereiten. Ansonsten bleibt uns nur noch eins: die Sehnsucht nach Typen aus den anderen Ligen wie Jadon Sancho oder Virgil van Dijk.«

Meikel Schönweitz vom DFB fand Gefallen an Galms Ansatz und an der Klarheit, mit der Galm seine These formulierte. Der Cheftrainer der U-Nationalmannschaften entscheidet mit darüber, wer beim Fußball-Lehrer-Lehrgang mitmacht. Galm ist seit vergangenem Sommer dabei.

Schönweitz ist ein Mann klarer Worte. Einer, der immer wieder den Finger in die Wunde legt. Unter anderem bei seinen Vorträgen vor den führenden U19-Trainern Deutschlands, zu denen er etwa im Februar 2020 im Hyatt Regency Mainz sprach.

»Wir befinden uns in einer Zeit, in der das Fußballwissen explodiert«, sagt er. »Trainer haben so viel Wissen wie selten zuvor, aber sie können nicht die Köpfe von den Spielern aufschneiden, dieses ganze Wissen reindrücken und dann wieder zunähen. Das heißt also, sie müssen aus vielen komplexen Themen filtern und die richtigen Elemente finden und nutzen. Vor zehn Jahren hast du samstags die Sportschau geguckt – heute gibt es eigene Fußball-Sender. Dazu kommt eine große Zahl von Spezialisten, die das Spiel bis ins letzte Detail auseinandernehmen und erklären. Jeder F-Jugend-Trainer weiß daher heute, was und wie Pep Guardiola trainiert.

Weil sämtliche TV-Anstalten alles durchleuchten und erklären. Es gibt für alle taktischen Themen Lösungen. Und für die Lösungen wieder Gegenlösungen. Die Herausforderung dabei ist, die wichtigen Themen herauszufiltern. Die wieder zu bündeln. Es besteht die Gefahr, dass wir zu viele Infos platzieren und dadurch die eigenen Entscheidungen unterdrücken.«

Gleichzeitig nimmt Schönweitz eine Veränderung der Gesellschaft wahr, die Einfluss auf den Umgang mit den Jugendlichen hat. »Das kann nicht so weiterlaufen wie in den letzten Jahrzehnten.« Heutzutage werde alles hinterfragt. »Warum muss ich jetzt so viel laufen? Warum muss ich jetzt das machen? Gleichzeitig ist es in unserer Gesellschaft auf vielen Ebenen verloren gegangen, eigene Lösungen zu entsprechenden Problemen zu finden. Genau wie im Fußball. Da wird oftmals taktisch auch alles vorgegeben, es wird technisch alles vorgegeben. Es wird von der Belastungssteuerung her alles vorgegeben. Und plötzlich befinden sich Spieler in der Situation, dass sie rausgucken und sagen: ›Trainer, die spielen gar nicht 4-4-2, was machen wir denn jetzt?‹ Das heißt, du hast keine Spieler mehr auf dem Platz, die eigene Lösungen finden. Den Jugendlichen wurde, bewusst etwas überspitzt gesagt, abtrainiert, etwas Unerwartetes zu machen.«

Die Gesellschaft entwickele, so erklärt Schönweitz, »sich immer weiter in Richtung Digitalisierung. Die Jungs, mit denen wir gerade zu tun haben, die sind alle in Zeiten des Internets geboren; die kennen das Telefon nicht mehr mit einer Schnur. Die wissen nicht mehr, wer MacGyver ist (*ein Serienheld, eine Mischung aus Geheimagent und Abenteurer, der in jeder noch so verzwickten Lage eine höchst kreative Lösung entwickelt, Anm. des Autors).* Die Jugendlichen heute wissen nicht mehr, wie es ist, in einer Zeitung zu blättern. Die wissen nicht, wie das ist, wenn du nicht immer erreichbar bist. Die Gesellschaft, die wir im Moment gerade haben, die führt dazu, dass sich die Jugend immer weniger bewegt und immer weniger persönliche Konflikte austrägt. Du hast nicht mehr diese Bolzplatzgeschichte. Die klettern nicht mehr auf Bäume, bauen keine Baumhäuser mehr. Das führt dazu, dass die physische Abhärtung der Jugendlichen im Moment eine andere ist, als es vor zehn, fünfzehn Jahren der Fall war.«

Daher resultiere es auch, dass die Spieler heute »mehr verletzt sind, weil die keine Grundsatzabhärtung mehr haben. Wo du früher zehn Kilometer mit dem Fahrrad in die Schule gefahren bist, wirst du heute von der Mama fünfhundert Meter mit dem Auto rübergefahren. Wo du mittags raus auf die Straße bist, sitzt du heute vorm Computer. Hinzu kommt: Du bist anonym unterwegs im Netz. Du trägst keine Konflikte mehr aus. Das heißt nicht, dass früher alles besser war, es ist einfach ein Wandel da, durch den die physische und psychische Abhärtung verloren geht.«

Ein weiterer ganz entscheidender Faktor sei laut Schönweitz die Zeit. »Die Geschwindigkeit ist brutal gestiegen, allein durch das Körperteil, das wir alle neu haben, dieses Smartphone. Du bist immer erreichbar. Das heißt, du hast immer mehr Informationen, die du aufnimmst, aber in immer weniger Zeit. Jugendliche, die jetzt gerade aufwachsen, haben wesentlich weniger Zeit, sich frei zu entwickeln, als wir. Sie haben wesentlich weniger Zeit, darüber überhaupt mal nachzudenken. Und sie haben wesentlich weniger Zeit, Fehler zu machen, aus den Fehlern zu lernen.«

Schönweitz weiß, dass man »nicht alles zurückschrauben« kann – und dass das auch der falsche Ansatz wäre. Stattdessen müsse man sich diesen Gegebenheiten anpassen – auch in der Ausbildung von künftigen Profis. »In Deutschland haben wir im Moment hohe Voraussetzungen, eher Talente zu verhindern, als Talente zu entwickeln«, sagt er knallhart und unmissverständlich.

Wenn man Schönweitz ein weißes, leeres Blatt Papier hinlegt und ihn bittet, selber Probleme des deutschen Nachwuchsfußballs zu skizzieren und vor allem Veränderungsvorschläge zu unterbreiten, muss man ihm nach nur kurzer Zeit weitere Blätter reichen, weil ihm sonst der Platz nicht reicht.

Er entdeckt große und kleine Dinge, weist aber mehrfach darauf hin, auch Aspekte zu benennen, deren Umsetzung nicht sonderlich realistisch seien. Manchmal, sagt er, würde er zum Beispiel darüber nachdenken, ob es nicht besser wäre, die Bezeichnung »Bundesliga« für die höchste Spielklasse der U17 und U19 zu ändern. »Es gibt Spieler und auch Eltern, die aufgrund dieser Begrifflichkeit ein Kopfproblem bekommen. Es kommt vor, dass Jungs, die jeweils zwei Jahre U17- und U19-Bundesliga gespielt haben, anschließend nicht mehr bereit sind, ihren weiteren Weg über die zweite Mannschaft zu gehen, um oben anzukommen. Die sind dann der Meinung, sie hätten jetzt vier Jahre lang Bundesliga gespielt, also seien sie schon Bundesligaspieler. Und dass es ein Rückschritt sei, nun in der Regionalliga aufzulaufen. Dass zwischen der

Herren-Bundesliga und der A-Jugend-Bundesliga Welten liegen, wollen einige nicht hören und verstehen.«

Schönweitz sieht bei den Talenten auch eine gewisse Abstumpfung, weil sie zu früh gegen Mannschaften mit großen Namen gespielt haben. »In der U15 ist es für sie nichts Besonderes mehr, gegen Bayern München zu spielen, weil sie in der U9 schon dreimal gegen Arsenal London gespielt haben, weil sie ständig auf irgendwelchen internationalen Turnieren sind. Gegen Mannschaften mit großen Namen zu spielen ist für unsere Talente schon Normalität. Das ist nicht gut.«

Ihn störe auch oftmals die Ergebnisorientiertheit von Jugendtrainern. Es dürfe nicht sein, dass das Ergebnis, also Sieg oder Niederlage, wichtiger sei, als die Entwicklung von Spielern zu fördern. Daher, schlägt Schönweitz vor, solle man mal darüber nachdenken, den Auf- und Abstieg in bestimmten Bereichen, vor allem in den Aufbaubereichen, abzuschaffen. »Wenn du keinen Abstieg mehr hast, dann hast du eine ganz andere Freiheit, mit Spielern umzugehen. Dann hast du eher mal den Mut, den kleinen, talentierten Spieler reinzuwerfen und nicht den körperlich schon deutlich weiter entwickelten großen Innenverteidiger aufzustellen. Man nimmt dadurch den Druck nicht von den Spielern, sondern von Trainer und Verein, man gibt Planungssicherheit und dadurch mehr Freiraum für persönliche Entwicklung der Spieler.«

In Schönweitz' Idealvorstellung wären zudem alle Nachwuchsleistungszentren in Deutschland auf einem Niveau. »Sodass der Spieler, der in Schleswig-Holstein geboren wird, dann halt einfach in Schleswig-Holstein in den Stützpunkt gehen kann – und bis zu seinem siebzehnten Lebensjahr dort gefördert wird. Bis der Spieler siebzehn wäre, wäre alles andere egal. Du bräuchtest für den Altersbereich bis siebzehn keinen Scout, du bräuchtest kein finanzielles Wettbieten. Spieler hätten mehr Zeit, sich ruhiger zu entwickeln …«

Erst ab der A-Jugend dürfte es in diesem Gedankenmodell zudem Wechsel über Bundesland-Grenzen hinaus geben.

Während Schönweitz' Ansatz mit Nachwuchsleistungszentren auf einheitlichem Niveau, Wechsel erst ab siebzehn und Drafts weitestgehend theoretisch, überdies schwer umsetzbar ist, gibt es ein paar Dinge, die bereits in ähnlicher Form gemacht werden, wie Schönweitz sie vorschlägt. Etwa die Verkleinerung von Teams im Kinderbereich, also im Alter zwischen sechs und zehn Jahren. »Wenn du Sieben-gegen-Sieben spielst, hast du vierzehn Spieler, die einem Ball hinterherjagen. Alle sind auf einem Pulk, weil die noch gar nicht in der Lage sind, das ganze Spielfeld zu überblicken. Der eine oder andere davon darf nicht über die Mittellinie, weil er ja Abwehrspieler ist. Ein paar sitzen hinten rum und pflücken Blumen. Reduziere ich das auf ein Vier-gegen-Vier, hast du Folgendes: Du hast auf einmal nur noch sechs Spieler (und zwei Torhüter), die einem Ball hinterherjagen. Damit steigt die Wahrscheinlichkeit, dass du mal den Ball berührst, um ein Vielfaches. Du hast viel, viel mehr direkte Duelle, du hast viel, viel mehr Dribblings, du hast viel, viel mehr Torschüsse. Du musst als Spieler viel, viel mehr Entscheidungen treffen. Du kommst viel öfter in eine Situation, dass du entweder den Ball mal abspielen oder einen Zweikampf führen musst oder was auch immer. Du bist an diesem Spiel ganz anders beteiligt, als wenn du eben da hinten sitzt und Blümchen pflückst. Das Ganze hat für die Spieler technisch und taktisch einen großen Effekt. Gleichzeitig erhöht sich der Spaß-Faktor für die Kinder, weil alle mitspielen und nicht nur einfach dabei sind, um die Mannschaft aufzufüllen. Das Ergebnis ist übrigens auch nicht, dass jetzt drei Spieler mehr auf der Bank sitzen und nur warten. Man kann schließlich auf zwei Feldern nebeneinander alle gleichzeitig spielen lassen. Und man braucht in dem Moment streng genommen nicht mal einen Trainer im herkömmlichen Sinne. Du brauchst nur jemanden, der an der Seite steht und dafür sorgt, dass die Vier-gegen-Vier spielen. Man benötigt meines Erachtens in der F-Jugend auch niemanden, der die ganze Zeit Kommandos reinbrüllt. Klar gab es vor fünfzehn Jahren auch ein Sieben-gegen-Sieben, und Trainer haben viel reingerufen. Aber vor fünfzehn Jahren sind die Jungs auch mittags nach der Schule noch auf den Bolzplatz. Das gibt es ja heute nicht mehr.«

Im Frühjahr 2019 startete der DFB mit einem Pilotprojekt im Kinderfußball, das den Vorschlägen von Schönweitz sehr nahekommt. Die *Zeit* schrieb damals von einer »Revolution des Kinderfußballs« und nannte es »die Wiedergeburt des Straßenfußballs«.

Allerdings regte sich auch gleich Wiederstand, geäußert unter anderem von Weltmeister-Torwart Bodo Illgner gegenüber dem *Kicker*: »Im Zuge einer umfassenden Neustrukturierung sollen die ganz kleinen Fußballer künftig in kleinen Mannschaften mit insgesamt drei, vier und später fünf Teamgefährten Turniere auf Minitore spielen«, hieß es in dem Bericht. »Der DFB will wieder die Dribbler und

Spielentscheider unter den Talenten finden und besser fördern. Das aber soll nicht auf Kosten einer anderen wichtigen Position im Spiel geschehen: der des Torhüters, die im neuen Konzept keinen festen Platz hat, sondern abwechselnd von allen Mannschaftsmitgliedern einmal eingenommen werden kann.

›Man sollte Kinder nicht erst mit zehn oder elf ins Tor lassen‹, schreibt Bodo Illgner in seiner Kolumne.« Dem wiederum wurde entgegnet, dass Torhüter wie Manuel Neuer oder Marc-André ter Stegen heutzutage auch gut mit dem Fuß spielen können sollten und so eine hervorragende Spieleröffnung hätten.

Man kann zahlreiche Für und Wider finden, jeden Gedanken im Keim ersticken oder einfach mal als Anregung auf sich wirken lassen. Man kann mit Schönweitz übrigens auch ganz wunderbar diskutieren. Er ist belesen. Einer seiner Lieblingsautoren ist der bereits erwähnte Rasmus Ankersen. Auch Schönweitz hat sein Buch *Der Goldminen-Effekt – Vom Talent zum Star* verschlungen.

Ankersen hat bei seinen Recherchen Äthiopien, Südkorea, Jamaika, Russland, Kenia und Brasilien bereist, Orte oder Länder, in denen Spitzensportler wie am Fließband produziert werden. Er hatte das Ziel, das Erfolgsgeheimnis dieser Goldminen, wie er sie nennt, zu entschlüsseln und zu verstehen, wie diese Talente dort zur Entfaltung gebracht werden.

Ankersen hat dabei viele interessante Denkanstöße geliefert, die Schönweitz in seine Arbeit mit aufgenommen hat. So sagt der DFB-Mann: »Wir hatten strukturell noch nie so gute Voraussetzungen für Spitzenleistung. Aber gleichzeitig geht es den meisten zu gut, um Spitzenleistung wirklich zu wollen. Wir haben keinen intrinsischen Hunger mehr. Die Jungs wissen gar nicht mehr, wo der Ehrgeiz überhaupt herkommen soll, denn denen wird alles abgenommen, wenn es mal hart auf hart kommt. Eine der wichtigsten Fragen, die wir im Moment gerade bearbeiten, lautet: Wie schafft man Gier? Wie erzeugt man Hunger im Paradies?«

Ankersen selbst schreibt nach zweihundertzweiundvierzig höchst interessanten Seiten seiner Recherche: »Wie man im Paradies Hunger erzeugt, wird in den nächsten Jahren die Eine-Million-Dollar-Frage sein, und ich habe selbst keine Antwort darauf. Aber ich weiß, dass auch das spektakulärste Trainingscenter keine Spieler hervorbringen kann, die das heiße Verlangen der Afrikaner nach Erfolg übertrumpfen könnten. Am Ende zählt nur eine Frage: Wer will es am meisten?«

Schönweitz hat die Eine-Million-Dollar-Frage auch noch nicht gelöst. »Ich möchte aber für dieses Thema sensibilisieren. Und deutlich machen, dass es nicht nur mit guter Trainingsplanung und gut strukturierten Inhalten getan ist, sondern dass es auch darum geht, dass der Hunger da ist«, sagt er. »Der Hunger ist allerdings nicht künstlich herzustellen. Der muss irgendwie ausgelöst werden. Deswegen bin ich überzeugt, dass wir unser System verändern müssen, um den Hunger wieder zu generieren. Eine erste Konsequenz ist, dass das Scouting etwas verändert werden muss. Wir müssen wieder mehr auf den Charakter achten, denn hungrige Spieler sind manchmal wesentlich wertvoller als das sogenannte Talent.

Der Hunger ist aber nicht gleichbedeutend mit schlechten sozialen Verhältnissen. Auch Jungs aus einem guten Elternhaus können großen Hunger entwickeln, siehe Kai Havertz. Man darf auch nicht pauschal behaupten, ›Mentalität schlägt Qualität‹. Aber wir sollten uns bewusst machen, im Scouting den Charakter mehr in den Vordergrund zu stellen, das ist ein großes Thema.«

Auch wenn die Eine-Million-Dollar-Frage noch nicht gelöst ist, so versucht Schönweitz doch, ihrer Klärung näher zu kommen. Denn er nutzt unter anderem die Anregungen, die von Danny Galm und allen anderen Bewerbern geschickt worden sind, um Ansätze zu finden, die Nachwuchsförderung zu verbessern.

Im November 2020 wurde ein von Oliver Bierhoff, Friedrich Curtius, Oliver Leki, Christian Seifert und Ronny Zimmermann abgesegnetes Grobkonzept für das *Projekt Zukunft* an alle Nachwuchsleistungszentren Deutschlands und Landesverbände verschickt. Hundertfünf Seiten umfasste die Präsentation, in der mehrfach und dick darauf hingewiesen wurde, dass sie »streng vertraulich« seien.

Gleich auf Seite vier steht in aller Deutlichkeit und mit entsprechenden Fakten untermauert, wovor sich Schönweitz & Co. fürchten. »Im internationalen Vergleich drohen deutsche Nachwuchsspieler den Anschluss zu verlieren.«

Eine Seite später folgt das Ziel, das mit den umfangreichen Änderungen, die bis 2024 durchgeführt werden sollen, erreicht werden soll: »Unser Anspruch ist es, den deutschen Fußball dauerhaft in der Weltspitze zu etablieren.« Der

Talentpool müsse wieder »optimal ausgeschöpft werden«. Und der Anteil von deutschen U23-Spielern in der Bundesliga solle dauerhaft über zwölf Prozent liegen, sich also verdoppeln, da er aktuell bei gerade einmal sechs Prozent sei. Schließlich müsse sich die Nationalmannschaft wieder dauerhaft in der Weltspitze bewegen, also mindestens das Halbfinale bei allen großen Turnieren, sprich EM und WM, erreichen, zudem mindestens einen Titel pro Jahrzehnt gewinnen.

Um dahin zu kommen, müsse bei diesem Projekt der Spieler wieder ins Zentrum sämtlicher Überlegungen und Maßnahmen rücken. So heißt es auf Seite 6 der Präsentation: »Wir wollen kreative und aktive spielgestaltende Spieler entwickeln. Vom passiv umsetzenden Spieler hin zum aktiv spielgestaltenden Spieler.« Weg vom isolierten Erlernen einzelner Fertigkeiten wie Dribbeln, Passen, Schießen (als das »Lesen, Schreiben, Rechnen« des Fußballs) hin zum Erlernen der Grundfähigkeiten (Dribbeln, Passen, Schießen) eng verknüpft mit Erfahrungswissen, um sie situativ zielgerichtet anwenden zu können«. Man müsse, so wird weiter aufgezeigt, weg vom »Fokus auf das Spiel: wenig Raum für Persönlichkeitsentwicklung, u.a. durch starke Selektion und sehr enge Taktung von Spielen und Verpflichtungen«. Weg von »Gleichmäßigkeit: oft homogene, stromlinienförmige Spielertypen bevorzugt, die aktuell leistungsstark sind« hin zum »Fokus auf den Spieler: Raum zur Persönlichkeitsentfaltung, u.a. durch mehr Zeit für individuelle Entwicklung und bessere Vereinbarkeit von Sport, Schule und Freizeit«. Weg von »Angstbestimmt: Fokus auf Vermeiden von Misserfolg« hin zu »Erfolgsmotiviert: Fokus auf Erarbeiten von Erfolg«. Ebenso müsse man Schluss machen mit der »Fremdbestimmung: Trainer, Berater und mein Umfeld wissen, was gut für mich ist, und ich folge ihnen. Dienst nach Vorschrift. Ich befolge die Anweisungen meines/meiner Trainers/Trainerin und setze sie um, ohne zu hinterfragen. Blick nach hinten: Was habe ich schon erreicht und welche Erfolge habe ich bereits erzielt?« Stattdessen müsse man die Eigenverantwortung stärken. Es erreichen, dass Spieler ihre Ziele fest im Blick hätten und aktiv mit ihrem Umfeld daran arbeiten, sie zu erreichen. Wörtlich heißt es in der Präsentation: »Kreativität und Neugier: Ich entwickle selbstständig kreative Lösungen und versuche mich weiterzuentwickeln und einzubringen. Stärkenorientierung: Ich kenne meine Stärken und entwickle sie weiter, arbeite aber auch an meinen Schwächen. Blick nach vorne: Woran muss ich arbeiten, um meine kommenden Ziele zu erreichen?«

Der DFB plant tatsächlich »die Einführung von Trainerentwicklern«, die bis 2023 kontinuierlich aufgebaut werden.

Er möchte die Durchlässigkeit verbessern. So bemängelt der DFB, dass es aktuell laut einer faktischen Untersuchung nur bei vier Klubs »einen Mitarbeiter in Vollzeit mit expliziter Zuständigkeit für die Betreuung und Integrierung der Top-Talente in den Profibereich (z.B. Julian Schuster beim SC Freiburg)« gibt.

Die Datenbanken seien verbesserungswürdig, zum Teil unvollständig und falsch gefüllt. So gebe es, wird aufgezeigt, etwa bei Klostermann unterschiedliche Geschwindigkeitswerte. In den Aufzeichnungen des DFB sei er zwei km/h schneller als in denen der Vereine.

Der DFB hat den Stein ins Rollen gebracht. Hat Denkanstöße und Verbesserungsvorschläge gemacht, die nun zum Teil früher, zum Teil später abgesegnet, abgelehnt oder auch noch modifiziert werden.

»Der deutsche Fußball«, sagt Meikel Schönweitz, »ist ein riesiges Schiff und schwer zu steuern. Wenn du merkst, du fährst jetzt auf einen Berg zu und du willst um den Berg herumfahren, hast du das Problem: Denn da oben an dem Steuer steht nicht nur der DFB, sondern da ist die DFL, da sind die Landesverbände, da sind Berater, da sind Sponsoren, da sind Medien – alle irgendwie mit einer Hand am Lenkrad. Wir haben erkannt, dass wir was tun müssen. Nun werden wir sehen, ob die Kurskorrekturen Wirkung zeigen – und ob wir mit den eingeleiteten Manövern gut um die Berge herumsteuern.«

Epilog

Julian Nagelsmann

Im Spätherbst des vergangenen Jahres gab es eine Trainingseinheit in Leipzig, bei der ich mich ärgern musste, wie es schon vorn im Buch beschrieben ist. Ein paar der Jugend-Spieler, die die Chance bekommen hatten, mit unseren Profis zu trainieren, haben mich mit der Art und Weise, wie sie sich präsentierten, erschüttert. Ihr Auftreten war gleichgültig, uninspiriert, willenlos. Sie haben die einmalige Chance, die ihnen gegeben wurde, nicht verstanden. Das hat mir ziemlich zu denken gegeben.

Zwischen 2008 und 2013 war ich selbst Nachwuchstrainer. Seither haben sich, zumindest habe ich das Gefühl, Dinge grundlegend verändert. Die Einstellung ist anders geworden. Das Leben unserer Jugend wird in einem viel höheren Maße von Instagram und TikTok beeinflusst, als das noch vor fünf, sechs Jahren der Fall war.

Diese Apps führen dazu, dass jungen Leuten heutzutage die Gabe fehlt, stetig an etwas zu arbeiten. Sie starren ins Handy, werden mit einer unglaublichen Reizüberflutung konfrontiert, sodass sie wahnsinnig schnell ein Gefühl von Langeweile entwickeln. Sobald sie ein Video nicht mehr interessiert, wischen sie es weg und gucken sich das nächste für den Bruchteil von Sekunden an. Unsere Kinder, und das betrifft ja die gesamte Gesellschaft, rutschen in eine Wisch- und-Weg-Generation – mit einer sich stetig verkürzenden Begeisterungsfähigkeit.

Es ist gar nicht so lange her, da reichte ein Ball und eine Garagenwand, um sich stundenlang zu beschäftigen. Der Wille war da, den Ball länger jonglieren zu können als am Vortag. All das geht in unserer heutigen Zeit mehr und mehr verloren. Und entsprechend fehlt unseren Kindern und Jugendlichen die Freude und Beharrlichkeit, nachhaltig an etwas zu arbeiten, um sich einen Traum zu erfüllen. Das muss ich leider im Training vermehrt feststellen.

Klar begeistern sie auch mal mit guten Aktionen. Aber aussagekräftiger ist das Verhalten nach den schlechten: Denn dann wird oftmals stehen geblieben, die aktive Rückeroberung oder das Gegenpressing bleiben aus. Anstatt sich zu zerreißen, um sich die nächste Aktion selber zu erarbeiten, warten sie, was passiert, in der Hoffnung, um bei meiner Metapher zu bleiben, dass das nächste Bild schon von alleine kommt und man allenfalls hinklicken muss.

Das Smartphone verändert unsere Gesellschaft und damit auch den Fußball. Der Kampf um Talente wird von Jahr zu Jahr härter, wodurch sich der Markt überhitzt. Es ist verrückt geworden, was sich da teilweise abspielt. Durch all dies werden Talente in einem aufgeregteren Umfeld groß.

Sie werden mit All-Inclusive-Paketen in die Akademien gelockt. Der Spieler muss sich quasi um nichts mehr kümmern.

Er wird von der Schule abgeholt, ihm wird Essen gekocht, die Wäsche gewaschen, hinzu kommt bei einigen eine unfassbare monetäre Grundlage, die gefährlich ist. In meiner Zeit bei Hoffenheim war es weitestgehend so, dass Talente in der U19 noch siebenhundert Euro im Monat bekommen und alles getan haben, um daraus irgendwann siebenhunderttausend im Jahr zu machen. Heute gibt es in der gleichen Altersstufe Jungs, die fünfstellig im Monat verdienen, ohne jemals ein Profi-Spiel absolviert zu haben.

Die Kombination aus all diesen Dingen führt dazu, dass Talente im Verhältnis zu Gleichaltrigen höher gerankt scheinen, obwohl sie selbstverständlich keine besseren Menschen sind. Aber einige schweben in Sphären und denken, sie hätten schon etwas geschafft, obwohl sie es eben nicht haben. Während sich ihre Freunde über Monate etwas vom Taschengeld zurücklegen, um sich eine Uhr von Casio zu holen, können einige Fußball-Talente das Geld für eine Rolex mit nur einem Monatsgehalt hinlegen. Das ist nicht gut. Denn um oben zu landen, ich rede von einem Spitzenverein in der Bundesliga, braucht man wahnsinnig viel Charakter.

Das Paradebeispiel für Wille und Leidenschaft ist Joshua Kimmich. Der braucht keinen Beinschuss beim Gegner, um zu glänzen. Sein Elixier ist der Sieg. Dafür zerreißt er sich, obwohl seine Titelsammlung schon längst das Dutzend voll hat, er den Champions-League-Pokal in die Luft stemmen durfte.

Er ist Millionär – aber mit unbändiger Lust am Gewinnen. So müssen Sportler sein. Diese Gier fehlt mir bei vielen Talenten, die ich aktuell sehe.

Mit meiner Frau Verena und meiner Mutter Burgi gibt es ein Thema, bei dem wir häufiger in Diskussionen geraten. Immer dann, wenn sie mir sagen, ich müsse auch mal ein Spiel verlieren können. Denn diese Eigenschaft will und werde ich mir nie aneignen. Wer ein Spiel anfängt zu spielen, ganz gleich, was es ist, der spielt, um zu gewinnen. Das gilt für das Gesellschaftsspiel *Mensch ärgere dich nicht* ebenso wie für Fußball. Wenn ich nicht gewinnen will, dann brauche ich nicht zu spielen. Es geht in jedem Spiel darum zu gewinnen.

Was stimmt: Man muss akzeptieren, dass es auch Niederlagen gibt. Man muss mit ihnen umgehen können. Aber man muss nicht »verlieren können«.

Ich finde, dass man im unteren Nachwuchsbereich, also in den wirklich jungen Jahrgängen, auf viel kleineren Feldern spielen und trainieren sollte. Damit die Kinder viel mehr Ballaktionen haben. Damit das Eins gegen Eins besser geschult wird. Der kleine Raum hilft, weil sie gar nicht die Kraft haben, als Spieler einer U14 den Ball bei einer Ecke auf dem Großfeld reinzubringen oder einen Flugball über diese Distanzen zu spielen.

Wir sollten im Nachwuchsbereich die Rahmenbedingungen so ändern, dass wir wegkommen von viel zu großen Feldern mit viel zu vielen Spielern und viel zu wenigen Ballaktionen.

Je höher es dann geht – ich denke an den Bereich ab der U17 – desto mehr sollte der Fokus aufs Gewinnen gelegt werden. Diese Mentalität muss ausgebildet werden. Ich hatte immer einen Leitsatz während meiner Jugendzeit, der hieß: »Ausbildung durch Erfolg. Erfolg durch Ausbildung.«

Für mich bedingt das eine das andere. Du musst den Jungs ab der U17 beibringen, dass Gewinnen über allem steht. Der Erfolg bildet auch die Spieler aus. Erfolg macht die Spieler hungrig und süchtig danach, dieses Gefühl, diesen Status, diese Anerkennung wieder zu haben. Wenn man einmal gewonnen hat, will man immer gewinnen.

Ich achte übrigens sehr oft darauf, wie meine Spieler mit Sieg und Niederlage umgehen. Ich möchte sehen, was ihnen Siege bedeuten. Ich möchte echte Freude spüren. Wer das Gewinnen nicht liebt, der wird nie ein Siegertyp.

Und ich beobachte auch ihren Umgang mit einer Niederlage. Deshalb akzeptiere ich es nicht, wenn es keinen merklichen Unterschied in der Gestik, Mimik, in den Aussagen, im Verhalten meiner Spieler nach Siegen beziehungsweise Niederlagen gibt. Der Umgang muss spürbar anders sein. Wer in beiden Fällen gleich agiert, wird in meinen Augen niemals ein Gewinner sein. Ich will dabei aber keine Schauspielschule sehen. Es muss echt sein.

Natürlich kann eine Mannschaft nicht nur aus Kimmichs bestehen. Aber es wäre gut für uns, wenn wir in Deutschland mehr von seiner Sorte hätten. Daher kann ich nur empfehlen, dass sich Talente bewusst damit auseinandersetzen, was es für sie bedeutet zu gewinnen, und was eine Niederlage auslöst.

Was gar nicht geht: Wenn zwei Profis beim Fußball-Tennis gegen den Trainer und Co-Trainer verlieren und zwei Minuten später witzelnd durch die Gegend laufen, so als sei gar nichts passiert.

Siege lösen bei mir ein tiefes Gefühl der Zufriedenheit aus. Sie setzen eine wohlige Wärme frei. Eine Bestätigung, dass die investierte Arbeit gut war. Niederlagen hingegen lösen bei mir oftmals ein Schamgefühl aus. Ich schäme mich dafür, dass unser Matchplan falsch war, dass ich zu wenige Gespräche mit meinen Spielern geführt habe. Das ist ein ekliges Gefühl, das will niemand haben.

In Hoffenheim war es an der Akademie so, dass Sportler zu Besuch kamen, die in nicht so geldverwöhnten Branchen erfolgreich waren. Eishockey-Legende Jochen Hecht hat über die Siegermentalität gesprochen, die es ihm ermöglicht hat, aus Deutschland in die stärkste Eishockey-Liga der Welt, in die NHL (in der dann natürlich sehr gut bezahlt wird) zu gehen.

Beachvolleyball-Olympiasieger Jonas Reckermann hat mit den TSG-Talenten gesprochen, ebenso wie Hockey-Star Moritz Fürste. Dieser Blick raus aus dem eigenen kleinen Kosmos, der hilft.

Noch besser finde ich es, wenn diejenigen in die Nachwuchsleistungszentren kommen, die selbst einst gehypt waren, es aber nicht geschafft haben, weil sie sich zu sehr auf ihr Talent verlassen haben. Unsere heutigen Talente müssen kapieren, dass sie scheitern können. Dass es mehr gescheiterte Spieler gibt als solche, die es geschafft haben.

Ich würde mir wünschen, dass gescheiterte Spieler wie Vorbilder auftreten und ihre Geschichte erzählen. Wie sie aufgrund von mangelnder Einstellung eben nicht in die Fußball-Blase eingetaucht sind, sondern heute für 2500 Euro im Monat beim Zoll arbeiten oder in einem Sportartikel-Fachgeschäft, was übrigens null abwertend gemeint ist – nur eben nicht ihrem ursprünglichen Traum entspricht.

Talente müssen heute spüren und hören, wie wichtig Charakter, Wille und Leidenschaft sind. Und zwar nicht nur von ihren Trainern, die sowieso schon ständig sprechen.

Werdet euch bewusst, welche Chance ihr habt, wenn ihr es bis in eine U17 oder U19 geschafft habt. Ruht euch nicht aus! Brennt! Bleibt dran! Und wenn ihr schon ins Handy starrt, dann guckt euch diesen Kimmich an, wie er schreit und brüllt und kämpft und niemals nachlässt.

Euer Julian Nagelsmann

Dank

Als ich an Martin Heck runterschaute, traute ich meinen Augen nicht. Ich hatte ihn am Trainingsgelände des 1. FC Köln überrascht. Eigentlich hatte er frei, trotzdem war er an diesem Spätsommertag auf der Anlage, nur eben besonders leger gekleidet, mit kurzer Hose und in Badelatschen, so wie ich ihn bis dahin bei all unseren Terminen noch nicht gesehen hatte. HEC stand auf dem linken Schlappen. Rechts KES. Er trug seinen Spitznamen auf den Füßen.

Seine gebrandeten Adiletten hatten beim 1. FC Köln tatsächlich, wie ich in den folgenden Wochen feststellen durfte, Kultstatus. »Die sind wie Ausgehschuhe für ihn«, sagte einmal ein Jugendspieler zu mir. Und er selbst erklärte: »Die passen wie ein Sofa-Kissen.«

Wirklich jeder, der sich regelmäßig am oder um das Geißbockheim aufhält, kennt die HECKES-Latschen.

Im September 2020 wurde das Auto von Martins Frau Saskia gestohlen. Direkt vor der Haustür. Und mit dem Auto verschwanden auch die Kultlatschen, die im Kofferraum lagen, auf Nimmerwiedersehen. Nach sechs gemeinsamen Jahren.

Während man ein Buch schreibt, erlebt man viele Dinge mit den Protagonisten, bei all den intensiven Begegnungen und der vielen Zeit, die man miteinander verbringt. Manchmal auch Skurriles, an das man sich noch Jahre später erinnern wird.

Martin, dir gehört ein fetter Dank für die Ehrlichkeit und Offenheit und all deine klugen Gedanken, die du zu diesem Buch beigetragen hast. Und Schande über denjenigen, der Saskias Auto und damit deine Kultiletten gestohlen hat. Ich werde mich – versprochen! – stets an sie erinnern. Genauso wie an viele andere Skurrilitäten, die mir immer ein Lächeln ins Gedächtnis rufen werden.

Mit Levent Sürme bin ich am Langwieder See vor den aggressivsten Wespen aller Zeiten weggelaufen, als wir im Biergarten philosophieren wollten. Levent, ich muss mich an dieser Stelle auch bei deiner Frau Jenny offiziell entschuldigen. Nachdem sie deine alte Handynummer übernommen hat, habe ich sie während meiner Buchrecherche ca. vierzigmal versehentlich angerufen, weil ich zu faul war, deinen alten Kontakt zu löschen. Ich weiß auch jetzt noch nicht, ob ich dich erreiche, wenn ich »Levent Sürme Neu« oder »Levent Sürme aktuell« in meinem Telefonbuch auswähle.

Auch dir gehört ein fetter Dank für die Ehrlichkeit und Offenheit und all deine klugen Gedanken, die du zu diesem Buch beigetragen hast. Und du bist selber schuld, weil du so oft in den vergangenen Jahren deine Nummer geändert hast.

An Danny Galm werde ich jeden Tag erinnert, wenn ich in unseren Garten gehe. Während des ersten Corona-Lockdowns hast du eindeutig die kreativeren und schöneren Hochbeete für deine Jungs gebaut. Ich habe lediglich die von Aldi zusammengeschraubt, wenngleich unsere Ernte sensationell war. Ich weiß auch, dass ihr, du und deine Frau Nadine, noch immer auf unsere Psotta-Choreografie von der Blinding-Lights-Challenge wartet. Wir haben wirklich viel trainiert, meine Frau Christina sowie unsere Kinder Jonas und Julika tanzen es auch in Perfektion. Aber ich bin so unfassbar schlecht, dass ich noch Jahre intensivstes Trainings benötigen werde, um mit dir mithalten zu können. Danny, auch dir gehört ein fetter Dank für die Ehrlichkeit und Offenheit und all deine klugen Gedanken, die du zu diesem Buch beigetragen hast.

Gürkan, bei dir sollte ich mich eigentlich nicht bedanken, sondern dich viel mehr für deine Gastgeber-Qualitäten verfluchen. Was du bei dir zu Hause aufgefahren hast, war Weltklasse, und ich schleppe noch heute die Folgen mit mir rum. Sollte Ali Güngörmüs, der Küchenchef im *Pageou*, mal ausfallen, könntest du ihn ersetzen. Gürkan, auch dir gehört ein fetter Dank für die Ehrlichkeit und Offenheit und all deine klugen Gedanken, die du zu diesem Buch beigetragen hast.

Über Christian und Daniela Richter könnte ich hier ein eigenes Kapitel schreiben. Über ihren Stadion-Süßigkeiten-Lieferservice (ja, ich habe ein Faible für Naschereien), den sie nur für mich eingerichtet haben, wenn wir nebeneinander auf der Tribüne sitzen. Über Dominosteine. Und so vieles mehr, was uns miteinander verbindet. Daniela und Christian, auch euch gehört ein fetter Dank für die Ehrlichkeit und Offenheit und all eure klugen Gedanken, die ihr zu diesem Buch beigetragen habt.

Marco, dass du hier öffentlich deine Geschichte erzählt hast, ist klasse. Es wird vielen Talenten, die mal einen Rückschlag erleben, Mut machen. Du bist für mich der Beweis, wie wichtig Nehmerqualitäten sind und dass man immer wieder zurückkommen kann. Und auch wenn es ein Insider ist, den niemand außer uns zwei verstehen kann: Wir zwei werden unsere bunten Schuhe tragen! Marco, auch dir gehört ein fetter Dank für die Ehrlichkeit und Offenheit und all deine klugen Gedanken, die du zu diesem Buch beigetragen hast.

Toni, du hast erlaubt, dass ich dein Treffen mit den Kölner Jungs im Nachhinein veröffentlichen darf. Das ist ganz besonders wertvoll für dieses Buch, denn du hast die ehrlichsten und dringlichsten Fragen von Talenten beantwortet und ihnen damit wichtige Tipps gegeben. Wir mussten kein eigenes Kapitel erschaffen für dieses Buch, sondern nur aufschreiben, was wirklich war. Danke dafür. Und Danke dafür, dass du mich mal auf deinem Fußballplatz gegen dich ein Tor hast schießen lassen. Ich weiß, dass du den Ball eigentlich bekommen hättest. Du hast ihn nur reingelassen, um mir ein Glücksgefühl zu vermitteln. Sehr lieb von dir. Toni, auch dir gehört ein fetter Dank für die Ehrlichkeit und Offenheit und all deine klugen Gedanken, die du zu diesem Buch beigetragen hast.

Jetzt bin ich schon auf Seite drei der Danksagung. Michaela Ruis, ohne die dieses Buch gar nicht veröffentlicht würde, hat mich gebeten, mich etwas knapper zu fassen, weil das Manuskript eh schon wieder länger ist als besprochen. Daher muss ich ab jetzt etwas knapper werden, es ist aber nicht minder lieb gemeint (und es ist auch keine Kritik an Michaela, die sensationell ist).

Danke, lieber Ernst, dass du mir wirklich tiefe Einblicke gewährt hast.

Dein Wein war ein Hochgenuss, bitte vergiss mich nicht, falls ihr wieder einen herstellen solltet. Du bist als Winzer echt gut, als Nachwuchsfußball-Experte unschlagbar.

Danke, lieber Peter Knäbel, dass Sie diesen wertvollen Beitrag zum Buch geliefert haben.

Danke, lieber Bernhard Peters, dass Sie Ihre Expertise mit mir geteilt haben.

Danke, lieber Tim Walter, dass du trotz meiner Verspätung auf mich gewartet hast und mit dieser Klarheit über Nachwuchsarbeit gesprochen hast.

Danke, lieber Erik ten Hag, dass du bereit warst, so wichtige Einblicke zu gewähren. Die Einladung ins *Red* an der Keizersgracht steht.

Danke, lieber Miroslav Klose – und verzeih, dass ich mehr als einmal die Kapazität auf deiner Mailbox mit meinen Monologen gesprengt habe.

Danke, lieber Holger Seitz, dass du selbst eine Trainerfortbildung meinetwegen vorverlegt hast.

Danke, lieber Jochen Sauer, dass Sie bereit waren, so offen Verbesserungsmöglichkeiten anzusprechen. Dank Ihnen denke ich übrigens ernsthaft darüber nach, ob ich grünen Teppich in meinem Büro verlegen lasse.

Danke an Frank Kramer, Meikel Schönweitz, Prof. Dr. Arne Güllich, Oliver Bierhoff, Dayot Upamecano und Julian Nagelsmann für Eure/Ihre Zeit, Eure/Ihre Gedanken, Euer/Ihr Verständnis für meine Penetranz und die super Beiträge zu diesem Buch.

Danke auch an Volker Struth und Sascha Breese, meine außergewöhnlichen Chefs, die mir erlaubt haben, dieses Buch neben meinem eigentlichen Job zu schreiben.

Bleiben noch Ulrike Strerath-Bolz, die hier jedes Wort kontrolliert hat und mit ihrem wunderbaren Gespür für Sprache den einen oder anderen Satz noch klangvoller gestaltet hat, sowie Lars Schultze-Kossack, der der am schwierigsten zu erreichende Mensch auf der Welt ist – und trotzdem noch mein Literaturagent. Danke an alle!

Und jetzt gehe ich in den Garten, Fußball spielen. Mit Sosa, meinem wunderbaren Sohn, der am liebsten ein Bayern-Trikot mit ManUnited-Stutzen und einer RB Leipzig-Hose kombiniert, weil es ihm (mit seinen fünf Jahren) farblich so am besten gefällt. Und mit Killi, die für ihre zwei Jahre einen fantastischen rechten Fuß hat.

Ihr beiden, aber auch meine Eltern Jochen und Annette und meine Oma Dora, und vor allem meine bezaubernde Frau Christina, haben mal wieder zahlreiche Stunden auf mich verzichten müssen, damit ich wieder einmal meiner Freude am Schreiben nachgehen konnte. Ich weiß, dass das nicht selbstverständlich ist. Und dass ich damit viel von euch verlange! Aber jetzt seid nur ihr dran. Ich liebe euch!

Kai Psotta